D.H Stöver, C.D Voss

Unser Jahrhundert

D.H Stöver, C.D Voss

Unser Jahrhundert

ISBN/EAN: 9783743410374

Hergestellt in Europa, USA, Kanada, Australien, Japan

Cover: Foto ©ninafisch / pixelio.de

Manufactured and distributed by brebook publishing software (www.brebook.com)

D.H Stöver, C.D Voss

Unser Jahrhundert

Unser Jahrhundert.

Oder

Darstellung

der

interessantesten

Merkwürdigkeiten und Begebenheiten

und

der größten Männer desselben.

Ein

Handbuch der neuern Geschichte

von

D. H. Stöver,

Doktor der Philosophie.

Zweyter Theil.

Zweyte vermehrte und verbesserte Auflage.

Altona, 1796.
bey Johann Friedrich Hammerich.

Ein christlicher König über fünf Jahre unter den Muhammedanern. Bemühungen, Abendtheuer desselben. Folgen seiner Niederlage. Contre=Revolution in Polen. Neue Verbindungen gegen Schweden. Eroberung der mehresten Nebenländer desselben. Krieg und dreymaliger Friede der Pforte mit Rußland. Veränderungen und Merkwürdigkeiten des nördlichen Europa bis zur Rückkunft Karls aus der Türkey.

Karl der Zwölfte hatte gehofft, den Feldzug des Jahrs 1709 mit seinem Einzuge in Moskau zu beschliessen, — und war nun bey

Bender, durch das Unglück von ein Paar Stunden aller Früchte seiner Siege beraubt, durch den Feind besiegt, dem er selbst zu lange Gelegenheit gegeben hatte, siegen zu lernen, aus der Lage des furchtbarsten Monarchen auf einmal in die des Verlassensten und Ohnmächtigsten versetzt, ohne Armee, ohne Geld, ohne eigne Mittel, sich auf der Stelle an seinem Ueberwinder rächen, und die Ausführung seines langen Lieblingsprojekts gegen den Czar Peter erneuern zu können. Eine Umwandlung, ein Kontrast der Dinge binnen ein Paar Tagen, binnen ein Paar Stunden, der nicht abstechender und schrecklicher seyn konnte! Er, der bisher das Schrecken mehrerer Völker gewesen, vor dem noch alles geflohen war, der einen König entthront, einen neuen König und einen Anverwandten auf das entscheidenste unterstützt hatte, war jetzt selbst ein Flüchtling, selbst fremder Unterstützung bedürftig, und dem guten Willen eines muhammedanischen Regenten und seiner Minister überlassen. Glück und Unglück theilten sich in die Regierungszeit Karls. Ersteres war sein beständiger Begleiter während der neun ersten Jahre seines kriegerischen Lebens

gewesen, und letzteres wurde nun eben so sehr
sein Verfolger während der neun letzten Jahre,
nach der unglücklichen Begebenheit, die eben er=
folgt war. Die ehemaligen Lorbeern wurden zer=
knickt, und verwelkten. Alle Bemühungen der
Kunst und Sorgfalt, sie wieder zur Blüthe zu
bringen, waren bey den Stürmen vergebens, die
sich von allen Seiten erhoben.

Mehrere Schlachten sind größer und blutiger
gewesen, als die bey Pultawa. Im ganzen
Jahrhunderte ist aber, wenn man nur auf dieß
Zeitalter Rücksicht nimmt, keine geliefert worden,
die nicht sowohl durch den Verlust, als besonders
durch das Lokale und durch die unglückliche
Entschlossenheit und Verfahrungsart des Ueber=
wundnen, so vielfach entscheidend geworden ist,
als sie. Wäre Karl, so läßt uns jetzt der Erfolg
schliessen, nach der Niederlage unverzüglich in sein
Reich zurück gekehrt, nie würde dasselbe, da er
auch geschlagen noch furchtbar war, da die Na=
tion bey allem Drucke seiner Siege und seines je=
tzigen Unfalls, ihn und seine Größe liebte, nie
würde dasselbe so viele seiner Neben = und Gränz=

länder, und über eine Million Unterthanen
verloren haben.

So wurde aber der Fall Karls und das unglückliche System seines Muths der Ruin seines
Landes, der Sturz des Königs, den er eingesetzt,
und der Unfall des verwandten Hauses, das er
vormals gerettet hatte; und dagegen der Triumph
seiner drey Feinde und der gelegentliche Vortheil
von zwey andern Fürsten. Vor allen verdankt
Rußland dem Tage bey Pultawa und dessen
Folgen am mehrsten: die Begründung seiner neu-
en Existenz und politischen Bildung. Die beyden
Freunde Peters erhielten nun wieder freyen Spiel-
raum. Das Unglück Karls hob die gemachten
Traktaten auf. Es wurde das Signal zu neuen
Kriegen. Der größte Theil von Europa war noch
wegen der Thronfolge in Spanien in Waffen,
und der bisher beruhigte Theil ergriff sie von neuem gegen Schweden, und wurde in der Folge
durch neue Anhänger verstärkt. Karl hatte an einem Tage alles gewagt, und alles verloren, nur
sein Leben und seinen unbesiegbaren Willen und
Muth nicht. Er dachte seinen griechischen
Gegner, den Czar Peter, durch Muhamme-

dauer, und dann seine übrigen Feinde durch seine eigne Macht zu besiegen. Er wollte nach seinen Staaten, aber nicht anders als glorreich,
als mit dem Ruhme des Besiegers der Russen
zurückkehren.

Karl kam am 21sten Julius 1709 bey
Bender an. In Schweden und in andern
Ländern glaubte man länger, daß er nicht mehr
sey. Die erste Nachricht von seiner Erhaltung
bekam man zu Stockholm durch den dasigen
französischen Gesandten, Grafen von Campredon. Er begab sich nach Hofe, und meldete,
daß der König glücklich am Schwarzen Meere angekommen sey. Seine Nachricht versetzte
die verwittwete Königin in die freudigste Bestürzung. Er sprach schwedisch, und nannte das
Schwarze Meer auf schwedisch, Swarta-Sjö
(Schwarze See). Die Königin glaubte, daß
Karl zu Swartsjö, einem königlichen Lustschlosse, 3 Meilen von Stockholm angelangt sey;
erfuhr aber bald mit Bedauern den Unterschied
und die große Entlegenheit zwischen Swarta-
Sjö und Swartsjö.

Mit desto mehrerer Schnelligkeit und Gewißheit wurde die Nachricht von Karls Niederlage
durch Kouriere an die mehrsten Höfe verbreitet.
Kaum hatte der Kommandant von Bender, der
Seraskier Jussuph I. von dem Pascha von Ot=
zakow die Nachricht erhalten, daß der König sich
im türkischen Gebiete befinde, so ließ er ihm durch
einen Aga zu seiner Ankunft Glück wünschen, —
freylich eine traurige Gratulation für Karl! —
schickte ihm ein schönes Reisegezelt, und ließ ihn
und sein Gefolge mit den nöthigen Bequemlichkei-
ten und Bedürfnissen auf dem Wege versorgen,
und ihn bey seiner Ankunft seiner Königlichen
Würde gemäß empfangen. Die Besatzung mar=
schirte auf, die Kanonen in der Festung wurden
gelöset, und andre Ehrenbezeugungen veranstaltet. Der Seraskier hatte zu seinem Empfange
eine der besten Wohnungen in der Stadt einrich=
ten lassen. Karl aber weigerte sich durchaus, in
derselben seinen Aufenthalt zu nehmen. Es schien
ihm wider seine Würde, und war gegen seinen
Charakter. Des Krieges gewohnt, wollte er
wenigstens auch jetzt noch das Schattenbild des=
selben behalten. Er ließ in der Nähe der Festung,

an den Ufern des Dniesters Gezelte und Baracken aufschlagen, und kampirte da mit seinem Gefolge, das durch Schweden und Polen, die auf verschiednen Wegen der Flucht zu ihm stiessen, biß gegen 1800 Mann und in der Folge noch zu einer beträchtlich größern Anzahl vermehrt wurde. Und diese ganze kleine Armee unterhielt die Pforte mit einer Gastfreundschaft und Freygebigkeit, die die Schweden unter ähnlichen Umständen schwerlich in dem Maaße würden in einem christlichen Lande gefunden haben.

Der Beherrscher des türkischen Reichs war damals Achmed der Dritte. Eine Empörung hatte ihn im Jahre 1702 auf den Thron erhoben; eine Empörung stürzte ihn auch nachmals im Jahre 1730 wieder von demselben. Karl schrieb noch im Julius einen eigenhändigen Brief an ihn; dieser aber wurde erst spät übergeben und beantwortet. Gründe der Dankbarkeit und der Politik beförderten mit die gute Aufnahme, die Karl fänd. Er hatte bey der Eroberung von Leopold oder Lemberg im Jahre 1704 einer beträchtlichen Anzahl von Türken, die sich in polnischer Gefangenschaft befanden, die Freyheit geschenkt,

nnd auch seine freundschaftlichen Verhältnisse
durch den Abschluß eines Handelsvertrags mit
der Pforte bestärkt. Der Feind, der sich auf sei=
nen Trümmern erhob, war auch der ihrige gewe=
sen, und wurde nun ein um so furchtbarerer Nach=
bar. Hätten die Hof=Astrologen der Pforte die
Schicksale der Zukunft lesen können; wie eifrig
und entschlossen hätte A ch m e d gegen den C z a r.
P e t e r seyn müssen! Karl erhielt, ausser den
freyen Lebensmitteln, die geliefert wurden, täg=
lich einen Beutel (500 Piaster oder ungefähr 500
Gulden) zu seinen Ausgaben und Unterhaltskosten.
Nur ein Jahr, ohne den übrigen Aufwand, die=
se Diäten gerechnet, so machten sie eine Ausgabe
von 182,500 Piastern. Eine ansehnliche Theure
der Gastfreundschaft!

Karl wollte aber bald eine ganz andre Unter=
stützung von der Pforte haben. Er war Anfangs
willens gewesen, sogleich, wenn die Wunde, die
er bey Pultawa erhalten hatte, geheilt wäre,
nach Polen, oder nach seinen Staaten zurück zu
kehren. Polen wurde aber gleich wieder von
A u g u st eingenommen. Und zu Konstantinopel
kam es in Antrag, daß er unter Begleitung von

100 Schweden und 200 Tataru unter Anführung
eines russischen Generals zurückgebracht
werden sollte. Karl aber, ganz von Rachbegierde gegen die Russen entbrannt, faßte das Vorhaben, sich die Befriedigung seiner Wünsche durch
die Türken zu verschaffen. Ein Plan, dessen
Schwierigkeiten für seinen lebhaften, unterneh-
menden Geist nicht zurückschreckend waren, der
durch die günstigen Gesinnungen, durch eine besondre Ambassade des Chans der Krimm an ihn,
in kurzem bestärkt, und über dessen Reiz die Menge der andern Rücksichten, das Schicksal seiner
eignen Länder hintangesetzt wurde.

Die Pforte war so treu und aufrichtig, oder
vielmehr so indolent und gleichgültig gewesen, den
günstigen Zeitpunkt nicht zu benutzen, den ihr die
Kriegsverwicklung im Anfange des Jahrhunderts
gegen ihre Nachbaren darbot. Das Ende des vorigen war durch Niederlagen und Länderabtretun-
gen für sie bezeichnet gewesen. Sie entschloß sich
aber nicht, die Wunden zu heilen, die ihr sowohl
Peter durch die Eroberung von Asow, als der
Prinz Eugen von Oesterreichischer Seite geschlagen hatte. Kaum war der Aufenthalt Karls be-

A 5

kannt geworden, so ließ ihm der französische Hof,
der an dem türkischen den mehrsten Einfluß hatte,
und so auch die beyden Seemächte, England und
Holland durch ihre Gesandten zu Konstantinopel
den Antrag machen, sich zu Schiffe, wozu sie ihm
sichre Gelegenheit geben wollten, aus der Türkey
weg zu begeben und nach seinen Staaten zurück zu
kehren. Selbst seine Rückreise zu Lande würde
keine Schwierigkeiten gefunden haben. Peter
selbst hätte durch seine Entfernung einer Seits
viele Erleichterung gefunden. Karl aber verwarf
alle Anträge über die Eingebungen seines persönlichen Hasses und seiner Kriegsliebe gegen denselben. Um die Ausführung seines kühnen Plans
— eines Plans, den das Interesse Karls erzeug-
te, dessen nachdrückliche Vollziehung noch mehr
das Glück der Pforte gewesen wäre, — zu rea-
lisiren und zu beschleunigen, schickte er im Anfange des Augusts den Hofjunker Martin von Neugebauer in der Würde eines ausserordentlichen
Gesandten nach Konstantinopel. Der thätigste
Beförderer seiner Absichten wurde aber ein junger
polnischer Große von eben so ausgezeichneten Fähigkeiten, als einnehmendem Wesen, der Graf

Stanislaus Poniatowsky *); eben der, der sein Retter in der Schlacht bey Pultawa gewesen war, und der der Vater des letzten, in unsern Tagen um Land und Thron gebrachten Königs von Polen wurde. Eine merkwürdige Veränderlichkeit der Zeiten und Umstände! Der Vater diente Karln aufs eifrigste gegen Rußland; — und zwey Jahre nach seinem Tode wurde sein Sohn, durch die Unterstützung der jetzigen Kaiserin von Rußland, auf den polnischen Thron erhoben. Graf Poniatowsky reisete, ohne mit einem besondern Charakter bekleidet zu seyn, am 9ten Oktober 1709 von Bender nach Konstantinopel ab, wurde der geheime Beherrscher des Divans, die Stütze aller Hoffnungen Karls und der Sturz mehrerer Großviziere. Ehe indeß seine Unterhandlungen zu einem öffentlichen Erfol-

*) Gebohren im Jahre 1678, wurde nach seiner Rückkunft ins Vaterland, unter König August II. 1724 Großschatzmeister von Litthauen, nachdem Woywode von Masuren und Kastellan von Krakau, und starb 1762 in einem Alter von 84 Jahren. Er hatte sich 1720 mit der Fürstin Constantia Czartorisky vermählt, die 1732 die Mutter des so vielfältig unglücklichen letzten Königs von Polen wurde.

ge gediehen, zogen das neue Bündniß und die
Unternehmungen der Feinde Karls die Aufmerksamkeit von Europa auf sich; Unternehmungen
und Begebenheiten, deren Gange wir hier zuerst
folgen müssen.

Der thätigste unter den Feinden Karls, und
der es am mehrsten Ursache hatte zu seyn, war
der Czar Peter. Der Sieg bey Pultawa hatte sein Reich von Gefahren befreyet, und die Art,
wie er ihn benutzte, erweiterte dasselbe, und verschaffte ihm die Erfüllung seiner langen Lieblings-
absichten. Eignes und das damit verbundene
fremde Interesse theilten seine Aufmerksamkeit.
Um sich gegen die Türken und den Einfluß Karls
zu sichern, ließ er durch seinen Gesandten zu Konstantinopel, den Grafen Tolstoy, den Frieden
mit der Pforte auf 30 Jahre bestätigen, sandte
ein Korps unter dem Generalmajor Schreme-
tew nach Liefland und ein anderes, unter dem
Fürsten Menczikow, nach Polen ab, gieng
darauf im Anfange Oktobers selbst nach Polen,
kam zu Thorn mit dem Könige August zusammen, erneuerte das Bündniß mit ihm, und darauf auch mit dem Könige von Dännemark,

schloß am 20sten Oktober eine Neutralitäts=Ver-
abredung mit Preussen und begab sich im Anfange Novembers nach Liefland, dessen Hauptstadt
Riga bereits von Scheremetew belagert wurde.
Peter warf bey seiner Ankunft selbst die ersten
Bomben auf die Stadt. Sowohl die Winterwit-
terung, Ueberschwemmungen der Düna, Krank-
heiten, als die guten Anstalten, die der Generalgouverneur, Graf Nils Stromberg getroffen
hatte, und der Muth der Belagerten, machten
aber, da Peter die Stadt nicht verwüsten wollte,
ihre Eroberung vorerst nicht möglich. Er begab
sich darauf — seine vielumfassende Thätigkeit
fällt hierbey von selbst auf — nach seiner Lieblings-
stadt, die seine Gegenwart durch die kriegerischen
Beschäftigungen länger entbehrt hatte, nach St.
Petersburg, besichtigte die Fortschritte der
neuen Anlagen und Bauten, legte selbst die erste
Hand an den Bau eines Kriegsschiffes, und eröffnete darauf den Anfang des Jahrs 1710
mit einem Schaugepränge, das von so vielem
Eindrucke auf sein Volk, als selten und ausgezeichnet war.

Karl hatte gehofft, in Moskau zu triumphiren; und am 1sten Januar wurde nunmehr der größte Theil seiner Armee daselbst im Triumphe aufgeführt. Ein Regiment Garde — die erbeuteten Trophäen, Standarten, Fahnen, die Artillerie, die Sänfte des Königs und andre Kriegsstücke und Insignien eröffneten den Zug. Alsdann folgten zu Fuße die Tausenden der schwedischen Gefangenen, Minister, Generale, Offiziere und Soldaten, und zuletzt ihre Ueberwinder zu Pferde, mit dem größten Theile ihrer gewesenen Anführer an der Spitze. Unter diesen befand sich auch Peter als Generallieutenant; eine militärische Würde, die er auf Vorstellung der Armee nach der Schlacht bey Pultawa angenommen hatte. Die Prozession gieng in unübersehbarer Länge, unter dem Donner der Kanonen, Lauten der Glocken und dem Jubelgeschrey einer unzähligen Volksmenge durch alle Hauptstraßen von Moskau und durch sieben, mit vielem Prachtaufwande errichtete Triumphbogen. Bey jedem derselben standen Deputationen von den Ständen und Collegien, die den Siegern im Namen des Reichs Glückwünsche und Danksagungen abstat-

teten; und bey dem letzten befand sich ein Chor
von jungen Personen des ersten Adels, in römi-
scher Tracht gekleidet, welches den Glanz der
Prozeßion mit einer Lorbeerkrone beschleß, die
dem Czar überreicht wurde. Eine demüthigende,
das Innerste empörende Feyerlichkeit für ein unglückliches, braves Militär, das so lange das
Schrecken der Feinde und der Lehrer in der Kriegskunst für eben die gewesen war, die jetzt ihren
Aufzug mit ihm hielten. Und die Folgen nach
diesem Schauspiel waren für den größten Theil
desselben lebenswieriges Elend und Ungemach.
Die schwedischen Generale und vornehmsten Officiere wurden in die Staatsgefängnisse nach Schlüs-
selburg und nach andern Oertern gebracht, und
die Gemeinen nach Sibirien und in andre entlegne
russische Provinzen. Wenige sahen ihr Vaterland wieder, da keine Auswechslung der Gefangnen statt fand.

Für keinen war die Nachricht von dem Falle
Karls erfreuender, als für den Prinzen, der durch
ihn seiner Krone, deren Erwerbung so viele Mühe
und Aufwand gekostet hatte, beraubt worden war,
als für den Churfürsten von Sachsen, König

August. Gewalt und Ueberlegenheit der Macht hatten zu der Eingehung des Traktats von Altranstadt gezwungen, und ihn bis dahin aufrecht erhalten; diese hörten nunmehr auf, und mit ihnen auch der Traktat. August war unter den Fürsten der erste gewesen, den Peter von seinem totalen Siege benachrichtigt hatte; des Beystandes dieses Monarchen gewiß, eilte er nunmehr den günstigen Zeitpunkt zu benutzen, um den verlornen Scepter wieder zu bekommen.

Schon am 2ten August erschien zu Dresden ein ausführliches Manifest, worin die Geschichte der Gewaltthätigkeiten Karls, die Unrechtmäßigkeit der Ernennung eines ehemaligen Unterthanen, des Grafen Stanislaus Leszczinsky zum Könige, die Bedrückungen der Schweden in Sachsen und ihre eignen friedbrüchigen Unternehmungen dargestellt, und das Vorhaben Augusts, seine Regierung und Rechte wieder anzutreten, bekannt gemacht wurde. Unter andern hieß es in dieser Erklärung wörtlich also:

„Wir seynd zwar schon mehr als zu gewiß versichert, daß der sogenannte Friede von Altran-

ranſtadt von der ganzen Welt allbereits vor-
längſt bey dem erſten Anblick einmüthig deteſtirt
und unter diejenigen Dinge gerechnet ſey, bey
welchen zu beharren man von keinem Menſchen
fodern könne. Es laufen die darin angebrachten
und Uns aufgewälzten Bedingungen ſchnurſtracks
nicht nur wider alle königliche Ehre und Reputa-
tion — welche doch allezeit dem Leben gleich und
höher geachtet werden — ſondern auch wider alles Völkerrecht und Gebräuche, ja wider die
Möglichkeit ſelbſt, und alſo ſeynd ſie auch an und
vor ſich null und nichtig. Iſt wohl jemals ein
rechtmäßiger König genöthigt worden, ſeinen re-
belliſchen Unterthan für einen wahren und
rechtmäßigen König zu erklären, welcher keinen
andern Grund vor ſich hat, als daß er mit Hintanſetzung der auf ſich gehabten Pflicht, ſeinem
rechten Herrn allzu widerſpenſtig, und deſſen Feinde allzu gehorſam geweſen. Iſt es wohl erhört,
Krone und Scepter ſich ſelbſt abzunehmen, und
einem dergleichen Unterthane zu übergeben? Hat
denn ein König von Polen Macht, die
auf allgemeinen Reichstägen und auf andern Ver-
ſammlungen abgefaßten Schlüſſe für ſich allein

aufzuheben und umzustoßen? Kann er denn
die Krone einem andern cediren und
transferiren?

Alles dieses ist aber noch nicht genug. Einer Beherrschung über das Gewissen sich anzu-
maßen, heißt, Gott selbst einen Eingriff thun.
Wir wollen nicht sagen, was mit Unsern, sonst
treu gewesenen Unterthanen in Polen und deren
Ableitung von Uns vorgegangen; daß Wir selbst
aber Unsre hierüber so oft gethanene und wieder-
holte eidliche Versicherung und Verbindung brechen sollten, kann kein Mensch begehren. Haben
Wir nicht bey dem Wahlvertrage vermittelst Eides ausdrücklich versprochen, das Reich beständ-
dig zu regieren, und ohne der Stände Willen keineswegs zu verlassen. Es ist sogar nach des
Königs Casimir Niederlegung der Regierung,
eine besondre Reichs-Konstitution deswegen ge-
fertiget worden, daß kein König in Polen ohne
Consens der sämmtlich hiezu ausdrücklich zusammen zu berufenden Republik dergleichen etwas vorzunehmen, noch die Krone abzulegen,
befugt seyn solle.

„Wir wollen demnach bey diesen Bewandnis-
sen alle Welt judiciren lassen, ob Wir mit Fug
und sonder Verletzung Unsers Gewissens demjenigen anhangen können, was in Sachsen bey der
größten Noth Unsern Kommissarien mit lauter Gewalt und Befehl vorgeschrieben worden. Zu be-
wundern ist vielmehr, daß der König in
Schweden Uns dergleichen Dinge zumuthen
mögen, und fällt daher alle Imputation auf ihn
selbst hinaus.

„Und da nach aller Moral gegründet, daß zu
Unmöglichkeiten kein Mensch verbunden, für un-
mögliche Sachen aber diejenigen zu achten seyn,
so wider Gott, Pflicht und Gewissen, auch Ehre, Ehrbarkeit und gute Sitten streiten: so wird
jedermann so fort, deme nur der wenigste
Schein von dem Lichte der Natur auf-
geht, Uns von aller Verbindung befreyt zu seyn,
erkennen müssen.

„Wir müssen daneben besonders die Bestän-
digkeit Unsers werthesten Freundes und Bruders,
des Czars von Moskau, rühmen. Es kann
auch diejenige Treue, so die tapfern Stände des

Königreichs Polen, nach der rechtmäßigen zu
Sendomir aufgerichteten Konföderation, noch
immer beybehalten, nimmermehr genug gepriesen
werden. Dieser Unser Bundsgenoffe, diese Unf-
re getreuen Stände und Unterthanen begehren,
rufen und bitten. Der innerliche Trieb
Unsers eignen Gewissens heißt Uns selbst
keine Stunde verabsäumen. Und also ist auch
nichts mehr übrig, als daß Wir dasjenige,
was Uns Gott und das Recht gegeben, hinwie-
der ergreifen; wie Wir dann zu solchem Ende die
Freundschaft und Allianz mit Sr. Czarischen
Majestät vor ander Zeit anderweit erneuert
haben.

„Wir fassen daneben zu allen Mächten und
gekrönten Häuptern, auch Churfürsten und andern Staaten das zuversichtliche gute Zutrauen,
sie werden die Liebe zur Gerechtigkeit hierunter
prävaliren lassen, die That der Entthronung selbst
mißbilligen, und Uns dahero in Unserm wohlge-
gründeten Vorsatz eher hülfliche Beförderung
leisten, als die geringste Hinderniß legen. —
Uebrigens sind Wir in keine Wege gemeint, die auf deutschem Reichsboden

liegende schwedische Provinzen im geringsten zu beunruhigen.

„Ihr aber werthe Senatoren, Magnaten und
Woywodschaften des Königreichs Polen und
Großherzogthums Litthauen, die ihr nach der
Sendomirschen Vereinigung bis anhero die Ehre
und Freyheit der Republik so rühmlich und standhaft erhalten, lasset nicht ab, ferner darin fort-
zufahren! Ihr wisset, wie Wir Unsre Regierung
nach den Grundsätzen des Reichs geführt, und
sehet hingegen nunmehr, wie zum Schimpf der
ganzen Nation, die sonst aller Orten in der Welt
bekannt gewesene polnische Freyheit in fremde Fesseln gelegt, und der Herrschaft eines
Mannes unterworfen werden, welchen die
allermeisten unter Euch ganz ausser
Gleichheit übertreffen, und dessen Regierung wieder an ein fremdes Regiment gebunden ist. Zuletzt ermahnen Wir
väterlich alle diejenigen, so der widrigen Parthey
bisher angehangen, und sich sewohl an Gott,
als der von demselben Uns mitgetheilten Majestät unverantwortlich vergriffen haben, noch jetzo
umzukehren, das begangne Unrecht zu erkennen,

B 3

und sich zu ihrem rechtmäßigen Könige zu wenden. Immaßen denn hierzu eine Zeit von 3 Monaten, vom Tage dieser Bekanntmachung an, eingeräumt wird, und dieselben, wenn sie redliche Proben ihres Gehorsams durch eine aufrichtige Beytretung in der That bezeugen werden, sich aller Gnade und Vergessung des vorhin Begangnen zu erfreuen haben sollen; bey deren Verabsäumung mögen sie sich aber von selbst zurechnen, wenn sie als Feinde und Verräther des Vaterlandes mit Verlust Leibes und Lebens, auch Konfiskation ihrer Güter und Vermögens zu wohlverdienter Strafe gezogen werden.„

Es hat vielleicht wenige Erklärungen von Fürsten gegen Fürsten gegeben, die im ganzen so sehr die Wahrheit auf ihrer Seite hatten, |als diese Erklärung Augusts. Die Geschichte würde nichts weiter als einen schwachen Prinzen in ihm aufstellen, wenn er nicht das Gebäude der gewaltsamen Unternehmungen Karls bey der Günstigkeit des Zeitpunkts umzustoßen unternommen hätte. Die ganze unpartheyische Welt stimmte der Rechtmäßigkeit einer Contre-Revolution in Polen bey. Mehr Mitleiden und Ver-

schiedenheit der Urtheile erregte das Schicksal der
beyden Staatsdiener Augusts, die das Unglück gehabt hatten, im Jahre 1706 die Unterhändler des Altranstädtischen Traktats gewesen zu seyn. Der Geheimerath von Imhoff
und der Referendarius Pfingsten mußten die
Ungültigkeit desselben mit ihrer Bestrafung bestätigen. Die Beschuldigungen, daß sie ihre Instruktionen überschritten, daß sie sich von den
Ministern Karls bestechen lassen u. s. w. —
Beschuldigungen, die bis dahin unentschieden geblieben waren — wurden nun zur kriminellen Gewißheit gebracht. Alle Bedingungen, die sie unterzeichnet hatten, waren indeß von August ratificirt worden.

Das Manifest, welches er erlassen hatte,
wurde durch den Beystand Peters und seine
eigne Macht bald in Ausführung gebracht. Eine der vorzüglichsten Beschwerden und Vorwände zu seiner Thronentsetzung war der Aufenthalt
seiner sächsischen Truppen in Polen gewesen.
Und jetzt, da die Hauptstütze des Partheygeistes
gefallen war, stellte sich August an die Spitze
eines Korps von 12000 Mann, das sich in der

Lausitz versammelt hatte, und trat am 20sten August durch Schlesien seinen Rückmarsch nach dem
Königreiche an, das er seit drey Jahren verloren
hatte. Die Veränderung des Glücks und des
Uebergewichts der Macht veränderte und bestimmte nun auch die Gesinnungen des größten Theils
der Nation. Drohungen wurden mit den Kün-
sten der Politik verbunden. Mehrere Magnaten,
die sich vordem als die erbittertsten Gegner Augusts gezeigt hatten, fanden es nun ihrem Interesse angemessen, unter den Ersten zu seyn, die
ihm von neuem huldigten und von der angebote-
nen Amnestie Gebrauch machten. Schon nach
Sachsen war eine Deputation treuer Anhänger
zu ihm gekommen. So mühsam es im Ganzen
Karl geworden war, August vom Throne zu stos-
sen, so wenig schwer wurde es diesem jetzt, ihn
wieder zu besteigen. Das Land brauchte nicht erobert zu werden; man konnte keinen Widerstand
leisten, hatte Verpflichtung es nicht zu thun, und
unterwarf sich von selbst. Die Religion und der
Pabst kamen bald darauf zu Hülfe. Dieser ließ
alle Unterthanen von dem Huldigungseide entbin-
den, den sie Stanislaus geleistet hatten, und

August selbst wurde durch den Chef der katholischen Kirche von der Verbindlichkeit befreyet, die er gezwungen übernommen hatte, den Traktat von Altranstadt zu halten. Am 7ten Oktober kam August zu Thorn an. Hier hatte er mit dem Monarchen eine Zusammenkunft, dessen Siege und Beystande er allein die Wiedererwerbung der Krone verdankte, mit dem Czar Peter; eine Zusammenkunft, durch die das Mißvergnügen, welches bey letzterm geherrscht hatte, aufhörte, die für August so erfreuend, als für Peter schmeichelhaft war. Sein nordischer Gegner hatte den Triumph gehabt, einen König abzusetzen, und er nun den, ihn wieder einzusetzen, und dauerhaft auf dem Throne zu befestigen. August regierte auf demselben bis an sein Ende, noch 24 Jahre lang. Der Partheygeist hatte inzwischen zu tiefe Wurzeln geschlagen, als daß er sogleich ausgerottet werden konnte. Der Adel war an Zügellosigkeiten, an eigenmächtige Unternehmungen und Ausschweifungen der Freyheit länger gewohnt. Die Gährungen und Unruhen dauerten mit größerer oder minderer Heftigkeit noch mehrere Jahre fort. Um sie beyzulegen, und überhaupt um die erneu-

erte Regierung einzurichten, wurde auf den
10ten Februar 1710 ein Reichstag ausge=
schrieben.

So froh August war, so unglücklich und
verlegen war der Gegner, der einige Jahre sei=
ne Krone getragen hatte, Stanislaus. Die
Nachricht von Pultawa traf ihn wie ein Donner=
schlag. Mit Karl fiel auf einmal seine Würde
und Hoheit. Ohne Macht erschien er nun in der
Qualität eines Rebellen, eines Majestäts=Ver=
brechers*). Wie gerne hätte er gewünscht, den
Titel eines Woywoden von Posen nicht mit dem
eines Königs vertauscht zu haben. Um sich im
Besitz der letztern Würde zu erhalten, wandte er
sich an die Mächte, die den Frieden von Altran=
stadt garantirt hatten; ein Schritt, der aber ganz
fruchtlos war. Man war weit mehr für den
rechtmäßigen, als für den unrechtmäßigen Regen=
ten geneigt, da ersterer nunmehr die Macht wie=
der auf seiner Seite hatte. Der Charakter Sta=
nislaus bildete übrigens in Vergleich mit dem

---

*) In den feindlichen Manifesten wurde er der Let=
zinsky genannt.

feines nordifchen Beförderers einen ftarken Kon=
traft. Der Muth, der hartnäckige, entfchloffene
Sinn Karls war nicht der feinige. Widerfeßung
würde auch nur unglückliche Tollkühnheit gewe=
fen feyn. In der verzweifelten Lage, worin er
fich befand, erließ er eine Erklärung, deren gut=
müthigen, menfchenfreundlichen Inhalt fein edles
Herz nicht widerlegte, zu welcher aber doch die
Noth zwang. Er machte durch ein Univerfale be=
kannt, daß er geneigt fey, die Krone wieder nie=
derzulegen, wenn er durch diefes Opfer die Ruhe
und das Glück feines Vaterlandes befeftigen und
vermehren könne, da er bloß zum Wohl deffelben,
und um den Spaltungen, die es zerrüttet und zu
untergraben gedroht hätten, den Thron zu befteu=
gen fich entfchloffen gehabt hätte. Eine Erklä=
rung, die Karl zu Bender mit Aerger erfuhr und
nicht wenig übel nahm.

Wie diefer, mußte nun auch Stanislaus
flüchtig werden; und mit ihm die ganze Anzahl
von Schweden, die fich in Polen befand. Es
waren damals dafelbft noch zwey Korps zu fei=
ner Unterftüßung; ein Polnifches und ein
Schwedifches. Erfteres ftand unter dem

Krongroßfeldherrn und Woywoden von Kiew,
Grafen Joseph Potocky, (starb den 19ten
May 1751.) und war 6000 Mann stark; die
schwedische Armee, die noch gegen 10,000 Mann
zählte, kommandirte der Generalmajor Crassau. Von der einen Seite drangen in verstärk-
ter Anzahl die Russen, von der andern die Sachsen heran. Ohne Instruktionen, ohne Unterstützungen in der Nähe, ohne die Aussicht und Möglichkeit, der Macht eines Kaisers und Königs die
Spitze bieten zu können, hielt Crassau es für
das Dienlichste, sich und sein Korps bey Zeiten
zu retten und in Sicherheit zu bringen. Die
nächste und beste Retraite war Pommern. Er
ersuchte daher den Berliner Hof um den Durchzug
durch die Brandenburgschen Länder. Dieser wurde ihm aber, vornehmlich weil er aus einem Lande zog, wo die Pest bis dahin ihre Verwüstungen angerichtet hatte, verweigert. Die Noth
hob aber das Verbot. Er trat den Durchmarsch
an, hielt dabey die genaueste Ordnung und
Kriegszucht, und kam im schwedischen Pommern
an — und mit ihm daselbst der König Stanislaus, der es für das Sicherste gehalten hatte,

sich unter dem Schutz des schwedischen Heers zu
entfernen, und die Staaten Karls zum Aufenthalte zu wählen. Die Schweden hatten zuletzt
noch in Polen eine beträchtliche Kontribution ausgeschrieben, und da die Zeit nicht erlaubte, sie
einzutreiben, so wurde der Ersatz dafür aus den
Kirchen genommen. Man nahm an so vielen Orten als man konnte, alles Silbergeräthe
daraus weg. Mit dieser Handlung beschlossen
die Schweden ihren Aufenthalt in einem Lande,
das für die Eroberungsbegierde seines Regenten
nur zu theuer gebüßt hatte. Graf Potocky zog
sich mit seinem Korps nach dem südlichen Polen,
es kam aber bald ins Gedränge, zerstreute sich größtentheils, und der einstweilige Chef desselben begab sich zum Könige Karl.

August suchte den Abzug des Crassauschen
Korps keinesweges zu verhindern. Es war ihm
angenehm, Polen von seinen bewaffneten Feinden
befreyet, und seine Herrschaft dadurch befestigt
zu sehen. Indeß versetzte Crassau einstweilen
Sachsen in Besorgnisse und Rüstungen. Man
befürchtete, daß er seinen Marsch dahin richten,
oder auch aus Pommern darin einbrechen möch-

te; eine um so besorglichere Lage, da der größte Theil der Truppen sich mit August schon in Polen befand. Um das Land in nöthigen Vertheidi-gungszustand zu setzen, und vor der Erneuerung der ehemaligen unglücklichen Scenen zu sichern, wurde daher schon am 11ten September ein Auf-gebot und eine Kriegsverordnung publicirt, fol-genden wesentlichen Inhalts:

Wir Friedrich August 2c. Nachdem verlauten wollen, als sey der schwedische Gene-ralmajor Craffau Willens, unter dem Scheine einer in die schwedisch-deutschen Provinzen zu nehmenden Retraite, mit seinem Korps in Unsre Lande einzudringen: so haben Wir der Nothdurft zu seyn erachtet, Unsern Unterthanen davon in Zeiten Nachricht zu geben, damit sie auf den, wiewohl verjetzt noch ungewissen Fall, wenn er-meldter Craffau dieses sein Vorhaben ins Werk richten sollte, von unnöthiger Furcht nicht ein-genommen werden möchten. Indem Wir selbst, im nöthigen Falle dem Feinde mit Unsrer Armee und andern alliirten Truppen auf dem Fuße nach-folgen werden: — so zweifeln Wir um so we-niger, es werden auch alle Unsre Unterthanen von

selbst mit allem Eifer dahin trachten, den Marsch
dieser Feinde auf allerley Weise zu hindern und
aufzuhalten, da sie nicht nur die Ansteckung und
Ausbreitung des unter ihnen graſſirenden Uebels
der leidigen Pestilenz zu befürchten —
aus welcher Urſache ſie auch bey denen benachbar=
ten Potentaten nirgends durchgelaſſen werden
wollen — ſondern auch vorhin erfahren haben,
wie ſchlecht und wenig dieſes Feindes Verſpre=
chen zu trauen und mit was unzähligen Arten von
Kontributionen und Exceſſen er das Land auszu=
ſaugen gewußt. Wir haben auch zu dem Ende
Unſre noch in demſelben ſtehende Kavallerie und
Infanterie bereits an die Gränze und andre Päſſe
beordert, zur Austheilung unter die Bürger und
Bauern Gewehre und Munition bereit machen
und die Paſſage der Elbe gehörig befeſtigen laſ=
ſen. Unſer Wille iſt demnach, daß alle Unſre ge=
treue Vaſallen ſich zur Aufſitzung der Ritterpfer=
de bereit halten, die Magiſträte die Schützenge=
ſellſchaften in gute Ordnung ſetzen, die Bauern
die Hölzer verhauen — und daß durchgehends je=
dermann, der ſich in Unſerm Lande aufhält, ſich
fertig halten ſoll, bey erfolgendem Aufgebot an

so viel tausend Mann, als in jedem Kreise werden begehrt werden, und zwar jedesmal von der
jungen Mannschaft von 20 bis 40 Jahren, bey
dem ersten Aufgebot:

> 11,460 Mann in der Oberlausitz
> 7,650   —   in der Niederlausitz
> 21,040 —   im Leipziger Kreise
> 5,800   —   — Churkreise
> 13,400 —   — Erzgebürgischen —
> 4,000   —   — Vogtländischen
> 1,350   —   — Neustädtschen
> 6,100   —   — Thüringsch. Kreise.

zusammen 84,100 Mann.

Bey dem andern Aufgebot wieder so viel;
bey dem dritten desgleichen abermal, und
dann, bey dem General = Aufgebot jedweder
Mann für Mann, welcher mitzugehen ver-
mag, mit Ober = und Untergewehr, auch wenn
solches nicht zulänglich, mit Sensen, Heu-
gabeln, Aexten, Beilen, Spaden ꝛc.
sich unverzüglich, mit 10tägiger Verpflegung
an Brodt, an den angewiesenen Sammelplatz
ein-

einfinden soll — wobey denjenigen, welche diesem mit Pest angesteckten Feinde sonderbaren Ab-
bruchthun, ein absonderlicher und statt-
licher Rekompens gereicht werden
soll.

Zwey Tage darauf, am 13ten September,
erschien noch ein anderes Mandat, worin verschiedne Gegenstände wegen der Rüstungen noch
näher bestimmt und besonders verordnet wurde,
„auf den Anhöhen, ohne sonderlich kostbaren
Bau, schleunigst Warten zu errichten, jede mit
5 bis 6 Mann, die abzulösen wären, stets zu besetzen, damit diese, wenn der Feind erschiene,
Feuer anlegten, und so die Anzeige von seiner
Anrückung ins Land verbreiteten.„

Diese Anstalten und Verordnungen beweisen,
wie groß das Schrecken war, welches man noch
vor den Schweden hatte, und die Stärke des
Eindrucks, den sie seit dem Jahre 1707 in dem
Churfürstenthum zurückgelassen hatten. Die Besorgnisse waren aber unnöthig. Sachsen brauchte nicht in Waffen zu kommen. Kein schwedi-
sches Heer betrat dasselbe wieder. Die Umstände
veränderten sich aber in der Folge so sehr, daß

August, wider das Anfangs gegebne Versprechen, mit sächsischen Truppen in Pommern erschien.

So war denn am Ende des Jahrs 1709 das
Gebäude der Ehrsucht und Rachbegierde auf einmal wieder umgestürzt, das Karl mit so vieler
Mühe erbauet, das ihn so viele Jahre, mit so
vielem Aufwande, und mit so wenigem, eignen
reellen Nutzen beschäftigt hatte. Polen besaß nun seinen rechtmäßigen König wieder. Der Beystand Peters entschied bald die Contre-Revolution. Dieser
Beystand war eben so sehr Pflicht der Treue als der
Dankbarkeit. Das Unglück Augusts, das so
lange die Diversion der Schweden ausmachte,
war sein Glück geworden. Der Sieg von Pultawa leitete ihn nun auf den sichern Weg der Eroberungen.

Diesen Weg beschloß indeß auch der dritte
Feind Karls, König Friedrich der IVte von
Dänemark von neuem zu versuchen. Er hatte im
Jahre 1709 eine Reise nach Italien, nach Vene-
dig und Florenz gemacht, kam auf der Rückreise
am 28sten Junius zu Dresden an, erneuerte
die Allianz mit dem Könige August gegen Schweden, reisete darauf mit demselben nach Berlin,

um den König von Preussen Friedrich I. zum
Beytritt zu bewegen, welcher aber nicht erfolgte,
und traf am Ende des Julius 1709 wieder in seinen dänischen Staaten ein. Die Allianz mit
Rußland wurde am 22sten Oktober zu Kopenhagen erneuert, überdem mit dem Bischof von
Münster ein Traktat zur Vertheidigung von Oldenburg und Delmenhorst geschlossen, auch von
England und Holland das Versprechen erlangt,
daß sie den König bey seinen Unternehmungen zur
See nicht stöhren wollten. So durch Alliirte
unterstützt und bey den Planen gesichert, war es
der Politik angemessen, den günstigen Zeitpunkt
zu benutzen zu suchen. Der Friede von Tra-
vendahl war ein Werk der Noth gewesen,
und die Verbindlichkeit, ihn zu halten, war gehoben *).

C 2

*) König Friedrich war indeß Anfangs, da ihm die
Hoffnung gemacht war, seinen Bruder Karl mit
der Schwester des Königs von Schweden, Ulrike
Eleonore zu vermählen, und bey den damaligen
üblen Finanz-Umständen sehr unschlüssig, ob er
von neuem Krieg anfangen sollte. Unter den Mit-
gliedern des Staatsraths selbst herrschte auch bey

Nachdem die Rüstungen länger betrieben waren, erschien daher schon am 28sten Oktober 1709 die Kriegs = Erklärung des dänischen Hofes gegen Schweden. Es fehlte ihr nicht an Beschwerden und Gründen. Sie betrafen viele Gegenstände, unter andern die unruhigen, friedenstöhrerischen Gesinnungen Karls überhaupt, Beeinträchtigungen im Handel, wi=

---

weitem keine Einschläßigkeit darüber. 2 Geheime= räthe stimmten dafür und 4 dawider. Der Ein= druck der Religion und die Vorstellungen und Bemühungen zweyer Staatsminister entschieden endlich über Friedrich. Seine eifrige Frömmig= keit hatte ihm — gewiß ein seltner Fall! — bis= her viele Bedenklichkeiten gemacht. Er hielt die Erneuerung des Krieges für unchristlich, für eine Handlung gegen den Willen Gottes. Sein Beichtvater, der dänische Hofprediger, Doktor Jasperson, der von dem Großkanzler, Gra= fen Reventlow heimlich instruirt war, demon= strirte ihm aber bald das Gegentheil davon. Er hielt in Gegenwart des Königs in der Schloßkirche eine Predigt, worin er denselben zum Kriegführen ermunterte. „Die Ehre und das Wohl des Reichs, sagte er, fodern zum Kriege auf; es ist die Pflicht der Regenten, das Unrecht zu rächen; der gött= liche Beruf zum Kriege liegt selbst deutlich zu Tage, da das Land der Nachbaren so gestraft und

derrechtliche Erhöhung der Zölle, Ertheilung von
Sundpässen an Ausländer, und die schwedischen
Absichten und Erneuerung von Ansprüchen auf
Lappmark und andre Besitzungen und Rechte, die
seit undenklichen Zeiten und nach allen Rechten
Dänemark gehörten. So gegründet diese Anga-
ben waren, so unnöthig schienen andre. Ausser

C 3

in Ohnmacht versetzt ist.„ Diese politische Predigt
machte ausserordentliches Aufsehn. Der deutsche
Hofprediger D o k t o r L ü t k e n s widerlegte von
der Kanzel am selbigen Sonntage die Grundsätze,
die sein Kollege am Morgen so heterodox und an-
stößig geäussert hatte. Alle Prediger nahmen darauf Parthie; eben so das Volk. L ü t k e n s hatte
die Mehrheit der Meinungen auf seiner Seite.
Einige Sonntage lang hörte man in allen Kirchen
von Kopenhagen lauter politische Controvers-Pre-
digten für oder wider die Rechtmäßigkeit des Krieges. Der Lärm unter dem Volke wurde so groß,
daß der König verbieten mußte, auf der Kanzel irgend etwas vom Kriege zu reden. Die Neigung
F r i e d r i c h s zu demselben wurde endlich durch eine nachdrückliche Vorstellung des polnisch-chursäch-
sischen Hofes vom 10ten September völlig entschieden — und die Prediger mußten darauf alle an einem Sonntage für die Rechtmäßigkeit des
K r i e g s predigen.

dem Haffe und der Verachtung gegen die Dänen,
hieß es, hätte Karl deutlich genug das Vorhaben zu erkennen gegeben, eben das gegen Friedrich unternehmen zu wollen, was er gegen August ausgeführt und gegen Peter vergebens versucht hätte. Ein Beweis unter andern davon sey,
erstlich, daß Karl in einem Schreiben an die
Generalstaaten vom 25ten May 1706 sich des
Ausdrucks bedient habe: advertae parti crevisse
spiritus (der Gegenparthey sey der Muth, der
Unternehmungseifer gewachsen) womit auf Dänemark wäre gezielt worden. Zweytens sey
1706 zu Stockholm eine Schrift (es war ein Gedicht) unter dem Titel erschienen: Hercules ge-
nuinus Carolus, magnae Scaniae imperator
(Karl, der wahre Herkules, Beherrscher von
Groß-Scandinavien — oder der Held desselben)
und unter der Benennung von Groß-Scandinavien sey Dänemark und Norwegen mit
begriffen und gemeint.

Im Anfange des folgenden Jahres erschienen
zwey schwedische Gegenerklärungen *), worin-

*) Deutsch übersetzt unter dem Titel: Schwedische
unvorgreifliche Gedanken ꝛc. — und Ungrund und

nen zum Theil diese Gründe mit Laune kommen=
tirt wurden. Die Benennung Scandinavia hieß
es darin, käme bloß dem schwedischen Reiche zu,
und das Wort Imperator bedeute in der angeführ=
ten Schrift keinen Kaiser oder Beherrscher —
sondern einen großen Feldherrn; ein Ausdruck,
der Karln mit Recht zukäme. Uebrigens hätte
man sich in Dänemark auf Münzen, Grabschrif=
ten ꝛc. für die Könige öftrer Titel bedient, z. B.
Augustissimus Septentrionis Monarcha; Septen-
trionalium Regnorum Moderator &c. (Monarch
des Nordens; Beherrscher der nördlichen Rei=
che ꝛc.) die den Schweden nicht aufgefallen, aber
buchstäblich genommen, noch weit gefährdevoller
für sie wären. — Der Verfasser des dänischen
Manifestes *) war der gelehrte Etatsrath und ge=
heime Archivarius Rostgaard.

Um allen Uebeln und jenen bösen schwedischen
Absichten zuvor zu kommen und dem Manifeste

C 4

Unfug des dänischen Manifestes, auf hohen Befehl
vorgestellt u. s. w.

*) Es befindet sich unter andern wörtlich in dem
Theatrum Europaeum 18ter Theil, für das Jahr
1709; S. 322 ff.

Nachdruck zu geben, wurden sogleich alle Anstalten zu der Winterkampagne, zu der Expedition gegen Schweden ins Werk gesetzt. Man sah nun das Gegentheil des Schauspiels, welches 1701 die Insel Seeland von seinen Nachbaren gehabt hatte. Im Anfange Novembers wurde eine Armee von 13,994 Mann Infanterie, und 2,500 Mann Kavallerie eingeschifft. Das Kommando darüber führte der Graf Christian Detlev von Reventlau, der in kaiserlichen Diensten General = Feldmarschall = Lieutenant geworden war. Friedrich selbst begleitete die Truppen. Ausser den kleinern Fahrzeugen, dienten zum Transport und zur Begleitung 12 Kriegsschiffe. Die Ueberfahrt über den Sund war bald geschehen.

Man kam am 12ten November bey dem kleinen Flusse Ra, an den Küsten von Schonen an; einer Provinz, die nach den historischen Erweisen des größten dänischen Geschichtsforschers unserer und der vergangnen Zeit *) das eigentliche ursprüngliche Dänemark ist, von dessen Be=

---

*) Des Reichshistoriographen, Kammerherrn von Suhm.

ſitzungen Schonen durch den Frieden von Roth=
ſchild ſeit 1658 getrennt worden. Die Landung
fand keine Schwierigkeiten. Die Schweden
wurden mit dem Kriege überraſcht. Weder die
Flotte noch die Truppen waren zur Vertheidigung
in den nöthigen Stand geſetzt. Der Feldzug der
Dänen war nicht ſowohl Eroberung, als viel=
mehr bewaffneter Einzug und Beſitzergreifung.
Die kleinen Abtheilungen des ſchwediſchen Mili=
tärs mußten ſich zurück ziehen. Die Stadt Hel=
ſingborg wurde zuerſt beſetzt. Die Beſatzung zog
ſich nach Landskrona. Eben ſo ergaben ſich auch
bald darauf die Städte Lund und am 12ten Ja=
nuar Chriſtianſtadt. Die Beſatzung zu Malmoe
war jedoch ſo entſchloſſen, ſich zu widerſetzen:
Indeß kehrte Friedrich nach ſeiner Reſidenz zurück,
ließ ſeine Truppen, die durch Mangel an Lebens=
mitteln und durch eine eingerißne Seuche ſehr ge=
litten hatten, nachdem noch mit einigen Tauſend
Mann verſtärken, und ſtatt des Grafen Revent=
lau, der krank geworden war, übernahm am 27.
Februar der Generallieutenant Graf Georg
Rantzau das Kommando.

Die Regierung in Schweden führte seit Karls Abwesenheit ein Kollegium von Senatoren. Nichts war natürlicher, als daß dasselbe der Gegenstand mehrerer Unzufriedenheit wurde. Es hatte die ganze ausführende Macht in Händen. Die kleine Aristokratie wurde, wie gewöhnlich, in einzelnen Stücken auch durch Privatabsichten und Leidenschaften beherrscht. Besonders war ihre Macht ein Gegenstand der Eifersucht des gesammten Korps, des Reichsraths. Wo die Regentschaft befahl, widersetzte sich öfters dieser.

Das Unglück des Vaterlandes ließ aber jetzt das Privatinteresse und die Uneinigkeit der Partheyen, die sich theils für die Prinzessinn Ulrika Eleonora, theils für den jungen Herzog Karl von Holstein-Gottorp formirt hatten, vergessen. Der Einfall der Dänen entflammte den Patriotismus und noch mehr den National-Haß des Volks. Die Stände versammelten sich in einem Ausschuße. Man berathschlagte verfügte und bestimmte die Mittel zur Vertheidigung des Landes.

Diese waren in ihrer Anlage nur schwach und eingeschränkt; allein stark durch den Willen, durch

die patriotische Erbitterung und Ehrbegierde der
Nation. Man hatte den französischen Hof und
andere Mächte vergebens um Beystand ersucht.
Das Land war arm an regulären Truppen. Der
schönste und stärkste Theil derselben war durch die
Niederlage bey Pultawa dahin; ein andrer Theil
befand sich in Pommern. Die Hauptstütze muß=
te das Korps der Kriegsseminaristen werden, wel=
ches Karl eingeführt und zum Dienste hatte üben
lassen, die Landmiliß. Diese wurde eilig aus ih=
ren Kantons zusammen gezogen. Man stellte
sich willig ein. Selbst Invaliden, die dem De=
gen längst entsagt hatten, ergriffen ihn bey die=
ser Gelegenheit wieder und marschirten mit. Die
Equipirung der Bauernsöhne stach allerdings ge=
gen die des dänischen Heers sehr ab. Ihr Aeus=
seres und ihr Anzug schienen fähiger zu seyn, La=
chen als Furcht zu erregen *). Man hatte nicht

---

*) Die Steenbockischen Truppen, sagt ein berühmter
schwedischer Geschichtschreiber, Lagerbring,
machten ein Heer aus, dergleichen man wohl schwer=
lich, seit den Zeiten, da man sich noch mit Keu=
len schlug, gesehen hatte. Zerrißne Schaaf=
pelze und Kamisöler von dem gröbsten Tuch
machten größtentheils ihre Montirung aus.

Zeit gehabt, die nöthigen Monturen verfertigen
zu lassen; kaum waren die Waffen gehörig vertheilt. Alle diese Mängel und Ungelegenheiten ersetzte der Kriegseifer dieser Landtruppen. Ihre
Anzahl wurde bis gegen 12000 Mann gebracht.
Zu diesen kam noch ein Korps von ungefähr 8000
Mann regulirter Truppen, die aus den Haupt-
städten und Provinzen gesammlet wurden. Die
Miliz erhielt von diesen Anführer. Zum Chef
der Armee wurde der Feldmarschall und damalige Gouverneur von Schonen *), Graf Magnus Steenbock ernannt; eben der, der schon
mit vieler Auszeichnung gegen die Russen kommandirt hatte, und der nachmals seinen Namen
in der Geschichte durch so traurige Merkwürdigkeiten famös machte.

Die schonischen Rekruten paradirten zu Pferde
mit Holzschuhen. Man nannte sie daher auch
das Holzschuhregiment. Der größte Theil
derselben bestand aus zusammengerafften Jünglingen
und Knaben, die die Dänen spöttisch Gedepoge
(Ziegenjungen) nannten. Aber die Ziegenjungen mußten sich Furcht und Respekt zu verschaffen.

*) Er war dazu im Jahr 1706 ernannt worden.

Es war mitten im Winter. Das Feuer der
Krieger übertraf aber die Strenge desselben.
Steenbock trat am 31. Januar von Wexiö mit
ihnen seinen Marsch nach dem südlichen Theile
des Reichs an. Die einzelnen Abtheilungen der
Dänen mußten sich zurückziehen; auch die Bela=
gerung von Malmöe war man genöthigt aufzuhe=
ben. Das Hauptlager der Dänen war in der
Nähe von Helsingborg. In dieser Stadt hatten
sie ihre Kriegsmagazine. Steenbock zog sich da=
hin. Der größte Theil seines Heers hatte nie ei=
nen Feind gesehen oder einer Aktion beygewohnt.
Er wollte die Truppen von dem forcirten Marsche
ausruhen, sie an den Feind erst gewöhnen und
Befestigungen aufwerfen lassen. Die Witterung
war aber dazu eben so wenig günstig, als die
Neigung seiner Truppen. Alles war ungeduldig
und brannte vor Begierde, dem Feinde entgegen
zu gehen.

Es war der 28ste Februar 1710. Die
Dänen standen in einem Lager, welches den
Muth der disciplinirtesten Truppen hätte zurück=
schrecken können. Den rechten Flügel deckte ein
Morast, den linken ein See und ein Wald. Im

Rücken war Helsingborg. Haß und Siegeswuth achteten alle diese Schwierigkeiten nicht. Steenbock benutzte diese gute Stimmung, die den Mangel der Disciplin und Erfahrung ersetzte. Er ließ die Truppen aufmarschiren. Der Angriff geschah um 1 Uhr Nachmittags, mit einer Tollkühnheit des Muths, die der Feind nicht besaß. Er traf zuerst den schönsten Theil seiner Armee, das Korps der Königl. Leibgarde. Nach einem tapfern Widerstande, der einen großen Theil derselben aufrieb und wobey selbst 8 schwedische Standarten erobert wurden, sah sie sich zum Weichen genöthigt. General Ranzau war selbst schwer verwundet worden. Die Schweden griffen darauf die Verschanzungen und die Hauptarmee selbst an. Das Treffen wurde nun allgemein, und um so blutiger, je hartnäckiger die Widersetzung war. Endlich wurde die erste Linie der Dänen getrennt, und stürzte in ihrer Unordnung auf die zweyte. Dieß gab die Entscheidung des Kampfes. Man suchte sich wieder zu formiren; vergebens. Die Unordnung wurde durch die Schweden nur noch größer; — und die einzige Rettung blieb die Flucht — nach Helsingborg. Auch diese war noch mit

Blutvergieſſen und beträchtlichem Nachtheile bezeichnet. Die Schweden bekamen eine gute Anzahl Gefangner, — und erbeuteten das ganze Lager, 31 Kanonen, mehrere Fahnen und andre
Kriegsinſignien. Die Anzahl der gefangnen und
getödteten Dänen, (es waren darunter einige 90
Officiere) wurde von ihnen auf beynahe 8000
Mann, und die der Verwundeten, die größtentheils in Schweden zurück blieben, gegen 4000
Mann angegeben. Ihren eignen Verluſt rechne-
ten die Schweden zu 807 Todten und 2088
Verwundeten. So war durch das Unglück
von ein Paar Stunden ein ſchöner Theil der däniſchen Kriegsmacht nicht mehr. König Friedrich. erhielt die Nachricht von dem Unglücke noch
am Abend deſſelbigen Tages. Man hatte Eilboten und Jagdſchiffe bereit gehalten, um den Sie-
gesrapport zu überbringen. Das einzige Mittel,
den übrigen Theil der Armee — da ſie ſogleich
nicht hinlänglich wieder verſtärkt werden konnte
— vor weiterm Nachtheil zu ſichern, blieb die
Rückkehr ins Vaterland. Dieſe wurde unter Deckung der Flotte bewerkſtelliget, mit welcher ſie
kurz vorher war übergeſetzt worden. Die Schwe-

den fahen übrigens den Abzug der Dänen so
gerne, als König August den der Schweden im
Jahre vorher aus Polen. Friederich war mit
dem Verhalten mehrerer seiner Officiere so wenig
zufrieden, daß er ein Kriegsgericht über sie nieder setzte, — und sie aus seinen Diensten
entließ.

So war binnen weniger als vier Monaten
der dänische Feldzug gegen das Königreich
Schweden entschieden und beendigt. Friedrich
wollte nachdem eine Landung unternehmen, wozu
er im Junius ein Heer von 36242 Mann versammelt hatte, welches der General Jobst von
Scholten, der seit 1707 in russischen und darauf in holländischen Diensten gewesen war, kommandiren sollte. Wegen der Pest und anderer
Umstände unterblieb aber die Expedition. Indessen unternahm der Statthalter von Norwegen,
Baron von Löwendahl *) bis zum 17. Sept.
einen Streifzug nach Schweden, wobey er Go-
then-

*) Löwenthal gieng 1712 als Oberhofmarschall
wieder in polnisch = churfächsische Dienste; st.
1740.

thenburg vergebens belagerte. Karl erhielt die
Nachricht von dem Siege bey Helsingborg am
17ten April zu Bender. Sie versetzte ihn in die
lebhafteste Freude und verstärkte die Kühnheit seiner Hoffnungen. „Brave Schweden, sagte er,
giebt der Himmel nur, daß ich erst wieder bey
euch bin, so wollen wir sie schon alle besiegen.„
Graf Steenbock wurde zur Belohnung seiner
Tapferkeit zum Feldmarschall und königlichen
Rath ernannt.

Bald darauf erhielt aber Karl eine andere
Nachricht, die für ihn um so unangenehmer,
und um so unverträglicher mit seiner Denkungsart und mit seinen Planen war, da der Sieg bey
Helsingborg, und der gute Fortgang der Unterhandlungen zu Konstantinopel grade seinen Muth
und seine Hoffnungen aufs stärkste belebten.

Das Haus Oesterreich und andre Mächte waren damals noch in den Spanischen Successions-
krieg verwickelt. Die Dänen waren aus Schweden vertrieben. In Pommern befand sich noch
der beste Theil der schwedischen Armee. Sie
brauchte nun den vaterländischen Provinzen nicht

zu Hülfe zu kommen. Es war mithin nicht zu
erwarten, daß dieß Militär ruhig und müßig in
seinen Standquartieren bleiben würde. Man
mußte besorgen, daß es gegen die deutschen Besitzungen der Feinde Karls, gegen Sachsen
und Holstein, würde gebraucht werden. So
entstand dann ein Krieg in Deutschland, der
für das Reich überhaupt viele Ungelegenheiten erwarten ließ.

Um denselben zu verhindern, trafen der Kaiser und England und Holland eine gemeinschaftli-
che Verabredung, und schlossen am 10. März
1710 durch ihre Gesandten im Haag einen Traktat, (das sogenannte Haager Concert) worin
sie die Neutralität des deutschen Reichs bey den
Kriegsunruhen zwischen den nordischen Mächten
mit der Bestimmung garantirten, daß die schwedischen sowohl als dänischen Truppen, die sich
auf deutschem Boden befänden, in den Standquartieren, wo sie wären, ruhig verbleiben, und
weder innerhalb noch ausserhalb des deutschen
Reichs, gegen einen Feind gebraucht werden sollten. Freylich ein Traktat von eignem, besondern
Inhalte. Wenigstens wurden dadurch unverhält-

nißmäßig weit mehr schwedische als dänische Truppen in Aktivität gesetzt.

Dieser Traktat wurde der Regentschaft in
Schweden zur Genehmigung mitgetheilt. Die
Aussicht, die Ruhe und den Besitz von Pommern gesichert zu sehen, behielt auch das Uebergewicht über die andern Bedenklichkeiten und Rücksichten *). Die Reichsräthe liessen, bis auf die
weitre, entscheidende Zustimmung des Königs,
ihren Beytritt zu dem Traktate am Ende des
Aprils 1710 auf dem Reichstage zu Regensburg
erklären. Am 2ten des Monats war dieß schon
von den Ständen des deutschen Reichs geschehen.
Mit Bereitwilligkeit folgten diesem Schritte die
Feinde Karls; der polnisch-churfächsische Hof am

D 2

*) Der ganze Nutzen, den der herrliche Neutralitäts-
einfall für Schweden haben konnte, sagt Lagerbring, war der —. den Krieg in das Innere des Reichs zu ziehen. — Karl selbst erklärte in der Protestation, die zu Regensburg
übergeben wurde: „daß sich seine Feinde
des Traktats nur zu ihrem eignen Interesse bedienen würden, dahinge-
gen er dann von aller Hülfe entblößt
wäre.„

21ſten Junius, der ruſſiſche am 3ten und der Däniſche am 11ten Julius.

Um die Ausführung dieſes Traktats zu ſichern,
wurde am 4ten Auguſt eine große Allianz
im Haag geſchloſſen. Preuſſen und noch mehrere Reichsſtände traten derſelben bey. Um die
Neutralität aufs kräftigſte zu erhalten und jeden
Ausbruch von Feindſeligkeiten zu verhindern,
ſollte in der Gegend der Oder eine Armee von
20000 Mann zuſammengezogen werden. Oeſterreich, Preuſſen, Hannover, die Seemächte, Heſſenkaſſel u. ſ. w. hatten ſich verpflichtet, Truppen
dazu zu ſtellen. Der damalige Kronprinz, nachmalige König von Preuſſen, Friedrich Wilhelm wollte das Oberkommando übernehmen.
Allein dieſe Armee, die nicht zum Kriege, ſondern
zur Verhinderung des Kriegs beſtimmt war, kam
nicht zu Stande. Ihre Zuſammenziehung blieb,
ſo wie das ganze Neutralitätsſyſtem, das ſo viele
Unterhandlungen verurſacht, ſo viele Höfe beſchäftigt hatte — ein Plan ohne Ausführung.

Die Nachricht von demſelben ſetzte Karl in
die äuſſerſte Entrüſtung. Daß ſeiner Armee in

Pommern verboten ſeyn ſollte, zu ſiegen und ſich
an ſeinen Feinden zu rächen — welcher Gedanke
für ihn! Er eilte, einen ſolchen Plan, den er für
erniedrigend, für eine bloße Folge gefährlicher
Partheyſucht hielt, zu vernichten, ließ am 11ten
Auguſt und zuletzt den 30ſten November förmlich
zu Regensburg dagegen proteſtiren, und zugleich an den Höfen zu Wien und im Haag erklären, daß er ſeine Feinde aufſuchen würde, wo
er ſie fände. Das Kollegium der Regentſchaft zu
Stockholm erhielt eine verweiſende Antwort von
ihm. Wie gut hätte er gethan, wenn er ihr
Syſtem genehmigt hätte! Pommern würde
dann — wenigſtens nicht durch die Wendung und
den Gang der Begebenheiten, den er veranlaßte
— zerſtückelt, die Herzogthümer Bremen und
Verden nicht von den Dänen eingenommen, nicht
an Chur-Braunſchweig gekommen ſeyn.

Schweden wurde damals und im folgenden
Jahre durch ein andres Uebel verwüſtet, das noch
fürchterlicher war, als der Krieg, durch die
Peſt. Sie hatte ſich von Polen und Liefland
nach dem Norden verbreitet. Viele Tauſende von
Menſchen — in Stockholm allein bis zum Fe-

bruar 1711 gegen 30,000 — wurden dadurch hin=
gerafft. Ihre Verheerungen waren 1711 nicht
geringer zu Kopenhagen und im Dänischen. Vom
1ten Januar bis 7ten November starben daran in
ersterer Stadt 22007 und auf Seeland zusammen
gegen 50,000 Menschen. Der Krieg zwischen den
beyden nordischen Nachbarn wurde nach dem Er=
folge der Schlacht bey Helfingborg und bey
den fruchtlosen Neutralitätsunterhandlungen im
Haag im Laufe des Jahrs 1710, mit so weniger
Wichtigkeit zu Lande — durch Löwendahl —
als zur See fortgeführt. Die schwedische und
dänische Flotte, erstere 22, letztere 24 Kriegs=
schiffe stark, geriethen am 24sten September bey
der Kiöger Bucht an einander; es kam aber
zu keinem Haupttreffen. Ein dänisches Linien=
schiff flog in die Luft. Neckereyen und gegen=
seitige Störung der Handlung blieben die Haupt=
erfolge.

Der Krieg der Dänen nützte indeß mittelbar
ihrem Alliirten, dem Czar Peter. Für diesen
wurde das Jahr 1710 durch Eroberungen das
glücklichste seiner bisherigen Regierung und über=
haupt eine der wichtigsten Epochen in der russischen

Kriegsgeschichte dieses Jahrhunderts. Schon seit dem Ende des vorigen war es der Lieblings= wunsch und das ganze Bestreben Peters gewesen, Küstenland an der Ostsee zu bekommen. Sein junges Petersburg blieb immer in Gefahr, konn= te nie recht aufblühen, so lange es in der Nähe von beyden Seiten herum mit feindlichem, mit schwedischem Gebiet umgeben war. Und er erhielt mehr, als er sich selbst versprochen, als er bey den kühnsten Hoffnungen erwartet hatte. König Au= gust hatte den Krieg gegen Karln mit Eroberungs= absichten auf Liefland unternommen — und Peter ihn dabey zu unterstützen und die Vortheile davon ihm zu verschaffen, versprochen. Eine Gefälligkeit verdiente die andre. Peter erwarb und behielt das selbst, was August hatte haben wol= len. Schon bey ihrer Zusammenkunft zu Thorn im Jahre vorher war deshalb eine neue Verabredung und Uebereinkunft getroffen worden.

Nachdem Peter den Triumph zu Moskau gefeyert hatte, eilte er, andre Lorbeern zu sam= meln. Seine Aufmerksamkeit war zuerst nach

D 4

Polen gerichtet. Hier war bereits alles wieder unterworfen — ausser den unruhigen Parthey= gängern und der Stadt Elbingen. Erstere reizten nicht seine Thätigkeit, wohl aber letztere. Die Stadt war das schwedische Hauptkriegsma= gazin gewesen und war es auch noch. Die schöne Beute, die zu machen war, erforderte Eile, wenn man sie bekommen wollte. Peter ließ daher ei= nen Theil seiner Truppen in Polen vor die Stadt rücken. Die schwedische Besatzung darin bestand aus 900 Mann. Nach einem kurzen Wider= stande, dessen Fortsetzung unnütz gewesen wäre, ergaben sie sich am 7 Februar. Die Einnahme verschaffte den Russen ein ansehnliches Arsenal. Ausser Ammunition und andern Kriegsgeräthschaf= ten fanden sie daselbst 183 Kanonen und 157 Mörser.

Kaum war die Ostsee eröffnet, so machte sich Peter zu einer Seeexpedition bereit. Sie hatte die Eroberung von Wiburg, der Hauptstadt von Carelien, die für St. Petersburg eine unan= genehme Nachbarin war, zum Gegenstande, und wurde von einer Expedition zu Lande unterstützt. Indeß ein Korps Truppen von 18000 Mann über

Schnee und gefrorne Moräſte im März den
Marſch dahin antrat, ſegelte er bald darauf ſelbſt
mit ſeiner neuen Flotte ab, um die Stadt zugleich
von der Seeſeite anzugreifen und zu ſperren.
Sie wurde durch eine Artillerie von 26 Mörſern
und 80 Kanonen beſchoſſen. Die Stärke der Beſatzung, deren Kommandant der General Magnus Stjernſträle war, belief ſich gegen
4000 Mann. Sie konnte ſich noch vorerſt, aber
nicht in die Länge halten, und ergab ſich daher,
um ihr Schickſal zu erleichtern, am 10ten May,
mit der Bedingung eines freyen Abzugs. Dieſe
aber wurde nicht gehalten, und der freye Abzug
mit der Gefangenſchaft vertauſcht.

Eben die verzweifelnde Lage, die Abweſenheit
des Landesbeherrſchers, der Mangel einer Hülfs-
armee und der Ausſichten auf andre nöthige Un-
terſtützungen, die die Beſatzung zu Wiburg zur
Uebergabe genöthigt hatte, bahnte Petern bald
den Weg zur Eroberung von zwey Provinzen.
Riga war ſchon ſeit dem vorigen Jahre belagert,
und den Winter über bloquirt gehalten worden.
Der Generalgouverneur des Landes, Nils
Stromberg, that zur Vertheidigung ſein Aeuſ-

serstes. Die Stärke der Besatzung belief sich Anfangs gegen 12000 Mann. Die Stadt hatte
sich neun Jahre vorher gegen die Armee Augusts
gehalten; man war zu einer gleichen Vertheidigung gegen Peter entschlossen. Aber jetzt kam
kein Karl zu Hülfe. Das Unglück der Stadt
stieg zu der fürchterlichen Höhe. Das Uebel der
Belagerung wurde durch ein physisches Uebel vermehrt. Es herrschte die Pest in der Stadt.
Sie fand um so mehr Opfer, da Riga mit Menschen überladen war. Es starben gegen 40,000
daran. Um ihre Kostbarkeiten und ihr Leben zu
sichern, hatte sich eine Menge Einwohner vom
platten Lande dahin geflüchtet. Die Belagerung
einer Stadt, worin die Pest wüthete, war gewiß eine seltne Kriegsunternehmung. Sie wurde noch ausgezeichneter durch das Verhalten von
beyden Seiten. Die Belagerten wollten sich so
wenig ergeben, als die Belagerer sich zurück begeben, obgleich jene schreckliche Seuche die Anzahl dieser auch um Tausende verringerte. Was
die Pest nicht bewirken konnte, that endlich der
Hunger. Ein Lof Korn wurde mit 4, ein
Pfund Butter mit 15 Thalern bezahlt. Man

mußte, da die Zufuhr lange abgeschnitten gewesen war, schon zu Nahrungsmitteln seine Zuflucht nehmen, die aus der Klasse des gewöhnlichen Unterhalts ausgeschlossen sind. In diesem Zustande der Verzweiflung ergab sich am 15ten Julius 1710 die Besatzung, nach einer dreyvierteljährigen Vertheidigung, die der Krieger Karls würdig war. Ihre Stärke war bis auf 4000 Mann vermindert worden. Sie erhielt eine bessere Kapitulation, als die zu Wiburg. Es wurde bedungen, daß alle liefländische und finnländische Officiere und Soldaten in die Dienste Peters treten sollten, da sie Eingeborne der Provinz wären, die ursprünglich zum russischen Reiche gehöre und deren Besitz er jetzt wieder anträte. Um die Einwohner gegen seine Herrschaft geneigter und zu desto ergebnern Unterthanen zu machen, räumte er ihnen dabey den größten Theil der Freyheiten und Privilegien wieder ein, die sie unter Karl dem XIten verloren und durch den Abgeordneten der Stände, durch den unglücklichen Patkull, vergebens hatten reklamiren lassen. Die Eroberung der Hauptstadt hatte die Unterwerfung des ganzen Herzogthums zur nächsten Folge. An

19ten Julius ergab sich die Vestung Düna-
münde, nachdem die Pest die Besatzung von
1900 Mann auf 300 verringert hatte, am 21sten
August der Hafen, wo Karl einst ans Land gestiegen und darauf den Russen so furchtbar geworden war, Pernau, und am 19ten September
wurde auch die Insel Oesel, Liefland gegen über,
eingenommen.

Schon seit 1704 besaß Peter einen Theil von
Esthland. Narva, dessen Belagerung ihm
vier Jahre vorher eine ganze Armee gekostet hatte,
war, wie schon in dem ersten Theile dieses Werks
angeführt ist, mit der höchsten Wuth der Barbarey erobert worden. Aehnliche Scenen brauchten, konnten jetzt nicht erneuert werden. Die
Hauptstadt der Provinz, Reval, deren Besitz
für Peter, wegen ihrer Lage an der See und wegen ihres festen Hafens, so erwünscht war, folgte dem Beyspiele Riga's, ohne sich den Uebeln
desselben auszusetzen. Die Russen erschienen vor
der Stadt; man erklärte sich geneigt, zu kapitu-
liren. Dieß sollte am folgenden Tage geschehen.
Die Kapitulation wurde aber unnöthig. Die
ganze Besatzung war auf einmal verschwunden,

indem sie sich des Nachts auf einige schwedische
Schiffe einschiffte, die unvermerkt in den Hafen
eingelaufen waren. Von der Bevölkerung, die
gegen 50000 Menschen stark gewesen war, befanden sich durch die Verheerungen der Pest kaum
noch 3000 übrig. Die Russen zogen darauf am
28sten September in die Stadt. Neun
Tage vorher war auch Kexholm, einer der fe-
stesten schwedischen Plätze, dessen Lage im Lado-
gasee den kühnsten Angriffen Trotz zu bieten schien,
nach einigem Bombardement erobert worden.
Die Besatzung von 400 Mann erhielt einen freyen
Abzug. So war Peter durch eine einzige Campagne, Herr von ganz Liefland, von Esthland, von Carelien und einem Theile von
Finnland; eine Campagne, wodurch er sein
Reich um mehr als tausend Quadratmeilen
Landes erweiterte und den Flor desselben aufs
stärkste begründete.

Polen hatte im Laufe des Jahrs 1710 größtentheils keine anderweitige Merkwürdigkeiten,
als die fruchtlosen Bemühungen des Partheygeistes. Russische und sächsische Truppen stützten
den hergestellten Thron. August war, nachdem

er den Scepter wieder mit fester Hand hielt, nach
Sachsen gereiset, und hatte zu Leipzig eine Unterredung mit dem Könige von Preussen, Friedrich I. Im Anfange Februars 1710 kam er zu
Warschau zurück. Am 4ten wurde der Reichstag
daselbst eröffnet. Glückwünsche zu der Thronbesteigung und Bezeigungen der ergebensten Gesinnungen machten die erste Solennität aus. Allein
dieß war eine Ceremonie. Die Art, wie man
sich auf dem Reichstage äusserte, kontrastirte sehr
damit. Die Propositionen des Königs erregten
die unruhigsten Debatten. Mehrere Sitzungen
waren mit den tumultuarischsten Auftritten bezeichnet. Es kam zum Säbelziehen. Die Erbitterung verschiedner Landboten, oder Deputirten des
Adels, gieng so weit, daß sie den Thron für
erledigt erklärten und auf eine neue Königs-
wahl drangen. Nach einem langen und heftigen
Kampfe der Partheyen waren die Hauptresultate
des Reichstags folgende: Es sollte die neue Allianz mit Rußland bestätigt, die Armee der Republik verstärkt, und eine Gesandtschaft an den Czar,
Peter, und eben so an den Großsultan und an
den Tatar-Chan geschickt werden. Bis zur Ver-

ſtärkung der Armee und noch länger blieben indeß
die ruſſiſchen Truppen in Polen.

Eine Particulair-Merkwürdigkeit des Reichstags veranlaßte noch die Stadt Danzig. Der
König von Polen war bekanntlich vormals Schutz-
herr dieſer nunmehr Preußiſchen Stadt. Sie
hatte ſich aber nicht zum Vortheile Auguſts benommen. Nachdem er den Thron wieder beſtie-
gen, machte man Schwierigkeiten, ihn als König anzuerkennen, hatte ſchon vorher, wie ſie um
Beyſtand erſucht war, die Thore vor ihm ver-
ſchloſſen, und ſeine Sachen und Koſtbarkeiten,
die er daſelbſt zur Verwahrung deponirt gehabt
hatte, an die Schweden ausgeliefert. Die
Stadt ſchickte eine Deputation nach Warſchau.
Nach längern Schwierigkeiten erhielt dieſe beym
Könige eine Audienz — die nichts weniger als
gnädig und freundlich war. Es wurde eine Kom-
miſſion niedergeſetzt, jene politiſche Verſündigun-
gen zu unterſuchen. Der König foderte zum Er-
ſatz für die ausgelieferten Sachen, eine halbe
Million Kronen. Durch die Vermittlung fremder Mächte wurde aber die Mißhelligkeit, die bey
den Drohungen ſelbſt ſo weit gieng, daß die Dan-

ziger anfiengen, die Stadt in Vertheidigungsstand
zu setzen, beygelegt, die Summe der Foderung
vermindert und durch die Ueberlassung eines Zolls
abgetragen.

Peter hatte das Hauptziel seiner Eroberungsabsichten im Norden erreicht. Er hoffte im Süden sicher zu seyn, hatte den Frieden mit den
Türken erneuert; allein dieser wurde noch am Ende desselben Jahrs gebrochen, und die ganze Grös-
se Peters und das Glück seines Reichs kamen an
den Rand des Verderbens, stürzten vielleicht ohne die nachgiebige Entschlossenheit des finnländischen Mädchens ein, das er zu seiner Gemahlin
erhob. Die Entstehung dieser kritischen Lage
rührte von dem königlichen Exulanten zu Bender und von der Thätigkeit seines polnischen
Freundes her. Auf diese müssen wir daher
jetzt zurück kommen.

Der lebhafte Charakter Karls stimmte zu
keiner Eigenschaft weniger, als zur Geduld.
Die Umstände zwangen ihn aber, sich daran zu
gewöhnen. Die Hoffnungen, mit deren naher
Erfüllung er sich immer schmeichelte, ließen ihn
alle

alle andre Unannehmlichkeiten vergeſſen. Sein
Aufenthalt bey Bender war übrigens durch die
Wohlthätigkeit der Pforte ſo gut und erträglich,
wie er es in ſeinem Unglücke nur erwarten konnte. Auſſer den Diäten, die er erhielt, wurde er
und ſein Gefolge mit Lebensmitteln reichlich verſehen. Er ahnte die Länge ſeines Aufenthalts in
der Türkey nicht. Ohne Geldunterſtützungen aus
ſeinem Reiche, behalf er ſich mit andern Finanz-
mitteln, mit den Zahlungen vom franzöſiſchen
Hofe und mit Anleihen von Handelshäuſern in
Konſtantinopel. So wenigen Reichthum er be-
ſaß, ſo oft er auch in Verlegenheit kam, ſo frey-
gebig war er. Das Geld kam von Konſtantinopel und gieng auch größtentheils wieder dahin.
Die Beförderung ſeiner politiſchen Abſichten koſte-
te vieles. Was ihm übrig blieb, verſchenkte er
unter ſein Gefolge und die Janitſcharen, die er
zur Ehrenwache hatte. Sein Finanzverwalter
war der Baron Grothuſen. Dieſer legte ihm
einſt eine Rechnung über die Anwendung von
60,000 Thaler vor. Sie enthielt zwey Rubriken,
des kurzen Inhalts: 18,000 Thaler ſind auf Befehl Sr. Majeſtgt unter die Schweden und Ja-

nitscharen vertheilt, und das übrige ist von mir
verbraucht worden. Und eine solche Administration und Offenheit des Geständnisses paßte zu dem
Charakter Karls. „Nun das liebe ich, sagte er,
wenn mir meine Freunde so Rechenschaft ablegen.
Müllern giebt mir oft ganze Seiten zu lesen,
wenn er nur einige Tausend Thaler ausgegeben
hat. Wie weit mehr gefällt mir der lakonische
Vortrag von Grothusen.„ So schweifte Karl
in allen Tugenden aus, auch in der Wohlthätigkeit.

Die harte kriegerische Lebensart war ihm seit
neun Jahren zur Gewohnheit geworden. Er setzte sie auch in der Retraite seiner Flucht fort.
Ruhe und Geschäftlosigkeit waren ihm unerträg-
lich. Noch vor Tagesanbruch stand er gewöhnlich auf, ritt, und exercirte dann seine Truppen.
Sein einziges gesellschaftliches Vergnügen machte bisweilen ein Schachspiel aus. Die Fi-
gur, die er vornehmlich darin gebrauchte,
und womit er die andern zu besiegen hoffte,
war der König. Gewöhnlich aber verlor er das
Spiel darüber.

Noch im Jahre 1710 kam ein Abgesandter
seines jungen Anverwandten, des Herzogs von
Holstein = Gottorp bey ihm an. Dieß war
der Kammerjunker Friedrich Ernst von Fabrice *), eben der, welcher über den Aufenthalt
Karls zu Bender nachmals so genaue und zuver-
lässige Nachrichten bekannt gemacht hat; ein junger Mann von so einnehmendem Wesen als guten
bellettristischen Kenntnissen. Um sich in der Muße
bey Bender zu beschäftigen, hatte er einigen Vorrath von Büchern mitgenommen. Durch ihn bekam Karl zuerst einige Liebe zur französischen Lektüre. Er fieng an, die Tragödien von Corneille
und Racine und auch die Werke von Boileau
zu lesen. Die Satyren dieses letztern gefielen
ihm aber bald nicht. Als er in der achten Satyre die Stelle las, wo Alexander wegen der Uner-

E 2

*) Starb zu Lüneburg am 5ten Junius 1750, in
einem Alter von 67 Jahren. Sein Vater war Ge-
heimerrath und Ober-Appellations Präsident zu
Celle gewesen. Nach dem Tode Karls begab er
sich aus dem Holstein=Gottorpischen in Hannöversche Dienste, und wurde 1732 zum Landdrosten ernannt.

sättlichkeit seiner Eroberungsbegierde als ein Tol-
ler und Unsinniger vorgestellt wird, zerriß er das
Blatt. Alexander war schon sein Original in der
Jugend gewesen: er hatte ihn in mehrern Stücken erreicht, und erwartete bloß einen entscheidenden Beystand von den Türken, um seine vorige Rolle wieder zu übernehmen und ihre Größe
noch weiter zu treiben.

Poniatowsky war zu Konstantinopel angekommen. Sultan Achmed regierte, wie die
mehrsten seiner Vorfahren und Nachfolger, nicht
selbst, sondern ließ sich regieren. Die Personen,
die der Negociateur Karls wegen ihres entscheidenden Einflusses zu gewinnen hatte, waren besonders die verwittwete Mutter des Sultans,
(Sultanin Valide), und noch mehr der Großvezier. Und das Glück begünstigte auch seine Bemühungen bis zu einem Grade der versprechend-
sten Hoffnung. Das Serail ist sonst allen Fran-
ken, oder Christen unzugänglich. Poniatowsky
wußte sich indeß doch Konnexion mit der alten
Prinzessin, mit der verwittweten Kaiserin zu verschaffen. Ein portugiesischer Jude zu Konstantinopel, Namens Fonseca, der als Arzt vielen Kre-

dit in großen Häusern hatte und auch am Hofe
bekannt war, unterstützte ihn besonders dabey.
Die Sultanin Validé erfuhr die großen Thaten
des Königs von Schweden, nahm aufs lebhafteste seine Parthey, nannte ihn ihren Löwen, und
machte ihrem Sohne, dem Großherrn, zu wiederholtenmalen die Vorstellung: wann er denn
ihrem Löwen beystehen würde, um den Czar, den
russischen Wolf, zu besiegen.

In eine gleich vortheilhafte Stimmung wurde auch Anfangs der Großvezier gesetzt. Dieses war damals Chourlouli Aly Pascha.
Er besaß die oberste Staatswürde seit dem Jahre
1707. Friedliebende Gesinnungen hatten bis dahin seine Administration charakterisirt. Der
französische Hof wünschte bey der Fortdauer des
spanischen Successionskrieges die Pforte zum
Bruche gegen Oesterreich zu bringen. Alle Bemühungen und Geldaustheilungen des französischen Ambassadeurs waren aber vergebens. Der
österreichische Internuntius oder Gesandte hielt
ihm das Gleichgewicht. Der Geschicklichkeit des
Grafen Poniatowsky gelang es indeß, ihn
in seinem friedlichen Systeme einstweilen wan-

E 3

kend zu machen. Die schriftlichen Vorstellungen
Kar.s, die er übergab, machten mit den andern
Verwendungen, Eindruck. „Ich will den Degen,
sagte er, in der einen und ihren König bey der
andern Hand fassen, und ihn an der Spitze von
200,000 Mann nach Moskau führen." Poniatowsky stand dabey in solchem Kredit, daß ihm
der Großherr ein Geschenk von 100,000 Dukaten
ertheilen ließ.

Alle die schönen Aussichten für Karl ver-
schwanden aber auf einmal — durch die Zauber-
kraft des Geldes, und das besonders desjenigen,
welches er einst selbst für sich gesammlet hatte.
Indeß Poniatowsky negocirte, vertheilte der Ab-
gesandte Peters zu Konstantinopel, Graf Tolstoy, einige Millionen des sächsischen Geldes,
welches mit der schwedischen Kriegskasse bey Pultawa war erbeutet worden. Poniatowsky sah
sich dadurch bald von seinem Rival besiegt. Der
eigne Vortheil überwog bey dem Großvezier das
Interesse des Flüchtlings zu Bender. Er kam
wieder zu seinem friedlichen Systeme zurück. Alle Neigung zum Bruche gegen Rußland hörte auf.
Die Verhältnisse gegen dieß Reich wurden die

freundschaftlichsten. Tolstoy stand in dem
größten Ansehen, erhielt Gesandschaftsvorrechte,
wie sie noch kein russischer Minister zu Konstantinopel genossen hatte; schwedische Gefangne wurden daselbst als Sklaven verkauft und dienten
ihm als solche zu Aufwärtern. Peter verlangte
unter diesen günstigen Umständen, daß die Pforte ihm seinen rebellischen Vasallen, den ehemaligen Hettmann der Zaporogischen Kosaken, Mazeppa, ausliefern sollte. Er wollte ihn zum
Opfer für Pattkul machen, den Karl so grau-
sam hatte hinrichten lassen. Die Auslieferung
war auch schon ihrem Beschlusse nahe. Der Tod
befreyte inzwischen Mazeppa von den Qualen, die
ihm bevorstanden. Er starb in einem Alter von
beynahe 80 Jahren bey Bender am 22. September 1710.

So lange Chourlouli das Reichssiegel trug,
war mithin alle Hoffnung des Glücks und der
Realisirung der Kriegsprojekte für Karl verschwunden. Die Verlegenheit ließ auf neue Mittel sinnen. Man beschloß, dem Sultan von den
Intriguen und interessirten Schritten des Großveziers Nachricht zu geben. Es wurden Vorstel-

lungen entworfen, ins Türkische übersetzt, und
man war auch so glücklich, sie durch Griechen,
bey Gelegenheit, wenn der Sultan in die Mo-
schee gieng, in die Hände desselben zu bringen;
allein sie blieben ohne wesentlichen Erfolg. Achmed schickte Karln auf seine Klagen und Beschuldigungen ein Geschenk von 25 schönen, prächtig
equipirten, arabischen Pferden, mit einem Schreiben von höflichem, aber nichts sagendem Inhalte.
Auch der Großvezier sandte ihm 5 kostbare Pferde. Karl aber nahm sie mit der Erklärung an den
Türken, der sie überbrachte, nicht an: „Geht zu
zu eurem Herrn zurück, und sagt ihm, daß ich keine Geschenke von meinen Feinden annehme.‚‚

Was durch Beschuldigungen nicht gelungen
war, gelang endlich durch Hülfe der Eifersucht
und des Partheygeistes. Poniatowsky faßte den kühnen, gefährlichen Anschlag, den Großvezier zu stürzen. Die Sultanin Validé haßte
denselben; eben so war er ein Gegenstand der Unzufriedenheit und des Neides mehrerer türkischen
Regierungs= und Hofbedienten. Das Zusam=
mentreffen mehrerer Vorstellungen entschied bey
Achmed. Chourlouli wurde im Junius

1710 nach Caffa in der Krimm verwiesen und daselbst im folgenden Jahre enthauptet.

An seine Stelle gelangte der Pascha zu Negroponte, Numan Kiuperli Pascha, zum
Vezirate, ein Enkel des großen Kiuperli, der
Candien erobert, und ein Sohn des Großveziers
Mustapha Kiuperli, der in der blutigen Schlacht
bey Salankemen 1691 sein Leben verloren hatte;
ein Mann von unbestechlicher Rechtschaffenheit
und unerschütterlicher Gerechtigkeitsliebe. Seine
Erhebung war erwünscht, aber doch keine besondre Glücksveränderung für Karl. Das System
Kiuperli's gieng dahin, daß es ungerecht wäre,
den Czar anzugreifen, da er die Pforte nicht gereizt und beleidigt ▬▬e, und daß es zugleich eben
so sehr Pflicht sey, einen unglücklichen Fürsten,
der in einen fremden Staat seine Zuflucht genommen habe, mit allem, was zu seiner Bequemlichkeit gereichen könnte, zu unterstützen, und ihn
mit Sicherheit auf seinen Thron zurück zu führen.
Er ließ daher Karl ein Geschenk von 800 Beutel
(400,000 Piaster) zustellen, mit dem Antrage,
daß er entweder zu Lande oder zur See, wozu ihm
der französische Ambassadeur, Feriol, sichere

Gelegenheit verschaffen wollte, ruhig in seine Staaten zurückkehren möchte; ein Antrag, der mehr wie alles, wider den Sinn Karls war. Poniatowsky suchte Kiuperli zu geneigtern Gesinnungen zu bringen. Er erhielt auch, da Bestechung nichts bey demselben vermochte, so sehr das Uebergewicht des Ansehens über Tolstoy, daß ein Versuch gemacht wurde, ihn mit Gift aus dem Wege zu räumen. Dieser wurde aber glücklich entdeckt. Einer seiner eignen Bedienten, der durch Geld gewonnen war, hatte ihn durch Gift in einer Tasse Kaffee aufopfern sollen.

Kiuperli schien indeß fest entschlossen, Karln nicht zum Nachtheil eines andern mit bewaffneter Macht unterstützen zu wollen. Aber even seine braven Gesinnungen, seine Unbekanntheit mit Kabalen und Kunstgriffen stürzten ihn, noch ehe er zwey Monate seine Würde bekleidet hatte. Sein Vorgänger hatte den Sold der Janitscharen durch ausserordentliche Einkünfte, durch Erpressungen bestritten. Kiuperli bezahlte ihn aus der Staatskasse des Großherrn. Dieser sah die Veränderung ungern, und machte ihm Vorstellungen darüber. Mit edler Entschlossenheit erklärte der

Großvezier, daß er die Kunst nicht verstehe, seinen Herrn durch Räubereyen zu bereichern. Er
wurde darauf am 16ten September 1710 seiner
Würde entsetzt, und nach seinem vorigen Posten,
nach Negroponte, zurück geschickt.

Sein Nachfolger wurde der Pascha von Alep-
po, Baltadgi Mehemet. Er war in seiner
Jugend Baltadgi oder Holzhauer im Serail, und
schon im Anfange des Jahrhunderts Großvezier
gewesen. Bey seiner Ankunft zu Konstantinopel,
im Monat Oktober, hieng die Entscheidung oder
Befestigung der Verhältnisse mit Rußland nicht
mehr von ihm ab. Er mußte der Neigung des
Hofes folgen. Der Großherr, die Sultanin
Validé, die mehrsten Mitglieder des Divans —
alles war für einen Krieg gegen Rußland. Mehemet hatte nie einem Feldzuge beygewohnt.
„Deine Hoheit weiß, sagte er zu Achmed, der
ihm einen kostbaren Degen gegen die Russen
schenkte, daß ich in meiner Jugend gelernt habe,
ein Beil zum Holzhacken zu gebrauchen, aber nicht
die Kunst, einen Degen zu führen, und Armeen
zu kommandiren. Ich werde mich bemühen, dir
gut zu dienen; bin ich aber nicht glücklich, so er-

innere dich, daß ich nicht die Schuld des Kriegs habe.„ Der rußische Gesandte, Graf Tolstoy wurde darauf mit seinem Hausetat von 30 Personen in die sieben Thürme gesetzt und der Krieg am 21sten November 1710 erklärt.

Der Vorwand zu einem Kriege, den man haben wollte, wurde leicht gefunden. Die Verstärkungen Peters am Kaspischen Meere, seine Schiffsrüstungen, die Befestigungen von Asow und Taganrok konnten mit Recht Gegenstände der Eifersucht der Pforte seyn. Der Vorwand wurde aber besonders von Territorialverletzungen hergenommen. Die Russen hatten Karl nach der Schlacht bey Pultawa, 21 Meilen weit ins türkische Gebiet verfolgt und nachdem in eben demselben ein kleines Korps Schweden von 160 Mann unter dem Obersten Axel Gyllenkrok aufgehoben. Dazu kam noch ein neuerer Umstand. Der polnische Krongroßfeldherr, Joseph Potocky, ein entschloßner Anhänger Karls, dessen wir schon oben erwähnt haben, hatte mit einem Korps Tatarn und andern Truppen einen Streifzug in das russische Gebiet unternommen. Das Glück be-

gleitete ihn nicht weit. Es rückte ihm ein Korps
Russen entgegen, vertrieb ihn, und setzte die Ver-
folgung, in Hoffnung, ihn einzuholen, bis aufs
türkische Gebiet fort. Und diese Uebertre-
tungen der Gränze waren die vorgebliche Quelle
des Kriegs. Man hatte überdem die Eifersucht
der Pforte durch einen Kupferstich Peters
erregt. Auf demselben befand sich die Inschrift:
Petrus I., Russo - Graecorum Monarcha; eine An-
deutung, wie man vorgab, auf die Eroberungs-
Absichten, die Peter gegen das türkische, ehemals
griechische Kaiserthum, habe.

So war denn Karl zu dem Ziele gelangt, nach
welchem er länger als ein Jahr so sehnlich, mit
so vielem Aufwande von Mühe und Kunstgriffen,
unter so abwechselnden Hoffnungen und Besorgnissen gestrebt hatte. Und kein Krieg der Pforte
gegen Rußland war in diesem Jahrhunderte so
glücklich, als der, welchen sie jetzt unternahm.
Die folgenden Kriege hätten durch die Entscheidung desselben verhindert, hunderttausende von
Menschen und Millionen an Geldern erspart werden können. Das Glück begünstigte die Türken

aufs höchste; zum Glücke Rußlands wußten sie
es aber wenig zu benutzen.

Dem Czar Peter war die Arretirung seines
Gesandten so unerwartet, als unangehm. Im
Norden beschäftigt, mußte er nun seine Haupt-
aufmerksamkeit gegen Süden richten. Seine Eroberungen an der Ostsee konnten dadurch selbst
wieder in Gefahr kommen; machten ihm wenigstens die Theilung seiner Macht nothwendig.
Der Krieg war im Winter erklärt; dieß gab ihm
glücklich Zeit, nach allen Seiten hin Vertheidigungsanstalten zu treffen. Fürst Apraxin
und der Admiral van der Cruis wurden nach
Asow geschickt, um die dasigen jungen Eroberungen zu decken. Fürst Menezikow erhielt
die interimistische Regentschaft über die neuen Besitzungen an der Ostsee, und General Scheremetew wurde zum obersten Anführer der Armee
gegen die Türken ernannt. Sie sollte aus einem
Theile der liefländischen Truppen bestehen, durch
verschiedne Regimenter, die in Polen standen,
durch kalmückische Tatarn, mit deren Chan Peter einen Traktat geschlossen und endlich durch das
Militair in den südlichen Provinzen verstärkt wer-

den. Um daselbst die nöthigen Verfügungen zu
treffen, und dann den Schauplatz des Krieges zu
betreten, begab sich Peter mit seiner Geliebten,
Katharina, die schon als seine Gemahlin angesehen wurde, nach Moskau.

Die Pforte hatte über zehn Jahre Frieden gehabt. Ihre Kräfte zum Kriege waren desto stärker. Sie hatte dazu einen mächtigen Alliirten,
den Chan der krimmschen, nogaischen und der
andern Tatarn in den Küstenländern des schwarzen Meers. Die ergebnen Gesinnungen desselben
gegen Karl sind schon oben erwähnt. Die Horden
seiner Truppen waren allein an Anzahl weit stärker, als die ganze russische Armee. Indeß die
Truppen zum Heere des Großveziers, besonders
die Asiatischen, noch erst zum Marsch beordert
und zusammengezogen wurden, eröffneten indeß
die Tatarn im Anfange des Jahrs 1711 mit 3
Heeren den Krieg. Ihre Anführer waren der
Sohn des Chans, Sultan Galga, der sich
längre Zeit zu Bender bey Karl aufgehalten hatte,
der polnische Krongroßfeldherr Potocky, und
der neue Hettmann der unzufriednen ukrainischen
Kosaken, der Nachfolger Mazeppa's, Philipp

Orlik. Man fiel in die russische Ukraine ein, raubte, plünderte und verwüstete, wenig gestöhrt, über drey Monate lang, nahm alle kleinen Oerter ein, ermordete über 6000 Einwohner, und drang längst dem Dniester, auf welchem viele Schiffe verbrannt wurden, bis nach Kiow vor. Hier fand aber der barbarische Muth das Ziel seines Glücks. Fürst Aprarin erschien mit einem russischen Korps, und die Tatarn sahen sich im Anfange des März genöthigt, mit einem ansehnlichen Verlust, und mit Hinterlassung vieler Beute, besonders einer großen Menge russischer Sklaven, sich zurück zu ziehen.

Peter zog mit großen Hoffnungen zu Felde. Er dachte die Türken mit Hülfe zweyer türkischen Fürsten und Vasallen selbst zu besiegen. Die Hospodaren der Moldau und Wallachey waren damals Demetrius Cantemir *) und Constantin Graf Brancowani;

*) Geboren 1673, starb 1723 auf seinen Gütern in der Ukraine, wo er unter russischem Schutz gelebt hatte. Schrieb in lateinischer Sprache eine Geschichte des Verfalls des türkischen Reichs, eine Beschreibung der Moldau ꝛc.

ni; erſterer ein Grieche von Geburt, und der
gelehrteſte Große, den die Türken vielleicht je ge=
habt hat. Die Pforte hatte ihn im Jahre 1710
zum Hoſpodar ernannt. Er ſollte Verrätherey
verhindern und wurde ſelbſt Verräther. Der
Hoſpodar der Wallachey, Brancowani, war
in dem Verdacht unerlaubter freundſchaftlicher
Verhältniſſe mit Rußland gekommen; ein Ver=
dacht, der auch nicht ohne Grund war. Cante=
mir ſollte ſich ſeiner mit Liſt zu bemächtigen ſuchen,
und alsdann ſein Nachfolger werden. Er hatte
ſeine Würde mit dem Verſprechen bekommen, daß
er von den gewöhnlichen Antrittskoſten derſelben
befreyet ſeyn, auch in den erſten Jahren keinen
Tribut zahlen ſolle. Dieß Verſprechen veränder=
te ſich aber bald in ſtarke Kontributionsfoderun=
gen. Mißvergnügt mit der Pforte, gab er daher
den reizenden ruſſiſchen Vorſtellungen um ſo eher
Gehör, da ihm die Möglichkeit, die Gewißheit
der Ausführung derſelben durch den Beſieger der
Schweden nicht zweifelhaft ſchien *). Mazeppa

---

*) Der Traktat mit dem Fürſten Cantemir war
    am 13ten April 1711 zu Luſk in Polen geſchloſ=

war durch Karl, und dieser noch mehr durch jenen verleitet und zu seinem Ruin geführt worden. Derselbe Fall erneuerte sich hier; nur mit dem Unterschiede, daß Peter durch die Nachgiebigkeit des Anführers der Türken glücklicher war. Er hatte Brancowani und Cantemir durch das Versprechen gewonnen, sie zu souverainen Fürsten worden, und zwar unter folgenden Bedingungen:

1. Daß die Moldau wieder in ihre alten Gränzen hergestellt werden, und unter dem Schutz von Rußland stehen sollte.

2. Daß der Fürst und die Unterthanen dem Czar huldigen sollten, sobald er in der Moldau angekommen sey.

3. Daß er alsdenn sogleich seine Truppen zu den Russischen stoßen und gegen die Türken agiren lassen sollte.

4. Daß der Fürst für sich und seine Nachkommen auf immer die Souverainität über die Moldau unter russischem Schutze besitzen solle.

5. Und zwar, daß keine Familie eher dazu gelangen sollte, bis die des Fürsten Cantemir ausgestorben wäre. — S. Histoire de l'Empire Othomann par Demetrius Cantemir, Prince de la Moldavie. T. II. p. 320.

ꝛen erheben zu wollen: beyde erboten sich dagegen, mit Truppen und Lebensmitteln zu seiner
Unterstützung bereit zu seyn.

Der Marsch der russischen Armee gieng also
nach der Moldau. Schon am 11ten Jun. setzte Scheremetew mit der Kavallerie über den
Dniester; am 30sten folgte die Infanterie nach.
Man kam zu Jassy, der Hauptstadt des Landes
an. Man hatte wenigen Proviant mitgenommen,
weil man hoffte, ihn in Vorrath zu finden. Aber
diese Hoffnung wurde auf eine schreckliche Art getäuscht! Die erwarteten Truppen und Lebensmittel waren nicht da. Cantemir kam ins Lager,
aber nur von einigen inländischen Magnaten oder
Bojaren begleitet. Die Moldauer wollten aus
Furcht vor den Türken nicht die Waffen ergreifen.
Und an Lebensmitteln litt die Provinz selbst Mangel. Heuschrecken hatten die Felder verwüstet.
Noch weniger erfolgten die Versprechungen von
Brancowani. Die starke Annäherung der Türken hatte ihn bewogen, sein System zu verändern.
Es erschien ein Abgeordneter von ihm, mit der
Erklärung, daß er vom Großvezier bevollmäch-
tigt sey, in Friedensunterhandlung zu treten,

F 2

wenn man russischer Seits dazu geneigt wäre. Peter konnte aber diesem Antrage so wenig trauen, als einen guten Erfolg von demselben erwarten.

In dieser verzweifelten Lage ließ er seine Generale versammeln. Das Resultat ihrer Berathschlagungen fiel dahin aus, daß die Armee vorerst bey Jassy bleiben müsse, um Zufuhren von Proviant an sich zu ziehen. Dieser Beschluß wurde aber durch Cantemir rückgängig gemacht. Er stellte vor, daß er den Bau der Brücke zum Uebergange über die Donau verzögert habe, daß der Großvezier diesen Strom noch nicht passirt sey, und daß sich disseits desselben viele türkische Magazine befänden. Das Unglück Peters war, daß er keine Spione hatte und nicht weit genug Observationsdetaschements vorausgeschickt hatte.

Dem anscheinenden vortheilhaften Angeben Cantemirs gemäß, wurde daher der General Rönne mit einem Korps von 5600 Mann leichter Truppen vorausgeschickt, um sich der Magazine an der Donau zu bemächtigen. Peter selbst brach mit der Armee auf, um den Großvezier an

dem Uebergange über diesen Strom oder wenigstens über den Pruth zu verhindern und dadurch
Herr der Moldau zu bleiben. Der General Janus machte mit der leichten Kavallerie die Avant-
garde aus. Mit Bestürzung erfuhr man nach einem kurzen Marsche, daß die Armee des Großveziers schon größtentheils über den Pruth gegangen, und in starker Annäherung sey. Janus
eilte zur Armee zurück; und anstatt die Türken
mit seinen disciplinirten Truppen im offenen Felde, und während der Marschunordnung anzugreifen, entschloß sich Peter zum Rückzuge.

Die Hauptveranlassung dazu gab die Ueberlegenheit der Türken. Ihre Anzahl belief
sich mit dem Troß weit über 200,000 Mann.
Nach einer speciellen Angabe aus jener Zeit bestand sie, außer dem Heere der Tatarn von 70000
Mann, aus 57362 Kavalleristen und 61803
Infanteristen; und die russische Armee kaum
aus 50,000 Mann. Dabey hatten die Türken
eine Artillerie von mehr als 400 Stück Geschütz;
die Russen hingegen mit Mörsern und Haubi-
tzen nur 120.

Am 19ten Julius holten die Türken die
Ruſſen ein, und beunruhigten aufs ſtärkſte ihren
Nachtrab. Die Angriffe wurden am folgenden
Tage erneuert und es kam zu einem hartnäckigen
Gefecht. Von den Ruſſen wurden, nach ihrer
eigenen Angabe, 752 Mann getödtet, 732 ge=
fangen und 1872 verwundet. Der Verluſt der
Türken belief ſich auf etwa 6000 Mann. Unter
Begünſtigung der Nacht zog ſich Peter weiter fort
und verſchanzte ſich an den Ufern des Pruth, in
der Nähe des Dorfes Falczyn. Die Türken
folgten ihm aber auf dem Fuße nach, und umzin=
gelten ihn völlig. Auf der einen Seite breitete
ſich ihre Armee in Form eines halben Mondes
aus, auf der andern Seite war der Pruth. Die
Ufer deſſelben wurden, ſo wie die Linien der Trup=
pen, mit Artillerie beſetzt und die Ruſſen, die zur
Abhaltung der Angriffe, in ein Viereck geſtellt
waren, unaufhörlich beſchoſſen. Eine Schreck=
lichkeit der Lage, die in unſern Zeiten gegen die
Türken erneuert worden, indem der Feldmarſchall
Romanzow im Julius 1774 auf ähnliche Wei=
ſe die Armee des Großveziers bey Schiumla
eingeſchloſſen hielt. Die Türken wollten den Czar

Peter in der Verlegenheit, worin er sich befand,
mit ihrer ganzen Macht angreifen. Der Freund
Karls, der sich bey ihrer Armee befand, Graf
Poniatowsky, gab dem Großvezier einen bes=
sern Rath; nehmlich sich ruhig zu verhalten, und
die feindliche Armee, die ohnedem schon Mangel
an Proviant litt, durch Hunger zur eignen Erge=
bung zu zwingen.

Nie hatte Peter beunruhigendere, schreckli=
chere Stunden verlebt, als die in dem gegenwär=
tigen Zeitpunkte. Immer sonst entschlossen, sank
ihm hier zum erstenmal der Muth. „In welch
einer weit schlimmern Lage, sagte er selbst, bin
ich jetzt, als mein Bruder Karl bey Pulta=
wa!„ Die großen Plane, die ihn so lange be=
schäftigt, die er so glücklich betrieben hatte, die
Früchte seiner Eroberungen, der junge Flor sei=
nes Reichs, seine eigne Sicherheit — alles stand
jetzt in Gefahr, und auf dem Punkte, wieder
vernichtet zu werden. Von Sorgen und verzwei=
felnden Gedanken geängstigt, schloß sich Peter in
sein Gezelt ein, mit dem Befehle, daß keiner zu
ihm gelassen werden sollte.

Ein Frauenzimmer, ein Landmädchen, eine schwedische Unterthanin von Geburt, wurde unter diesen Umständen die Retterin seiner Größe, die Wohlthäterin des russischen Reichs. Dieß war die Geliebte Peters, die sich mit im Lager befand, Katharina. Er hatte ihr einige Zeit vorher den Titel, Ihro Hoheit, ertheilen lassen. Indem Männer verzweifelten, hatte sie die Entschlossenheit, auf Rettungsmittel zu sinnen, und das Glück, den Faden zu finden, der aus dem Kreise des Verderbens führte. Sie begab sich zu Petern und bat ihn, einen Versuch zum Frieden zu machen. Er willigte ein. Die Generale wurden zusammen berufen. Man setzte ein Schreiben an den Großvezier auf, das Peter unterschrieb. Um demselben eine gute Aufnahme zu verschaffen, sammelte Katharina in Eile alle ihre Juwelen und Kostbarkeiten zusammen, und borgte noch dazu Ringe und Gelder von den ersten Militärpersonen. Diese Geschenke, an Werth ungefähr 200,000 Rubel, waren für den Großvezier und zum Theil mit für den bestimmt, der die rechte Hand desselben war, für seinen Kiaja oder Generaladjutanten, Namens Oßmann.

Mit dem Schreiben Peters, mit noch einem andern von dem kommandirenden Chef, Grafen Scheremetew und mit diesen Geschenken wurde ein Officier mit zwey Bedienten ins türkische Lager geschickt. Mit der ängstlichsten Sehnsucht erwartete man die Entscheidung des Schicksals. Eine Zeit von zwey Stunden war verflossen, und der Officier noch nicht zurück. Aus Besorgniß, daß er bey der fortdaurenden Kanonade erschossen, oder angehalten seyn möchte, schickte man zwey andre Officiere mit Schreiben gleichen Inhalts ab. Man befürchtete das Aergste. Es wurde Kriegsrath gehalten. Der größte Theil der Meinungen fiel dahin, daß man Alles wagen, daß man versuchen müsse, sich durchzuschlagen. Man fieng an, die nöthigen Vorbereitungen zu treffen.

Inzwischen erfolgte die Antwort des Großveziers. Sie enthielt die erfreuliche Erklärung, daß er bereit sey, auf 6 Stunden einen Waffenstillstand einzugehen, und daß man während dieses Zeitraums die Unterhandlung des Friedens versuchen könne.

Der Großvezier war kein Freund des Kriegs. Er glaubte hinlänglich zu triumphiren, wenn er der Pforte auf einmal alles das wieder verschaffte, was sie im letzten Kriege verlohren hatte. Die russischen Geschenke waren zugleich von Wirkung gewesen. Der Koran enthält die Vorschrift, daß man eine feindliche Armee, wenn sie in der Enge sey, nicht so ins Gedränge bringen müsse, daß sie zu dem Muthe der Verzweiflung ihre Zuflucht zu nehmen genöthigt werde, indem ein solches Verfahren schon öfters nachtheilige Folgen hervorgebracht hätte. Dachte auch der Großvezier nicht an die Vorschrift, so schien ihm — da Entschlossenheit und Kühnheit des Geistes ihn nicht charakterisirten, — der Muth der Russen und die Vorstellung der Möglichkeit eines nicht ganz erwünschten Ausgangs, ein mäßiges, sichres Glück rathsamer als ein gewagtes größeres zu machen. Das Korps des Generals Rönne konnte ihn übrigens wenig beunruhigen. Unbekannt mit der Lage Peters, stand es vor Brailow, welches auch zwey Tage nach dem Frieden, mit einem Verlust von 400 Mann erobert, — und gleich darauf wieder zurück gegeben wurde.

Nach der Antwort des Großveziers wurden sogleich der Vicekanzler Baron von Schaphi- row *) und der General Graf Scheremetew zur Unterhandlung des Friedens ins türkische La- ger geschickt. Die Foderungen des Großveziers giengen erst unter andern dahin, daß sich die gan- ze russische Armee auf Gnade und Ungnade erge- ben, und daß der Hospodar Demetrius Cante- mir ausgeliefert werden sollte. Er ließ sich aber bald bereden, von beyden Punkten abzustehen. Der Chan der Tatarn und der Graf Ponia- towsky machten die dringendsten Vorstellungen den Friedensschluß nicht so zu übereilen, und nicht so nachgiebig zu seyn. Sie waren aber größtentheils fruchtlos. Indem Poniatowsky zum Dollmetscher diente, wurde am 23sten Ju- lius in der Ebene **) bey dem Dorfe Falczyn

*) Der nachmalige Staatsminister, Graf Heinrich Friedrich Ostermann, diente ihm bey diesem Friedensschlusse als Privatsekretair, und machte hier den ersten Schtitt seines Glücks, indem er zum Kanzleysekretair erhoben wurde.

**) Diese Ebene hat den Namen Hoesjeski; das ist, wo man den Verstand verloren hat. —

der Friede mit Rußland unter folgenden Bedingungen unterzeichnet: *)

1) Die Festung Asow soll der Pforte in dem Stande, worin sie vor der Einnahme gewesen, mit ihrem Gebiete zurück gegeben werden.

2) Die Festungen Tychan, Taganrock und andre neuerbaute Forts sollen niedergerissen und nie wieder erbauet werden.

Der Großvezier Kiuperli Pascha, sagt Lagerbring, war ein nach türkischer Art sehr gelehrter Mann. Das viele Studiren machte ihn hypochondrisch. Er bildete sich ein, daß ihm beständig eine Fliege auf der Nase säße. Hatte dieser Fliegen auf der Nase, so sollte man beynahe glauben, sein Nachfolger Baltadschi Mehemet habe sie im Gehirn gehabt. Denn sonst war ein Friede unter solchen Umständen ganz unbegreiflich.

*) Der Eingang des Traktats war in folgenden demüthigenden Ausdrücken abgefaßt: „Nachdem es Gott gefallen hat, daß die siegreiche Armee der Gläubigen den Czar von Moskau und alle seine Völker an dem Fluß Pruth eingeschlossen und dergestalt geschlagen hat, daß Se. Czarisch. Majest. in die Noth gebracht worden, den Frieden zu suchen und darum öffentlich zu bitten, so ist man über folgende Bedingungen eins geworden.

3) Die Kosaken in der polnischen Ukraine und die, welche unter der Herrschaft des Tatar-Chans stehen, nicht weiter beunruhigt; die russischen Truppen aus Polen zurückgezogen;

4. 5) Die russischen Handelsleute im türkischen Gebiete geschützt; und alle türkische und russische Gefangene gegenseitig frey gelassen werden.

6) Da sich der König von Schweden unter den Schutz der Pforte begeben, so versprechen Se. Czarische Majestät aus Freundschaft, ihm eine freye, sichre Rückkehr in seine Staaten zu erlauben, auch Frieden mit ihm zu schliessen, wenn man darüber eins werden kann *).

7) Der Großherr soll demüthig gebeten werden, die irregulaire Aufführung des Czars zu vergessen, dieser freyen Abzug erhalten, wenn er den Kanzler Schaphirow und General

*) Quia Rex Sueciae protectioni Sultaneae Majeſtatis ſe commiſit, idcirca Czarea Majeſt. amicitiae gratia ſe illi liberum ſecurumque tranſitum in ipſius terras conceſſurum promittit, et ſi invicem convenire poſſunt, et pacem cum illo initurum.

Scheremetew zu Geisseln gestellt hat, daß
die Bedingungen des Friedens werden vollzogen
werden.

So war denn Peter gegen solche Demüthi-
gungen und Aufopferungen, die in Vergleich der
Größe der Gefahr immer nur klein waren, mit
seiner Armee glücklich gerettet. Diese erhielt nun
selbst die Türken zu Wohlthätern und Beschützern.
Sie wurde von ihnen mit Lebensmitteln, woran
sie den äussersten Mangel litt, versorgt, und zur
Sicherung gegen die Anfälle der Tatarn von einem türkischen Korps bis an die Gränze begleitet.
Die beyden ersten russischen Staatsbedienten im
Felde und im Kabinet, Schaphirow und
Scheremetew wanderten indeß, als Dul-
der für ihr Vaterland, nach Konstantinopel,
wo sie bis zu Ende des Jahrs 1714 zurückgehalten wurden.

Indem die russische Armee abmarschirte, kam
Karl bey der Türkischen an. Die Hoffnung be-
flügelte seine Reise. Poniatowsky hatte ihn durch
einen Kourier von der kritischen Lage der Russen
benachrichtigt. Er glaubte sicher, die Bahn des

Triumphs zu betreten. Wie schrecklich war seine Bestürzung, als er den Inhalt des geschlossenen Traktats erfuhr. Voller Unwillen begab er sich zum Großvezier. Entschlossen, da auch schon alles verlohren schien, wollte er denselben bereden, den Frieden wieder aufzuheben und den Russen nachsetzen zu lassen. Ein vergeblicher Gedanke! Als er die Fruchtlosigkeit seiner Vorstellungen sah, fieng er an, dem Großvezier über den geschlossenen Traktat Vorwürfe zu machen. Dieser antwortete ihm mit stolzer Gelassenheit: „Mir kommt das Recht zu, Krieg und Frieden zu schliessen und keinem andern.„ „Aber versetzte Karl, hattest du nicht die ganze moskowitische Armee in deiner Gewalt; was verpflichtete dich einen schlechten Frieden zu schliessen, da du Gesetze vorschreiben konntest, welche du wolltest. Hattest du es nicht in deiner Macht den Czar gefangen nach Konstantinopel zu führen? „Und wer hätte denn, erwiederte mit satyrischer Kälte der Großvezier, sein Reich in seiner Abwesenheit regieren sollen? Es ist nicht gut, wenn sich die Regenten ausser ihrem Lande befinden.„

Voller Erbitterung und Verzweiflung kehrte Karl am folgenden Tage nach Bender zurück. Auch hier verfolgte ihn gleichsam das Unglück. Der Dniester überschwemmte die umliegenden Gegenden. Er wurde genöthigt seinen bisherigen Lagerplatz zu verändern; und begab sich nach einem Orte eine halbe Meile von dem Dorfe Warnitza, wo er für sich ein steinernes Haus erbauen ließ.

Die Nachricht von dem Frieden verbreitete erst zu Konstantinopel viele Freude. Die Unzufriedenheit folgte aber nach, da man erfuhr, daß man weit größere Vortheile hätte erhalten können.

Der Großvezier hatte unter diesen Umständen nichts mehr zu fürchten, als die Intriguen und die Rache des Königs von Schweden. Sein ganzes Bemühen gieng deshalb dahin, ihn in Folge des Traktats auf eine sichre Weise aus der Türkei zu entfernen. Er ließ den Wiener Hof um eine freye Passage ersuchen; und darauf Karln den Antrag machen, ob er entweder unter Bedeckung von 8000 Türken durch Polen, oder durch die

die österreichischen Staaten seine Rückreise antreten wolle. Die Antwort Karls war, daß er ohne eine Begleitung von hunderttausend Mann nicht abreisen könne. Der Seraskier von Bender mußte ihm wiederholt nachdrückliche Vorstellungen machen; und dieser erhielt zur Gegenerklärung, daß man Gewalt gegen Gewalt gebrauchen und diejenigen sogleich aufhängen würde, die sich unterständen, dem Könige Anträge zu machen, die seiner Ehre und Majestät zuwider wären.

Bey dieser hartnäckigen Entschlossenheit Karls war der Großvezier auf andre Mittel bedacht, ihn entweder zur Abreise zu bewegen, oder seinen fernern Aufenthalt im türkischen Gebiete für sich unschädlich zu machen. Er ließ die Diäten und Unterhaltsmittel des Königs vermindern und die Depeschen, die er nach Konstantinopel abschickte, unterweges auffangen. Die Korrespondenz wurde indeß doch durch heimliche Wege befördert, und der Aufwand Karls eine Zeitlang, eben weil man ihn einschränken wollte, vermehrt. Er ließ seinen Hausmarschall kommen und befahl ihm, statt der zwey öffentlichen Tafeln, die bis dahin waren gehalten worden, täglich viere zu

halten. Allein die Mittel reichten zu dem Willen
Karls bald nicht hin. Es wurde von den Gesandten, die bey ihm waren, von seinen eignen Officiers, selbst von den Janitscharen, die er berei-
chert hatte, Geld für ihn geborgt.

Ein reisender französischer Kaufmann, Namens la Mottraye, *) der sich einige Zeit im
Lager bey ihm aufhielt, fand Mühe bey einem
englischen Kaufmanne zu Konstantinopel nur ein
Anlehn von 5000 Pfund Sterling gegen große
Interessen aufzubringen. Er hatte auf seiner
Reise dahin zugleich Briefe von Karln mitgenommen. Um sie vor Konfiskation zu sichern, hatte er sie in seine Schreibtafel gelegt, die er mit
frommer Miene in der Hand trug und sie für sein
Gebetbuch ausgab.

Die Subsistenz-Verlegenheit Karls, und
die diplomatische Inquisition gegen ihn, wurde
indeß bald gehoben; — und seinen kühnen Hoff-

---

*) Man hat von ihm selbst eine Beschreibung sei-
　　ner Reise, in der das Wichtigste ohnstreitig das
　　ist, was er von Karln erzählt, die Schrift ist
　　mehrmals ins Teutsche übersetzt worden.

nungen einſtweilen eine neue Ausſicht geöffnet.
Czar Peter zögerte mit der Uebergabe von Aſow
und mit der Erfüllung einiger andrer Bedingungen des Traktats von Falczyn. Im Divan
herrſchten Eiferſucht und Kabalen. Die Wirkungen derſelben trafen den intereſſirten, unpatrioti-
ſchen Urheber des Friedensſchluſſes, den Großvezier Baltadgi Mehemet und ſeinen Gehülfen, den Kiaja Osmann. Dieſer wurde
ſtrangulirt. Man fand bey ihm die Ringe der
Czarin und eine beträchtliche Anzahl ſächſiſcher
Goldſtücke; alles Koſtbarkeiten aus den Zeiten
der Kampagne her. Sein Beförderer, der
Großvezier, wurde am 20ſten November
1711 abgeſetzt, nach der Inſel Lemnos relegirt,
wo er drey Jahre darauf ſtarb; der Janitſcharen-
Aga, Juſſuph Paſcha, ein Georgier von
Geburt, zu ſeinem Nachfolger erwählt, und am
17ten December darauf der Krieg gegen Rußland von Neuem erklärt.

Er kam aber nicht zum Ausbruche. Der
franzöſiſche Ambaſſadeur, Deſalleurs, ſuchte
aufs eifrigſte, denſelben zu bewirken. Dagegen
bemühten ſich die Geſandten von Oeſterreich, Eng-

land und Holland, ihn zu verhindern. Ihre Vorstellungen und die Versprechungen Peters behielten
das Uebergewicht, und am 13ten April 1712
wurde der neue Friede in 7 Artikeln unter folgenden Bedingungen geschlossen.

Der Czar soll binnen 3 Monaten alle seine
Truppen aus Polen ziehen, und sich auf keiner-
ley Weise in die Angelegenheiten dieses Reichs
mischen. Wenn die hohe Pforte selbst beschliessen
sollte, den König von Schweden mit seinen und
mit türkischen Truppen durch Moskau bis in
seine Lande zurückzuführen, so soll beym Hin-und
Rückmarsch weder den schwedischen noch den türkischen Truppen einige Beleidigung geschehen.
Die neuen Forts in der Ukraine sollen an die Kosaken zurück gegeben, in den Gegenden von Asow
keine neue Forts erbauet, statt der 60 eisernen Kanonen, die man in dieser Festung vorgefunden, die
ehemals vor der russischen Einnahme daselbst be-
findlich gewesenen 60 metallenen Stücke oder deren
Werth zurück gestellt und gegenwärtiger Friede
auf 25 Jahr erneuert werden.

Vier Tage, nachdem dieser Friede unterzeichnet war, am 17ten April 1712, erließ der

Sultan A ch m e d ein Schreiben an K a r l n, worin er zur Rückkehr nach seinen Staaten angewiesen wurde. Dieses Schreiben war folgenden
Inhalts:

„Dem Mächtigsten unter den Monarchen,
die Jesus anbeten, dem Rächer des Unrechts
und der Beleidigungen, dem Beschützer der Gerechtigkeit in den Königreichen und Republiken
des Südens und Nordens, dem Glänzenden in
Majeſtät, dem Freunde der Ehre und des Ruhms
und Unſrer erhabenen Pforte, K a r l n König von
Schweden, deſſen Unternehmungen der Allmächtige mit Segen kröne.

„Sobald der durchlauchtigſte Achmed die Ehre haben wird, Euch dieſes mit Unſerm kaiſerli-
chen Siegel verſehenes Schreiben zu übergeben,
ſo könnet Ihr von der Wahrheit und Aufrichtig-
keit Unſrer darin enthaltenen Abſichten verſichert
ſeyn. Obgleich Wir nemlich Willens geweſen,
Unſre ſtets ſiegreiche Armee zum andernmal wider
den Czar zu ſenden, ſo hat jedoch dieſer Fürſt,
um Unſre gerechte Ahndung, wegen der von ihm
verſchobnen Vollziehung des an den Ufern des

Pruth geschlossnen und von Unsrer hohen Pforte
bestätigten Traktats, zu vermeiden, die Stadt
und Festung Asow wieder Unserm Reiche übergeben und sich durch Vermittlung der Gesandten
von England und Holland, Unsrer alten
Alliirten, bemüht, einen dauerhaften Frieden mit
Uns zu schliessen, Wir auch sein Gesuch gewäh-
ret, und seinen Bevollmächtigten, die sich bey
Uns als Geisseln befinden, Unsre kaiserliche Ratifikation übergeben haben, nachdem Wir die sei-
nige von ihm erhalten.   Wir haben dem rühmlichen und tapfern Delvet Gherai, Chan der
budgiakschen, krimmschen, nogaischen und cir-
kassischen Tatarn, und Unserm weisen Rathe und
Seraskier von Bender, Ismael, (die Gott er-
halte und ihre Pracht und Weisheit vermehre)
Unsre unverletzlichen und heilsamen Befehle gegeben, daß Ihr zufolge Eurer ersten Absicht, die
Ihr auch wiederholt zu erkennen gegeben habt,
durch Polen zurückkehrt. Ihr müsset daher gegen den bevorstehenden Winter,
unter Leitung der Vorsehung und mit einer anständigen Begleitung, Euch zur Abreise fertig
machen, um durch Polen, und zwar auf eine

friedliche und freundschaftliche Weise, in Eure
Staaten zurück zu kehren. Alles, was zu Eurer
Reise an Gelde, Mannschaft, Pferden und Wagen erfoderlich ist, soll Euch von der hohen Pforte gegeben werden. Wir rathen Euch aber und
erwarten, daß Ihr den Schweden und andern
Leuten, die sich in Eurem Gefolge befinden, aus-
drücklichen und bestimmten Befehl geben werdet,
daß sie keine Unordnungen begehen oder sonst etwas thun, wodurch dieser Friede und diese Allianz unmittelbar oder mittelbar gebrochen werden
könnte. Hierdurch werdet Ihr Unsre Gewogen-
heit erhalten, von welcher Wir Euch so starke
und häufige Beweise geben werden, als Wir dazu Gelegenheit erhalten. Die Truppen, die zu
Eurer Begleitung bestimmt sind, sollen Befehle
erhalten, die Unsern kaiserlichen Absichten in diesem Stücke gemäß sind.

Gegeben an Unsrer hohen Pforte zu Konstantinopel, den 14ten des Monats Rebgul
Eures (Rabi el Aker oder April) 1124 — 1712.„

Der neue Friede, so wie dieses Schreiben waren auf einmal wieder der Umsturz aller Hoffnun-

gen Karls. Er hatte so sicher auf die abermalige glückliche Veränderung zu Konstantinopel und auf den Erfolg der Rüstungen gerechnet, daß er im Monat vorher den Befehl nach Pommern schickte, daß die dasige Armee nach Polen aufbrechen und sich den russischen Gränzen zu nähern suchen solle, um unter seiner Anführung mit den Türken gemeinschaftlich gegen die Russen zu agiren. Allein jener Armee war der Marsch verschlossen, da sich die Lage von Pommern schon seit dem Sommer 1711 sehr verändert hatte.

Karl hatte, wie schon oben erwähnt, die angebotne Neutralität wegen seiner deutschen Lande verworfen. Die Verbindung seiner drey Feinde kam dadurch wieder in Thätigkeit. Die projektirte Reichs = Observationsarmee war nicht zu Stande gekommen. Die schwedischen Truppen in Pommern wurden indeß verstärkt. Allerdings war zu erwarten, daß sie Feindseligkeiten unternehmen, daß sie entweder nach Polen aufbrechen, oder Sachsen oder Holstein angreifen würden. Um der Erfüllung dieser Besorgnisse zuvor zu kommen, die Abwesenheit Karls und die Verlegenheit seines Reichs zu benuten, wurde unter den Alliirten beschlossen, Schwedisch = Pommern mit vereinigter Macht anzugreifen.

Um im Rücken sicher zu seyn, hatte König Friedrich von Dänemark schon im Anfange des Jahrs verschiedne noch obwaltende Irrungen mit dem herzoglich Holstein=Gottorpischen Hause ausgeglichen. Der Mangel in den Finanzen erfoderte ausserordentliche Hülfsmittel. Der König verpfändete am 20sten Julius 1711 gegen einen baaren Vorschuß von 800000 Thalern die Grafschaft Delmenhorst auf 20 Jahre an Chur=Braunschweig; die Landstände von Schleswig und Holstein brachten ein Dongratuit von 50000 Thlr. auf; dazu erhielt Friedrich 300000 Rubel Subsidiengelder von Rußland.

Indeß waren die Truppen zum Feldzuge bey Rendsburg versammelt worden. Ihre Anzahl belief sich auf 26900 Mann. Hierunter waren 8900 Kavalleristen. Das Kommando über das ganze Heer führte der General Jobst von Scholten. Der König gieng mit zu Felde.

G 5

Im August 1711 wurde der Marsch angetreten.
Der Herzog Friedrich Wilhelm von Meklenburg = Schwerin (starb den 31. Jul. 1713)
hatte, — zum nachmaligen unsäglichem Unglücke seines Landes — den Durchmarsch, und insgeheim Rostock zum Waffenplatze verwilligt *).
Die Dänen rückten ein. Um keinen nachtheiligen
Hinterhalt zu haben, wurde Wismar durch ein
Korps, erst unter dem Generalmajor von
Schönfeld, und hernach unter dem Generalmajor Ranzau eingeschlossen — und Rostock besetzt. Indeß marschirte die Hauptarmee gegen
Stralsund, vor welchem sie am 7ten September ankam.

Bey dieser Festung stand schon ein Heer von
20,000 Mann Sachsen und Russen. König
August, der nach dem am 17ten April 1711 erfolgten Tode des Kaisers Joseph I., als Churfürst von Sachsen Reichsvikarius war, hatte in
dem Manifeste, das er bey seinem Rückzuge nach

---

*) Der dänischen Armee mußten auf jedes Nacht-
lager 6000 Tonnen Bier, 9000 Pfund Brodt,
46 Last Haber und 340 Fuder Heu geliefert
werden.

Polen erließ, und am 1sten Oktober 1709 durch
ein Promemoria beym Reichstage feyerlich erklärt, daß er, falls nicht Crassau Sachsen angriffe, nie die schwedisch=deutschen Provinzen beunruhigen wolle. Allein die Umstände hatten sich,
und mit ihnen auch die Politik verändert. Der
Feldmarschall Flemming brach mit dem besten
Theile der sächsischen Armee in Pommern ein,
und Czar Peter ließ dazu einen Theil seiner Truppen aus Polen stoßen.

Wie König Friedrich, war auch der König
August bey der Armee gegenwärtig. Die Frucht
ihrer Zusammenkunft wurde bald ein großer Plan.
Am 26ten September unterzeichnete man schon
im voraus einen Theilungstraktat über die Länder, die man erst erobern wollte. Zufolge desselben sollte der König von Dänemark die Herzogthümer Bremen und Verden, mit Geldentschä-
digung für Hannover, ferner Gothenburg, Marstrand, Wiemar ꝛc.; und der König August Liefland — mit Entschädigungen für Rußland,
Schwedisch=Pommern und die Insel Rügen erhalten; und der Czar zum Beytritt dieses Traktats eingeladen werden; ein Traktat, der aber so

wie die Hoffnung der baldigen Eroberung S t r a l-
s u n d s — einstweilen ein bloßes Projekt blieb.

Man wollte eine Festung erobern; es fehlte
aber an dem Hauptmittel dazu — an A r t i l l e-
r i e. Man hatte versucht einen Vorrath derselben aus R o st o ck zu bekommen; allein die Bürger wollten die Ausräumung des Zeughauses auf
keine Weise zugeben. Die Sachsen und Russen
erwarteten daher Artillerie von den Dänen. König Friedrich hatte endlich ihre Lieferung versprechen. Nach langem Erwarten kam auch das Geschütz auf der pommerschen Küste an. Allein hier
fand sich ein neues Uebel, das man nicht vorher
gesehen hatte. Die Schiffe giengen zu tief, konnten bey dem flachen Ufer sich nicht dem Lande nähern — und die Mörser und Kanonen nicht aus-
geladen werden. Indeß erhielt Stralsund eine
Verstärkung aus Schweden; eben so auch Wismar. Der Mangel an Artillerie vereitelte auch
bey dieser Stadt alle Eroberungsabsichten. Die
Besatzung, die unter dem tapfern Generalmajor
v o n S ch u l z stand, hatte nach mehrern vorhergegangnen, kühnen und wohlgelungnen Unternehmungen, am 5ten December einen Ausfall ge-

han, der sehr unglücklich für sie ablief. Die
Dänen nahmen 46 Officiere und 1940 Gemeine
gefangen und tödteten 479 Mann. Ihr eigener
Verlust belief sich auf 135 Todte und 404 Verwundete. Mit Hülfe der Artillerie waren sie sicher Herren der Stadt. Ranzau wandte sich
an den Herzog von Mecklenburg-Schwerin.
Dieser mußte natürlich Bedenken finden, ihm Artillerie zu leihen. Indeß entschloß er sich endlich
dazu. Man fieng an, die Stadt zu beschießen,
fand aber, daß die Artillerie ganz untauglich sey.
Die Kanonade wurde daher am 31sten December
aufgegeben, und die Belagerung von Wismar —
wie die von Stralsund in eine Bloquade verwandelt. So endigte sich der Feldzug der Alliirten
im Jahr 1711 ohne wesentlichen Nutzen, mit weniger Ehre, und mit dem Nachtheile, vieler
fruchtlos angewandten Kosten und Bemühungen *). August kehrte nach Dresden und
Friedrich nach Kopenhagen zurück.

---

*) Der bekannte Hofnarr, Kyau, war dem Kö-
 nige August mit ins Lager gefolgt. Dieser
 fragte Kyau, wie ihm dieser Feldzug gefie-

Unzufrieden über die mißlungenen Belagerun-
gen, beschloß letzterer für das kommende Jahr
einen Feldzug von sicherem Erfolge vorzunehmen. Diesen versprach ihm der schwache Vertheidigungszustand der Herzogthümer Bremen
und Verden, die seit dem westphälischen Frieden
ebenfalls der Krone Schweden gehörten. Sie
wurden von einem Statthalter regiert. Graf
Nicolaus Gyllenstierna, der diese Würde
bekleidete, hatte im Jahre 1711 seine Dimission,
und den Grafen Moriz Welling zu seinem
Nachfolger erhalten. Die Einwohner waren mit
ersterem zum Theil sehr unzufrieden gewesen.
Das Unglück der schwedischen Staaten drückte
auch die Herzogthümer. Man erhöhte die Kontributionen, erzwang Rekruten für den auswärtigen schwedischen Dienst, verletzte die Privilegien,
und die Noth blieb die letzte Entschuldigung gegen
die Klagen, die geführt wurden.

Die Unzufriedenheit, die hierüber im Innern
herrschte, war für Friedrich erwünscht. Um sei-

le. „Ja Ew. Majestät, antwortete er,
das ist ein ganzer Krieg; er hat gar
keine Stücke."

nen Einbruch zu rechtfertigen, fehlte es ihm nicht
an Gründen. Der Kommandeur einer schwedischen Fregatte, Namens Ankerstierna, hatte
im August des verfloßnen Jahrs vier norwegische
Fahrzeuge auf der Elbe genommen. Dieß wurde
als eine Verletzung der Neutralität vorgestellt,
und der dadurch zugefügte Schaden auf 46,400
Thaler berechnet.

Um die drohende Gefahr abzuwenden, wandte sich die schwedische Regierung zu Stade an
die deutschen Fürsten und an die Seemächte.
Sie erhielt auch einige bewaffnete Unterstützung.
Preussische und churbraunschweigsche Kreistruppen besetzten Verden, Stade, Otters-
berg, Rothenburg und einige andre kleine
Oerter *). Dazu verwandte sich die Königin An-

*) Welling hatte zur Vertheidigung der Herzog-
thümer vom französischen Hofe eine Geld-
unterstützung von 200,000 Thalern bekommen.
Erbitterung und Rachsucht verschafften ihm diese
Subsidie. Dänische Hülfsvölker dienten während des spanischen Successionskriegs den Alliirten gegen Frankreich. Ihre Kapitulation war bereits im Jahre 1711 abgelaufen; sie blieben indeß
noch im Dienste. Um sich dadurch zu rächen,

na von England und der Kaiser Karl für die
Herzogthümer.   König Friedrich gab auch so weit
nach, daß eine Zusammenkunft zwischen dem Ge=
neral von Scholten und dem schwedischen Ge=
neral von Crassau im April veranstaltet wur=
de.   Die Foderungen waren aber von der
Art und die Schwierigkeiten wurden so ge=
häuft, daß die Unterhandlungen bald abgebro=
chen wurden.

Nachdem Friedrich mit der nöthigen Ar=
tillerie von Sachsen unterstützt war,   erließ er
von Itzehoe aus,   am 22sten Julius 1712 ein
Ma=

─────────

ließ Ludwig der XIVte jene Gelder zum Gebrau=
che gegen Dänemark bezahlen.   Welling gebrauch=
te aber das Geld mehr für sich,   als zur Verthei=
digung der Herzogthümer.   Er konnte das Land
vor Stade unter Wasser setzen,   und sich durch
Truppen aus Wismar, allenfalls auch aus Pom=
mern verstärken lassen.   Aber alles dieß unterblieb.
Die Provinzen wurden dem Schutze,   besonders
von Hannover,   überlassen.   Welling ließ sich die
schriftliche Versicherung geben, daß es selbige dem
Könige von Schweden bewahren wolle; — da
man schon seit längerer Zeit die Neigung des Chur=
hauses nicht bezweifelte, selbst den Besitz der Her=
zogthümer zu erlangen.

Manifest, worin er seinen vorhabenden Einbruch in die Herzogthümer mit den Feindseligkeiten auf der Elbe, mit dem von Karl verwor-
fenen Neutralitätssystem rechtfertigte und die
Einwohner zur Sicherung ihres Lebens und Vermögens ermahnte, sich ruhig zu unterwerfen,
und Fourage und andre Kriegsbedürfnisse —
woran die Dänen im Jahre vorher in Pommern so empfindlichen Mangel gelitten hatten —
nicht auf die Seite zu schaffen.

Die dänischen Truppen wurden kurz nach der
Verbreitung dieses Manifests auf der Elbe eingeschifft, und am 31sten Julius bey Drochter-
sen und beym Kranze im Bremischen, in zweyen
Abtheilungen ans Land gesetzt. Der kriegerische Einzug geschah ganz friedlich. Man fand
keine feindlichen Truppen, keine Widersetzung.
Der Marsch gieng zuerst nach Buxtehude.
Der Magistrat ließ die Schlüssel der Stadt entgegen bringen und die Dänen besetzten sie.

König Friedrich meldete die Landung und
die Besetzung der Stadt in einem eigenhändigen Schreiben seinem damaligen Großkanzler,

dem Grafen von Holstein. Dieses Schreiben charakterisirt das Verfahren der Schweden,
die Unzufriedenheit der Einwohner und zugleich
die deutschen Sprachkenntniſſe und die guten
Gesinnungen des Königs zu sehr, als daß es
hier nicht angeführt zu werden verdiente. Es
lautete wörtlich also:

Wir haben, Gott sey gelobet, die Deſſente
(deſcente) von beden Enden über die Elbe Glücklich und woll verrichtet, und nicht nur, keinen
wiederſtandt, als wir zu Lande Gekommen,
vohr gefunden, ſondern ſint den andern Tag nach
Bocſtahude (Burtehude) gegangen, und die
Tohre offen vohr gefunden, und noch keinen Feint Geſehn, als das 10 Diſſerteurs von
ihren Dragonnen auf einmahl heute mit ihre
Pferde, und voller Muntirung zu uns gekommen ſint, und ſehr Malcontent von ihnen gewe-
ßen, welches auch Semptliche unter-
tahnen vom Ganzen Lande ſint, und
haben ſie auch kein ander uhrſache
darzu den ſie ſehr Miſerabel Trach-
tirt geworden ſint von den Schweden
bishero, den ſie alles aus ihnen Er-

preßet haben, was sie an der Sehlen
(Seele) haben, und weillen sie zu lest (zuletzt) nichtes mehrs zugeben Gehabt, haben sie
nicht nur ihr Fie (Vieh) von ihnen genommen
sondern ihnen die heußer verbrant das Korn auf
dem Felde verbrannt, und wie sie soden (sodann)
Desperaht geworden und sich zu'ammen Rottirt,
so ist die Schwetsche (schwedische) Cavallery auf
ihnen loß gegangen und haben 150 Bauern, so
kein ander Gewer als mist Forken hatte alle
Toht gemacht, Ich Glaube Türken und
Tartern könten es nicht schlimmer Anfangen; man mus recht mitleiden haben, wen man von den armen Einwo-
ners Erzelen hört." —

Monsieur

vostre tres Affecionnes

Amis.

Bocstahude,

den 4. Augusty.

(1712)

Friederich R.

Von Buxtehude verbreiteten sich bald die
Truppen in die übrigen Gegenden der Herzogthümer. Verden und die übrigen Oerter wur-

den besetzt.   Die Kriegstruppen zogen sich gegen
die überlegne Macht der Dänen zurück.   Bremen blieb als Reichsstadt von der Besitznehmung frey.

Die einzige Stadt, die man erobern mußte,
war S t a d e, die Festung des Landes und der
Sitz der Regierung.   Die Dänen zogen den
größten Theil ihrer Macht dahin, und fiengen
am 8ten August die Belagerung an.   Anstatt
in ihren Unternehmungen von den Landesbe-
wohnern gehindert zu werden, kamen ihnen die
Bauern in der benachbarten Gegend freywillig
zu Hülfe *) — und beförderten durch ihre Arbeiten bey den Laufgräben, Batterien 2c. selbst
die Einnahme der Stadt.   Dieß zeugte von der
wenigen Liebe, die die schwedische Regierung
besaß.   Der Statthalter, Graf W e l l i n g hatte sich bey Zeiten nach Hamburg retirirt.   Die

_____

*) Wellingk hatte vor dem Einbruche der Dänen
    ein Aufgebot an die Landbewohner ergehen lassen,
    mit dem Befehl, sich dem Eindringen derselben
    aufs stärkste zu widersetzen, wofür sie auf ein hal-
    bes Jahr von Abgaben befreyt seyn sollten 2c. Die
    Bauern aber vertrieben, statt der Dänen, zum
    Theil die Schweden selbst.

Vertheidigungsanstalten in der Stadt waren
nicht die stärksten. Die Kreistruppen hatten
sie am 24sten August verlaffen. Man hatte sich
nicht genug mit Lebens = und Kriegsbedürfniffen
verforgt. Dazu kamen die Verheerungen einer
epidemischen Seuche, die man für die Pest hielt.
Die Dänen durften unter diesen Umständen nicht
an dem Erfolg der Belagerung verzweifeln. Ei=
ne zahlreiche Artillerie machte ein beständiges
Feuer gegen die Stadt. Der Kommandant der
schwedischen Besatzung, Generalmajor Karl
Adam Stackelberg, war indessen entschloffen ge=
nug, sich aufs äufferste vertheidigen zu wollen.
Der König ließ ihn zum zweytenmale zur Ueber=
gabe auffodern. Seine Antwort war: daß er
sich so lange vertheidigen würde, als
er den Degen führen könne. Die Dä=
nen brauchten darauf eine Strenge der Erobe=
rungsmittel, die die nahe Gewißheit der Ueber=
gabe sonst unnöthig zu machen schien. Die Nie=
derlage bey Helfingburg und der Feldzug in
Pommern kamen dabey mit in Erinnerung.
Man fieng an, die Stadt von zwey Mörserbat=
terien zu bombardiren. Die Ruinen häuf=

ten sich mit jeder Stunde; das Hauptpulver=
magazin der Festung flog auf: und bey dem
Elende und Jammer, bey dem Mangel an al=
len Aussichten auf Hülfe und Rettung — wur=
de Stade schon am 6ten September 1712
eingenommen und die noch übrigen Officiere
und Soldaten der Besatzung, die von 2300
Mann auf 1185, mit Einschluß von 400
Kranken herabgebracht worden war, zu Gefang=
nen gemacht.

Beynahe in einem Monate war mithin die
Eroberung, die Einnahme der beyden Her=
zogthümer vollendet. Am 18ten Oktober er=
folgte die allgemeine Huldigung gegen den
neuen Souverain; der General von Schol=
ten wurde zum Generalgouverneur beyder Lan=
de ernannt; die Regierung eingerichtet; in den
Hauptplätzen einige Besatzung zurück gelassen,
und die dänische Armee darauf zum Rückmar=
sche nach Holstein beordert, um zum Theil zu
einer andern Expedition gebraucht zu werden,
die zwar nicht von so ausgebreitetem, aber doch
von sehr lukrativem Erfolge war.

König Friedrich war mit Hamburg in Streitigkeiten begriffen. Die Stadt schrieb sich die Jurisdiktion über einige königliche oder schauenburgsche Höfe zu; und hatte die Bewohner derselben mit Steuern belegt. Der König verlegte daher seine Armee in das hamburgsche Gebiet, besonders in die Vierlande. Die Stadt sah sich darüber genöthigt, um Frieden zu bitten, gab durch einen Vergleich, der am 18ten November 1712 zu Altona geschlossen wurde, die Ansprüche auf erwähnte Jurisdiktion auf und zahlte dem Könige als Ersatz und Geschenk eine Summe von 246,000 Thalern. Er ließ darauf seine Truppen im Holsteinschen in die Winterquartiere verlegen.

Weniger thätig und glücklich als Friedrich waren im Jahre 1712 seine beyden Alliirten der Czar Peter und König August. Ersterer hatte sich nach der glücklichen Rettung aus der Verlegenheit am Pruth noch im Jahre 1711 nach Böhmen ins Karlsbad begeben, am 25sten Oktober den Feyerlichkeiten der Vermählung seines Sohnes mit der Prinzessin von Braunschweig-Wolfenbüttel zu Torgau beygewohnt, am 20sten

H 4

April 1712 seine eigne Vermählung mit der Geliebten, die seine Schutzgöttin am Pruth geworden war, mit Katharina, zu St. Petersburg vollzogen und zur Ausführung des zweyten Traktats mit den Türken, zur Verhinderung
der Absichten Karls und zur Beförderung der
seinigen, den noch übrigen Truppen in Polen
den Befehl ertheilt, nach Pommern aufzubrechen. Das Oberkommando über die Armee
führte der Fürst Menczikow. In Verbindung mit den sächsischen Truppen war sie über
30000 Mann stark. Ein Theil derselben hielt
Stettin bloquirt. Fourage und Lebensmittel
wurden größtentheils im Meklenburgischen er-
preßt.

Peter begab sich selbst nach Pommern.
Auch König August fand sich wieder bey der
Armee ein. Der Hauptgegenstand der Berathschlagungen und Vornehmungen blieb die Eroberung von Stralsund. Allein, man war
fast eben so unthätig und in gleicher Verlegenheit als im Jahre vorher. Um die Operationen von der Seeseite zu unterstützen, befanden
sich zwey dänische Flotten unter dem General

Admiral Güldenlöwe und dem Viceadmirale
Sehested in der Nähe der pommerschen Küste.
Unter Begleitung des erstern langte auch im
Monat August das dänische Belagerungsgeschütz
an. Es fehlten aber die flachen Böte, die König August zur Landung desselben zu verschaffen
übernommen hatte. Um sich den Besitz der
Stadt zu verschaffen, schien die Einnahme der
gegenüber liegenden Insel Rügen nothwendig.
Es wurden Truppen zur Landung eingeschifft —
die Schweden vertrieben sie aber. Die beyden
Monarchen und die Generalität rekognoscirten
am 13ten September Stralsund. Die Besaz-
zung that einen Ausfall, und es fehlte wenig,
daß nicht Peter gefangen wurde. Er begab
sich darauf wieder nach dem Karlsbade — und
auch August trat, so unzufrieden wie im Jahre vorher, seine Rückreise nach Dresden an.

Indeß war man in Schweden bemüht gewesen, der Festung möglichst zu Hülfe zu kommen. Stanislaus hatte sich schon im Jahre 1711 nach Schweden begeben, seinen gewöhnlichen Aufenthalt zu Christianstadt genommen, im Oktober seinen feyerlichen Einzug

in Stockholm gehalten, und die Besorgung des
Transports in demselbigen Jahre besonders befördert. Die verstärkte Belagerung von Stralsund machte auch einen neuen Sukkurs nöthig.
Es fehlte aber an Truppen, und noch mehr an
Gelde. Die Verlegenheit vermehrte der Unwille
und Partheygeist. Graf Steenbock war zum
Chef des überzuführenden Militärs und zugleich
zum Oberfeldherrn in Pommern ernannt worden. „Es ist besser, sagte der Sekretair Eh-
renstral in einer Versammlung des Reichsraths, daß kein Gebein nach Pommern kommt,
als daß Graf Steenbock dadurch Gelegenheit
erhält, sich zum Könige zu begeben, von dem
er mehr ein Freund als vom Reichs-
rathe ist.“
Die Liebe zum Könige und der Patriotismus
überwogen indeß die andern Einredungen. Durch
einige ausserordentliche Finanzmittel, größtentheils aber durch die freywilligen Beyträge des
Adels, der Städte, und selbst wenig begüterter
Personen, brachte man zur Unterstützung der
Expedition eine Summe von 398,000 Thalern
Silbermünze zusammen. Es wurden große

Vorräthe von Lebens- und Kriegsbedürfnissen
angeschaft, und Steenbock gieng, in Begleitung des Königs Stanislaus, mit einem
Truppenkorps von 7600 Mann Infanterie und
1800 Mann Kavallerie nach Pommern unter
Segel.

Er landete bey Wittow, an der nördlichen
Seite der Insel Rügen, am 16ten September 1712. Die schwedische Flotte des Admirals
Grafen Wachtmeister deckte den Transport.
Die Truppen waren längst in Sicherheit, aber
noch nicht die Fahrzeuge, die mit Proviant und
Munition beladen waren. Der dänische Gene-
raladmiral Güldenlöwe, der vor dem schwedischen Admiral einige Zeit vorher gewichen
war, hielt den Zeitpunkt für zu wichtig, um
nicht etwas wagen zu müssen, zog noch mehrere
Kriegsschiffe an sich, machte am 29sten September einen verstellten Angriff auf die schwedische Flotte — und erreichte seine Hauptabsicht
wegen der Transportschiffe. Ueber 100 derselben wurden entweder verbrannt, in den Grund
gebohrt oder zerstreuet. Eine Aktion, die wichtig an und für sich, aber noch wichtiger durch

die Folgen wurde.   Der dänische Hof bekam
nachdem die Holstein = Gottorpschen Lande —
und diese Erwerbung war ursprünglich mit Güldenlöwe zu verdanken.

Der Plan des Grafen Steenbocks war
zufolge der Anweisung Karls gewesen, mit Stanislaus und einer Armee von 18000 Mann
nach Polen — und weiter gegen die Russen zu
marschiren.   Die Ausführung dieses Plans
schien ihm aber jetzt unmöglich.   Es fehlte an
Gelde, an Lebensmitteln, die Leute zu erhalten.
Der Mangel an letztern machte ihm den fernern Aufenthalt auf der Insel Rügen oder bey
Stralsund eben so unmöglich.   Er beschloß daher nach Mecklenburg zu marschiren, das
bisher der Tummelplatz und das Versorgungs=
land der Feinde gewesen war.   Was diese sich
erlaubt hatten, war auch ihm nicht verboten.

Die verbundne russisch = sächsische Armee bey
Stralsund erwartete, daß Steenbock durch
Sachsen nach Polen aufbrechen würde.   Man
traf daher viele Anstalten, sich der Passage zu
widersetzen, falls er sie versuchen sollte.   Desto

ungestörter war sein Abmarsch durch die Linien
und den Paß bey Dammgarten, als er sich nach
Mecklenburg wandte. Er kam am 5ten Novem=
ber 1712 auf der Gränze dieses Landes an, be=
mächtigte sich der Stadt Rostock, schrieb Kon=
tributionen und Fourage aus und drang tiefer
in das Land.

Noch ehe er die Gegend von Stralsund ver=
ließ, wurde zwischen ihm, dem schwedischen Ge=
neral Dückert, dem polnisch = chursächsischen
Feldmarschall, Grafen von Flemming und
dem russischen General Bruce eine Zusammen=
kunft gehalten. Da der Marsch nach Polen
nicht angetreten werden konnte, so war Sta=
nislaus geneigt, seine Krone niederzulegen;
ein Entschluß, den August gerne sah, und des=
sen Beförderung man auch andrer Seits zu wün=
schen schien, wenn die nordische Allianz dadurch
um einen Feind vermindert werden könnte. Bey=
den Theilen waren aber die Schwierigkeiten und
Zögerungen nicht unbekannt, die mit der Aus=
führung dieses wichtigen Plans verbunden seyn
würden. Man gieng indeß auf 14 Tage einen
Waffenstillstand ein. Steenbock willigte

darin um so bereitwilliger, da es ihm noch an
mehrern Bedürfnissen, besonders an Artillerie
fehlte, um seinen Feinden die Spitze bieten zu
können.   Er mußte sich aus Wismar damit
verstärken.   Und Flemming verschob die
Feindseligkeiten, damit sich die Dänen erst in
Stand setzen, und alles gehörig vorbereitet werden könnte, um das schwedische Heer — einzu-
schliessen und es in eine ähnliche Lage, wie wey-
land bey Pultawa zu bringen.

Kaum wurde König Friedrich von diesem
Plane und dem starken Vordringen Steenbocks benachrichtigt, so brach er schleunig mit
allen seinen Truppen aus dem Holsteinschen
nach Mecklenburg auf, zog das Militär,
welches in Rostock und bey Wismar gewesen
war, an sich, und lagerte sich beym Ullenkrog,
bey Wackenstedt, unweit Gadebusch.

Steenbock marschirte ihm entgegen, und
traf ihn am 20sten December 1712.   Das
Lager der Dänen war abschreckend.   Vor ihnen
waren Moräste.   Zur Rechten lag eine Hölzung,
zur Linken Gadebusch.   Dazu kam die Ueberle-

genheit des Feindes. Die Schweden waren
nicht 17000, die Dänen über 24000 Mann
stark. Eben indem man sich zum Kampfe be-
reitete, wurden sie durch ein Korps von 4000
Mann sächsischer Kavallerie, mit denen der
Feldmarschall Flemming herbeyeilte, verstärkt. Festigkeit der Stellung und Ueberlegenheit des Feindes hatten Steenbock nicht bey Helsingborg geschreckt; sie schreckten auch hier nicht;
seine Truppen waren disciplinirter, als die, welche er damals angeführt hatte — und von glei-
chem Muthe beseelt.

Nach 2 Uhr Nachmittags marschirte man
gegen die Dänen auf. Flemming rieth noch
dem Könige, die Schlachtordnung zu verändern;
allein es war zu spät. Das Centrum der schwedischen Infanterie drang auf einem schmalen
Erdstriche vor. Eine zahlreiche gute Artillerie
hätte die entscheidendsten Verwüstungen unter ihr
anrichten können. Allein eben daran fehlte es
den Dänen; indeß die Schweden ihr Geschütz,
zusammen 42 Kanonen, auf das geschickteste
und thätigste gebrauchten. Ihre Infanterie
war bis auf 12 Schritte ruhig gegen die Dä-

nen angerückt. In dieser kleinen Diſtance wurden nun die Wirkungen des Gewehrs deſto tref-
fender und verheerender. Die Dänen konnten
nicht Stand halten; fiengen an zu weichen.
Ein gleiches erfolgte auch bald auf den beyden
Flügeln. Die ſchwediſche Kavallerie und Infanterie drang ohnerachtet aller Schwierigkeiten des
Terrains wüthend auf ſie ein; die ſächſiſche Kavallerie wich am früheſten; die Unordnung wurde allgemein und der Kampf unter den einzelnen Korps aufs hartnäckigſte fortgeſetzt. Nach
einem tapfern, aber regelloſen, vergeblichen
Widerſtande von zweyen Stunden, begaben
ſich die Dänen Schaarenweiſe auf die Flucht.
Alle Zuredungen, alle Anſtrengungen des Königs waren vergebens. Er ſelbſt blieb mit dem
Reſte des Wyburgſchen Regiments zuletzt auf
dem Schlachtfelde. Seine Sicherheit ſtand in
der größten Gefahr. Seine treuen Jütländer
und die Annäherung der Nacht retteten ihn allein. Er begab ſich nach dem benachbarten
Lauenburgſchen, wohin ſich auch ſeine mehr-
ſten Leute retirirt hatten, auf die Flucht, kam
zu Ratzeburg an, erſuchte den Kommandanten,

ten, da er die Nähe der Feinde besorgte, die
Thore schliessen zu lassen; aber vergebens; eilte
darauf nach dem Holsteinschen und glaubte sich
nicht eher sicher, als bis er zu Oldesiohe angekommen war. Die Schweden verfolgten die
Dänen aber nur bis zum Dorfe Rategast, eine
halbe Meile vom Schlachtfelde. Der Einbruch
der Nacht sowohl als die Nähe eines sächsisch-
russischen Korps hielten vom weitern Nachsez-
zen ab.

Der Verlust der Dänen belief sich in den
Paar schrecklichen Stunden gegen 7000 Mann.
Ueber 2000 Todte deckten die Wahlstatt, gegen
anderthalb Tausend waren verwundet und die
übrigen wurden von den Schweden gefangen genommen. Unter diesen befanden sich, ausser
dem General Mörner und 5 sächsischen An-
führern, 96 Officiere. Die Schweden gaben
ihren Verlust nur zu 600 Mann an; die Dänen schätzten ihn aber noch zweymal so hoch.
Fast das ganze Lager dieser letztern, 13 Kanonen, 13 Fahnen, Pulver - und Proviantwa-
gen ꝛc. wurden eine Beute der Schweden.

Steenbock hatte gesiegt — und befand sich demohnerachtet noch in einer kritischen Lage. Es kam darauf an, wohin er nun seinen Marsch richten sollte. Von der Bestimmung desselben hieng das Schicksal seiner Armee ab. Nach Pommern konnte er nicht zurückkehren, weil es daselbst an Unterhalt fehlte. Auch im Mecklenburgschen konnte dieser nur mit äusserster Noth herbeygeschaft werden. Und um nach Sachsen und Polen aufbrechen zu können, mußte erst die vereinigte Armee der Russen und Sachsen besiegt werden — und wenn dieß auch glückte, wie viele Verlegenheiten zeigten sich im Laufe einer so entfernten Expedition! Holstein stand allerdings offen und bot Nahrung und Gelegenheit dar, sich durch Kontributionen zu bereichern. Allein Steenbock befürchtete mit Recht — was auch nachher erfolgte, daß die Sachsen und Russen nachrücken — und ihn einschliessen dürften.

Steenbock stand, wie schon oben angezeigt worden, bey der Regentschaft zu Stockholm nicht in allgemeinem Kredite. Man war eifersüchtig auf ihn. Der Statthalter

über Bremen und Verden, Graf Wellingk,
hatte sich ein größeres Ansehn und Zutrauen
zu erwerben gewußt.   Er war ein Feind von
Steenbock.   Dieser hatte die Anweisung
erhalten, alle seine Operationsplane mit ihm
zu verabreden.   Er gieng also nach Wismar, um in der kritischen Lage, worin er
sich befand, das Gutachten und die Rathschlä-
ge Wellingks zu erwarten.   Sein Verfahren war dann nicht einseitig. — Und Wellingk, der sich damals als schwedischer Gesandter beym niedersächsischen Kreise zu Hamburg aufhielt, der ganz von Rache gegen
die Dänen entbrannt war, die ihm seine Statt-
halterschaft genommen, ihn aus Stade vertrieben, seine Wohnung daselbst zerstöhrt hatten,
schrieb ihm am 27sten December 1712, daß er
sogleich mit der Armee nach Holstein aufbrechen, für die Beleidigungen und Gewaltthätigkeiten der Dänen der Krone Schweden auf
alle Art Satisfaktion verschaffen, einen starken
Schritt zu Anfange unternehmen — Altona
in Brand stecken — und dann dem Könige
von Dänemark drohen möchte — auf gleiche

Weise alle Oerter in Holstein zu verwüsten, wenn er nicht unverzüglich Bremen und Ver- den an Schweden zurück gäbe. So wurde die Rachsucht und das Privat-Interesse eines Mannes die Quelle großer, schrecklicher Begebenheiten; das Verderben einer Stadt, der Ruin einer ganzen Armee, — und bey allem einzelnen Unglücke am Ende ein überwiegendes Glück für Dännemark.

Steenbock hatte die unglückliche Schwach- heit, der Anweisung Wellingks unbedingt zu folgen und sich zum Werkzeuge seiner barbari- schen, rachsüchtigen Absichten gebrauchen zu lassen. Er betrat den Weg des Verderbens, rückte am 1sten Januar 1713 mit seiner Ar- mee über die Trave ins Holsteinsche ein. Der Marsch gieng nach Altona. Die Einwohner waren durch ein Manifest, welches Steenbock unterm 30sten December zur Herrenfährde bey Lübeck erlassen hatte, wegen ihres Lebens und Vermögens beruhigt worden. Am 7ten Jan. des Abends kamen die Verboten des Unglücks an. Der Obrist Bassewitz rückte mit einem Kommando Dragoner ein. Der Prediger Saße

bey der lutherischen Gemeinde, ein Rathssekre-
tär und zwey Bürger begaben sich als Deputirte zu ihm und baten um Schonung der Stadt.
Einige Stunden darauf kam auch der Obriste
Strömfeldt mit einigen Eskadrons Kavallerie an. Beyde Kommandeurs konnten für sich
nichts versprechen, gaben aber schon durch einige Aeusserungen das bevorstehende Unglück zu
erkennen. Kurze Zeit nachdem sie angekommen
waren, brach durch einen Zufall Feuer in einem
Hause aus. Sie waren menschenfreundlich genug, ihre Leute selbst zur Dämpfung desselben
zu beordern. Um Beschuldigungen und Argwohn zu vermeiden, konnte ihnen einerseits allerdings auch die Verbreitung des Brandes nicht
gleichgültig seyn. Indeß brachten die Einwohner die Nacht unter unruhigen Beschäftigungen
und ängstlichen Erwartungen zu.

Am folgenden Morgen, den 8ten Januar
kam Steenbock von Pinneberg selbst an. Man
fiel ihm bey seinem Einritte in die Stadt zu
Füßen, bat um Gnade, schickte eine Deputation an ihn. Schon der Obriste Bassewitz hatte
am vorhergegangenen Tage eine Brandschatzung

J 3

eingefodert. Man hatte 24,000 und zuletzt
36.000 Thaler geboten. Steenbock begab
sich indeß nach Hamburg zu dem Grafen Wellingk. Sein Herz versagte ihm — so erbittert
er auch selbst gegen die Dänen war — durch
die Vorstellungen der Unglücklichen gerührt, auf
einige Augenblicke selbst die Barbarey, die
ausgeübt werden sollte. Wellingk aber bestand darauf, daß Altona zur Rache für die Einäscherung von Stade, und um Bremen und Verden desto eher wieder zu bekommen, müsse in
Brand gesteckt werden.

Steenbock kam nach Altona zurück. Die
Deputation begab sich wieder zu ihm. Man hatte mit dem Obersten Bassewitz um die Erlegung
einer Brandschatzung von 50,000 Thalern ak-
kordirt. Steenbock foderte nun aber eine noch
einmahl so starke Summe, mit dem Bedeuten,
daß wenn sie nicht geliefert würde, ehe das vor
ihm stehende Licht abgeputzt würde, die Stadt
an allen Ecken in Brand gesteckt werden sollte.
Man bat, flehte um Zeit und Gnade; der Oberste Bassewitz fügte seine Vorstellungen zu den
Bitten der Bürger; — alles vergebens. Steen-

bock machte eine Erklärung bekannt *), die er schon am Morgen zu Pinneberg unterzeichnet hatte, ließ die Deputirten arretiren — und gab den Befehl zu der Greuelscene, die die Schande seines sonst ruhmvollen Nahmens geworden ist.

Gegen 12 Uhr des Abends vertheilten sich die Soldaten, die zur Verwüstung angewiesen

J 4

*) Sie lautete also: Sr. Kön. Maj. kommandirender General en Chef, Graf Magnus Steenbock, thue hiermit kund, daß nachdem Sr. Maj. Feinde kein Bedenken getragen haben, Dero Stadt Stade, im Herzogthum Bremen, auf das grausamste zu verbrennen und in die Asche zu legen: man nicht umhin kann, dagegen Repressalien zu gebrauchen und die feindliche Stadt Altona auf eben die Weise durch Feuer und Flammen zu zerstöhren. Sollte man aber erfahren, daß die Feinde, wer sie auch wären, einige Verheerung in Sr. Königl. Majestät Ländern vornehmen sollten: so erkläre ich dagegen, in höchstgenannter Sr. Königl. Majestät Namen, daß ich nicht unterlassen werde, in der dem Feinde zugehörigen Königl. Provinz Holstein und in den andern Ländern ein gleiches zu thun, gleich wie bereits der Anfang in Altona zu machen anbefohlen worden. Datum Pinneberg, den 8ten Januar 1713.

Magnus Steenbock.

waren durch die Stadt, und steckten die Wohnungen durch Fackeln und Pechkränze in Brand.
Dieser griff bald überall um sich. Bloß die luthe-
rische und reformirte Kirche, und einige 30 Häuser blieben verschont. Die unglücklichen Einwohner hatten allein die Freyheit erhalten, den
Flammen entfliehen zu können. Von ihrer Habe retteten sie in der Eile nur weniges. Es
herrschte die grimmigste Kälte. Die Dörfer
herum waren von Schweden besetzt. Ueber die
Elbe konnte man in der Nacht nicht entfliehen.
Die Thore von Hamburg waren verschlossen.
Der Magistrat gieng von den Gesetzen des Thor-
schlusses nicht ab. Das nachmalige Vorgeben,
daß unter den Einwohnern von Altona sich die
Pest geäussert habe, hatte auf die Verweigerung, sie einzulassen, den wenigsten Einfluß.
Der Hauptgrund dazu war die Besorgniß, daß
die Schweden es als eine Verletzung der Neutralität ansehen, und Feindseligkeiten darüber
verüben mögten. Die Wohnungen ausserhalb
Hamburg an der Gränze von Altona, die Schiffe auf der Elbe und Landhäuser waren die Haupt-
zuflucht der Unglücklichen. Der ärmere Theil

blieb ohne Obdach und suchte sich in Sandgru-
ben auf dem Hamburger Berge gegen die Kälte zu
schützen.

Wellingk gab am selbigen Abend ein gros-
ses Festin zu Hamburg. Wie die Stadt in vol-
len Flammen stand, ließ er auf das Wohl von
Hamburg trinken, und führte mit höllischem
Wohlgefallen seine Gäste auf den Wall, um das
schöne Illuminationsschauspiel zu sehen, das er
angestellt hatte. „Das ist ein Tag, ein
Anblick, sagte er, den die Hamburger
längst gewünscht haben, wofür sie mir
danken werden. So muß es allen dänischen Oertern ergehen, wenn wir
bald Frieden haben sollen." Man verbreitete nachher selbst, daß Wellingk von den
Hamburgern bestochen worden wäre, um Altona — bey dem Nachtheile seiner Handelskon-
kurrenz — zu ruiniren. Das Unwürdige und
Boshafte dieser Verbreitung verdient keiner Er-
wähnung.

Die barbarische Zerstörung einer offnen,
wehrlosen Stadt erregte allenthalben den äusser-

J 5

sten Unwillen und konnte auf keine Weise gerecht-
fertigt werden. Die Generale von Scholten
und von Flemming machten Wellingk darüber schriftliche Vorwürfe. Dieser vertheidigte sich
öffentlich damit, daß sich in Altona ein großes
dänisches Magazin befunden; daß sich die
Bürgerschaft bey Lieferung der Brandschatzung zu
saumselig bezeigt; daß man Stade verwüstet und
daß auch der Czar einige Oerter in Liefland in
Brand gesteckt habe; eine Vertheidigung, die
den Urheber des Unglücks nur noch verhaßter
machte.

Rache und Verderben folgten der Unthat.
Der Czar Peter erfuhr sie mit der äussersten Erbitterung und ließ nachdem zur Wiedervergeltung
die Städte Garz und Wolgast in Schwedisch-
pommern in Rauch aufgehen. Auch der Stadt
Anklam und mehrern Städten stand ein gleiches
Schicksal bevor. Am ersteren Orte war schon alles zur Einäscherung bereitet, die Häuser ausge-
plündert, und viele mit Stroh und Theer schon
angefüllt. Anklam wurde indeß theils durch einen Zufall, theils durch die Intercession des Königs Friedrichs von Dänemark, dem der Feld-

marſchall Graf von Flemming von dieſer Grau-
ſamkeit der Rußiſchen Truppen Nachricht gegeben
hatte, gerettet. Was Steenbock wegen ſeines
Einzugs in Holſtein beſorgt hatte, geſchah nun
auch *). König Friedrich ließ ſeine Alliirten
aufs dringendſte erſuchen, ihm mit ihren Truppen zu Hülfe zu kommen. Fürſt Menczikow
hatte Anfangs wenig Neigung zu dem Feldzuge.
König Friedrich gewann ihn durch einen koſtbaren
Degen, den er ihm durch den Geheimenrath
Reventlau überreichen ließ; — und die ſächſiſchen und ruſſiſchen Truppen (Peter war bey letztern ſelbſt gegenwärtig) brachen aus dem Mecklen-
burgiſchen gegen Steenbock auf.

Alles Glück verließ nun dieſen. Die Annäherung der Feinde zwang ihn, eiligſt aufzubre-

*) Die übeln Folgen des Marſches wurden faſt allge-
mein vorher geſehen. „Si Mr. le Comte de Steenbock, ſchrieb der Baron von Leibniz darüber
1713 an den Grafen Grimaret zu Paris, après la
victoire gagnée fut retourné à Stralſund, il auroit fait plus maigre chère et auroit
eu la bourſe moins peſante, que lorſqu'il
a pouſſé de Mecklenbourg dans le Holſtein; mais
il auroit conſervé ſon Armée et ſa gloire. Epiſtol.
Leibnit. T. III. p. 338.

chen. Wellingk rieth ihm, eine Schlacht zu
wagen. Allein seine Armee war zu schwach da=
zu. In Holstein gab es auch keine bleibende
Stätte. Er dachte durch Schleßwig, Jütland
biß nach Seeland und allenfalls nach Schweden
zu kommen, und von den Dänen wenigen Wider=
stand zu finden. Dabey rechnete er auf den Win=
ter, der ihm den Uebergang über die Belte mög=
lich machen könnte.

Schon am 19ten Januar verließ er Hol=
stein und setzte mit seiner Armee über die Eider
ins Schleswigsche. Husum, Friedrichs=
stadt und andre Oerter wurden besetzt, Kontribu=
tionen ausgeschrieben, und ein Manifest an die
Einwohner erlassen, daß sie den Feinden der
Schweden nicht den geringsten Vorschub leisten
sollten. Steenbock kam aber bald ins Gedrän=
ge *). Die Dänen erhielten aus Norwegen eine

---

*) Selbst in der Türkey sah man bald die unglückli=
chen Folgen des Marsches ein, den Steenbock un=
ternommen hatte. Le Roi commence insensible-
ment, schrieb der Baron von Fabrice am 23.
April 1713 aus Adrianopel an den Baron von

Unterſtützung von 6000 Mann, und ſchon am
24ſten Januar verband ſich König Friedrich,
der in der Eile ſo viele Truppen geſammlet hatte, auf der Kropper Heide mit den Ruſſen und
Sachſen.

Der Einzug Steenbocks ins Schleswig-
ſche wurde das Unglück des Holſtein-Gottorpſchen Hauſes. Seine Lage brachte die Regierung deſſelben in die ſchrecklichſte Verlegenheit.
Der Herzog von Holſtein-Gottorp Friedrich,
ein Schwager Karls XII., hatte in der Schlacht
bey Kliſſow 1702 ſein Leben verloren. Sein
Sohn Karl Friedrich war erſt zwey Jahre
alt wie er ſtarb. Der Onkle dieſes jungen Prinzen, der in Schweden erzogen wurde, der Biſchof von Lübeck, Chriſtian Auguſt, übernahm daher bis zu der Majorennität deſſelben die
Adminiſtration ſeiner Lande.

· Dieſe wurden bey dem Kriege als neutral an-
geſehen. Dem Grafen Steenbock ſchien aber

Görz, à être convaincu de la mechante ma-
nœuvre du Comte de Steenbock en paſſant la
Trave. Je crains terriblement pour cet affaire.

alle Rettung benommen, wenn er nicht die Haupt=
festung in denselben, die Stadt Tönningen zu
seinem Schutze hatte. Den Schweden, dem
Feldherrn des Königs, der im Anfange des Jahr=
hunderts ein so entschloßner Beschützer des Hol=
stein=Gottorpschen Hauses gewesen war, diesen
Schutz zu verweigern, schien so undankbar— als
auch gefährlich und nachtheilig für den jungen
Herzog. Er war mit der Schwester Karls, der
Prinzeßin Ulrike Eleonore, der nächste Erbe
des schwedischen Throns — und um die Hoffnung
zu demselben zu erhalten — schien es Pflicht, ge=
fällig zu seyn.

Anderer Seits aber drohte die Gefälligkeit un=
ter diesen Umständen die unglücklichsten Folgen.
Die Begünstigung, die Aufnahme der Schweden
in einer gottorpschen Stadt, konnte von den Dä=
nen als eine Verletzung der Neutralität angesehen
werden, und die kriegerische Ueberziehung und
Besitznehmung der Lande zur Folge haben; ei=
ne Besorgniß, die durch die längern dänis=
schen Ansprüche noch besonders verstärkt werden
mußte.

Eine fatale, bedenkliche Situation für den Administrator, den Fürstbischof von Lübeck *)! Die Hoffnung der größern Vortheile behielt endlich über die Aussicht des möglichen Nachtheils bey ihm das Uebergewicht. Er konnte und wollte die Schweden nicht verlassen; allein es war die äusserste Vorsicht und Geheimhaltung nöthig.

Um dem Könige Friedrich allen Argwohn von Unterstützungen und unneutralen Handlungen zu benehmen, wurden die beyden holsteingottorpschen Regierungsräthe, der Baron von Görz und der Graf von Dernath schon am 2ten und 13ten Januar zu ihm geschickt, um ihn der freundschaftlichen, unpartheyischen und ergebnen Gesinnungen des Administrators zu versichern.

*) Die freundschaftlichen, ergebnen Gesinnungen, die König Friedrich gegen ihn bewiesen hatte, vermehrten die Verlegenheit. Er besaß von demselben die geheime Zusicherung, daß, wenn Karl ohne Erben sterben, und der junge Herzog sein Nachfolger werden würde, er alsdann die Länder desselben bekommen solle. Im Jahre 1708 hatte ihm der König den Elephanten-Orden ertheilt. Wie veränderten sich die Verhältnisse! —

Steenbock wurde schon heimlich von ihm mit Gelde unterstützt. Das Hauptansuchen desselben gieng aber dahin, daß ihm die Festung Tönningen zum Schutz und Zufluchtsorte eingeräumt werden möchte; — und der Administrator willigte dazu ein. Am 21sten Januar 1713 wurde mit Steenbock darüber ein Traktat geschlossen, der im wesentlichen folgenden Inhalts war:

1 — 4) Se. Hochfürstl. Durchlaucht bewilligen, daß der Graf Steenbock seine Magazine unter dem Schutze der Batterien von Tönningen anlegen, auch daß, falls er in einem Treffen unglücklich seyn sollte, seine Armee sich unter diesen Schutz begeben könne.

5) Da man dänischer Seits einen solchen Schutz leicht für einen öffentlichen Friedensbruch ansehen, und nicht nur die fürstlichen Lande feindselig behandeln, sondern selbst unter seine Bothmäßigkeit zu bringen und sie dem Herzog Karl Friedrich gänzlich zu entziehen bedacht seyn könnte;

so verſpricht dagegen der Graf Steenbock im
Namen Sr. Königl. Majeſtät von Schweden,
daß Selbige keinen Frieden mit der Krone Däne=
mark eingehen werden, bevor nicht das fürſtliche
Haus vollkommen reſtituirt, ſondern auch wegen
des erlittnen Schadens gänzlich entſchädigt, und
demſelben deßfalls wenigſtens das Amt Seege=
berg mit der Herrſchaft Pinneberg von der
Krone Dänemark abgetreten und eingeräumt
worden.

6) Se. Königl. Majeſtät von Schweden ha=
ben den verliehenen Schutz als eine beſondre Will=
fährigkeit mit Verpflichtung zu allen Gegen=Dank=
bezeigungen anzuſehen.

7) Da die hochfürſtlichen Lande in Folge die=
ſer Bewilligung leicht ruinirt, von Fein=
den überzogen und ſowohl der Herzog
Karl Friedrich als Se. Durchlaucht,
der Adminiſtrator ihrer Einkünfte be=
raubt werden könnten, ſo verſpricht der
Graf Steenbock, im Namen Sr. Königl. Ma=
jeſtät von Schweden, alle dieſe Entziehungen baar
zu liefern und zu erſetzen.

8) Verspricht der Graf Steenbock auf Treu und Glauben, und bey allem, was einen ehrlichen Mann in der Welt verbinden kann, daß er gegenwärtigen Traktat keinem anders, als allein Sr. Königl. Majestät hohen Person mittheilen und den Inhalt desselben zu keines andern Wissenschaft kommen lassen, auch wegen desselben Geheimhaltung solche Vorsicht nehmen wolle, daß man deßhalb ausser allen Sorgen seyn könne; und obgleich

9) wegen Kürze der Zeit und Entfernung Sr. Königl. Majestät in Schweden die Ratifikation dieses Traktats von Denenselben nicht eingeholt werden kann: so nimmt doch der Graf Steenbock über sich, daß er von Sr. Majestät vollkommen werde genehmigt werden.

Die Separatartikel dieses Traktats waren folgende:

„Im Fall aber wider Vermuthen die schwedische Armee eine Niederlage erleiden, und der Graf Steenbock sich unter dem Schutze der

Festung Tönningen nicht sicher genug glauben
sollte: so wollen auch des Hrn. Administrators
Hochfürstliche Durchlaucht hiermit einwilligen,
„daß er sich mit seinen Leuten in die Festung selbst
rette, wozu dem Grafen Steenbock an den
Kommandanten der Festung hierbey die nöthige
Ordre zugestellt wird.“ Dagegen aber verspricht
er: daß er 1) nur im Fall der äussersten Noth
seine Retraite in die Festung nehmen; 2) kein
Kommando sich über selbige anmaßen; 3) nach
Veränderung der Umstände sogleich selbige wieder
räumen, und 4) sich auf keine Weise in die Pri-
vat = oder Vormundschaftsangelegenheiten des
fürstl. Hauses mischen wolle.“

Zwey Tage nach Abschliessung dieses Traktats,
am 23sten Januar wurde dem Kommandanten
von Tönningen, Generalmajor Wolf, eine
heimliche Ordre zugestellt; Steenbock mit seinen Truppen in die Festung zu lassen, wenn er es
für nöthig fände. Zu mehrerer Beglaubigung
war diese Ordre mit der Unterschrift des ab-
wesenden jungen unmündigen Herzogs versehen
und schon unterm 12ten Jul. 1712 ausgefertigt.
Datum und Unterschrift waren aber beyde nachge-

macht.   Der Kommandant Wolf hatte indeß nun eine Rechtfertigung für sich.

Um den Schritt, der folgen sollte, desto un-verdächtiger zu machen,   ersuchte Steenbock am 24ten Januar den Administrator zum Schei-ne, daß er ihm die Festung Tönningen einräu-men lassen möchte.   Dieser aber schlug am 28sten Januar die Bitte unter vielen nachdrücklichen Gründen — die Dänemark nachher gegen ihn selbst gebrauchte, — ab.   Er ertheilte selbst dem Generalmajor Wolf öffentlich den Befehl, kei-nen Fremden in die Festung zu lassen, bey Verlust seines Lebens.

Steenbock wurde indeß in der südwestlichen Ecke von Schleswig durch die Truppen der Alliir-ten, die über 30000 Mann ausmachten, immer enger eingeschlossen.   Am 26sten Januar 1713 zog er sich auf die Ebene bey Milsted, um ihnen Gelegenheit zur Schlacht zu geben.   Man war auch Anfangs dazu geneigt *); hielt aber bald

---

*) Dieß zeigt unter andern ein Schreiben, welches König Friedrich um die Zeit an den Großkanz-

für beſſer, den Vorſatz aufzugeben; da man voraus ſah, daß ſich die Schweden von ſelbſt würden ergeben müſſen.

K 3.

ler Grafen von Holſtein erließ. Die Anführun-
gen darin, wegen der Kriegszucht der Ruſſen,
ſind charakteriſtiſch. Es war buchſtäblich alſo ge-
ſchrieben:

Nous marſchons auſchourdevis *) vers lenemis
& je crois que la battalg ſe donneras an for peou
(peu) des ſchours (jours) ſi le bondieux nous
abandonnera pas, i faut eſperes ancore que tout
iras bien par ſon edent (aide), nous pouvons
Comptes nautres (notre) Armee ſurement 30000
Combattans, Qnil Conſiſtent an 103 Eſquadrons
et 44 Battaljons et aſſurement tous des braves
ſchans (gens) le Reouſſent (les Ruſſes) donnent
grande Eſperances Car il ont un Err (air) du ſol-
das des Norvegen, an fains (en fin) il promettent
baucoup, et ſil ſavent ſi bien Combattre Comme
il ſavent Piljes (piller) et rouines un pejes il no-
ront (pays, ils n'auront) aſſurement pas leours
pareile, Car il ont disjas (deja) rouines tous les
pejes de Hoſten (pays de Holſtein) par tont ou il
ſont paſſes tellement, quil ne ſoreſt ſe remettre an
plouſieur Annee, et lenemis maimes noreſt (même

*) Man erſieht aus der Orthographie oder Kako-
graphie, wie der König das Franzöſiſche ge-
ſprochen.

Das Schicksal derselben wurde durch die Einnahme von Friedrichsstadt beschleunigt. Die Besatzung darin bestand aus 1400 Schweden. Diese kommandirte der ehemalige Kommandant von Stade, Generalmajor Stakelberg. König Friedrich hatte ihn auf sein Ehrenwort und unter dem Versprechen in Freyheit gelassen, daß

n'auroit) assurement pas fait tan des mall commes il ont fait an si peou des temps set (c'est) assurement un pittie (pitié) de voir, et antander les pleintes des se pauvre schans (de ces pauvres gens), quil sont tout a fait Rouines, par ses profedcoures, et il ni a poin de schousise (justice) Car il vivent des leour Piljaje parceque le Sarr (Czar) ne donne ni os Officie (aux Officiers) ni au Commocun la moinder schossent set (chose. C'est) pourquois on nan veout poin les pounis (punir), Car il volent pas seoulement pour eus mais pour leurs Officies et Generos, et Comsla (comme cela) tout i est interesse.

„Wir marschiren heute gegen den Feind, und werden, wie ich glaube, binnen wenigen Tagen, die Schlacht liefern. Wenn der allgütige Gott uns nicht verläßt, so muß man noch hoffen, daß mit seiner Hülfe alles gut gehen werde. Wir können unsre Armee sicher auf 30000 Mann rechnen, die aus 103 Eskadrons und 44 Bataillons bestehen, und sicher lauter brave Leute sind. Die Russen ge-

er nie gegen ihn wieder im Kriege dienen wolle.
Wellingk brachte es aber durch Drohungen dahin, daß er dieß Versprechen brach. So tapfer
er Stade vertheidigt hatte, so entschlossen verhielt
er sich auch zu Friedrichsstadt. Der Ort
war nur mit einer Brustwehr und mit Pallisaden
versehen, — und Stakelberg schlug den Czar, der

K 4

ben große Hoffnung. Sie haben das Ansehen nor-
wegischer Soldaten. Kurz, sie versprechen viel;
und wenn sie so gut zu fechten, als ein Land zu
plündern und zu verwüsten verstehen, so werden sie
gewiß ohne ihres gleichen seyn. „Denn sie haben
schon alle Gegenden von Holstein, wodurch sie passirt sind, so verwüstet, daß selbige sich in mehrern
Jahren nicht wieder werden erholen können. Die
Feinde selbst würden in so kurzer Zeit nicht so vielen Schaden verursacht haben, als durch sie geschehen ist,„ Es ist wahrlich traurig, die Klagen der
armen Leute zu hören, die durch ein solches Verfahren ganz ruinirt worden. Und dabey ist keine
Gerechtigkeit zu erhalten. „Denn — die Russen
— leben von ihren Plünderungen. Der Czar giebt
weder den Officieren noch den Gemeinen das geringste. Sie werden daher nicht bestraft. Sie stehlen
nicht bloß für sich, sondern auch für ihre Officiere und Generale. Auf die Art sind alle dabey
interessirt.

ihn mit 8000 Mann angriff, zweymal mit be=
trächtlichem Verluste zurück. Endlich sah er sich
genöthigt, mit Rettung der Besatzung, am 12ten
Februar die Stadt zu verlassen.

Steenbock blieb nun keine weitre Retraite
über, als Tönningen. Er sandte 4 Regimen=
ter dahin ab; — sie zogen in die Festung ein,
unter dem Scheine, als wenn sie sie überrum=
pelt hätten. Am 15ten Februar folgte Steen=
bock mit allen seinen übrigen Truppen dahin nach.
Er sah aber gleich die Unmöglichkeit, sich daselbst
halten zu können. Der geringe Vorrath in den
Magazinen und die Abschneidung der Zufuhr dro=
heten eine baldige Hungersnoth. Um dem Un=
glücke zu entkommen, ehe man ihn noch völlig
eingeschlossen hätte, machte er in der Nacht auf
den 20. Febr. einen Versuch seine Truppen über
die Eider zu setzen. Er hoffte durch Holstein
nach Mecklenburg zu entkommen. Es wurde ei=
ne Schiffbrücke geschlagen; allein der Fluß war
angeschwollen; ein Sturm kam dazu und vertrieb
die Fahrzeuge. 1650 Mann waren übergesetzt.
In der Nähe des jenseitigen Ufers, im Flecken
Lunden stand ein dänischer Posten. Dieser wur=

de am Morgen das feindliche Verhaben gewahr. Sogleich rückte ein Korps Russen herbey — und die Schweden eilten, wieder nach Tönningen zu kommen.

Die Besitznehmung dieser Festung erregte indeß den Unwillen und Verdacht des dänischen Hofes. Der Administrator versicherte aufs feyerlichste, daß sie ohne seine Einwilligung geschehen sey. Allein die Politik konnte mit einer solchen Versicherung nicht zufrieden seyn. Friedrich benutzte die Gelegenheit des ungetreuen Verfahrens — ließ am 13ten May die Herzogl. Gottorpschen Oerter und zugleich das Gebiet des Administrators, das Stift Lübeck besetzen — und für sich verwalten. Seiner Lande beraubt, begab sich der Bischof nach Hamburg. Die Freundschaft gegen Steenbock wurde Unglück für ihn, und noch mehr für seinen unschuldigen, jungen Mündel, den Prinzen Karl.

König Friedrich wußte indeß noch nichts von dem geheimen Traktate, den er mit Steenbock geschlossen hatte. Graf Wellingk versicherte in öffentlichen Erklärungen, daß die Besitznehmung von Tönningen allein das Werk Steenbocks und der Erfolg einer erlaubten Kriegslist sey. Diese wäre ohne alles Verwissen des Administrators ausgeführt worden. Steenbock habe den unmündigen Herzog — auf den mithin auch keine Schuld fallen könne, — zur Unterschrift des Einräumungsbefehls leicht verleiten lassen und der Kommandant von Tönnigen aus Uebereilung diesen Befehl, der ohne Verbindlichkeit gewesen sey, befolgt.

Diese Vorstellungen machten auf Friedrich Eindruck. Er zweifelte fast schon nicht mehr, daß sich die Sache wegen der Besetzung von Tönningen so verhalte. Desto mehr war die Gegenparthey besorgt, daß der Generalmajor Wolf, da man die Hauptschuld auf ihn wälzte, das ganze Geheimniß verrathen möchte. Der Baron von Görz stellte daher Friedrich vor, daß er Steenbock zur Uebergabe bereden wolle, — erhielt unter dem Vorgeben dieser Absicht Pässe nach Tönningen, — und vollführte den Endzweck seiner Sendung, nehmlich den Kommandanten Wolf zur Verschwiegenheit zu bereden, und

ſich die Papiere, die ſich auf den Traktat bezogen,
von ihm ausliefern zu laſſen. Wolf behielt
indeß zu ſeiner Rechtfertigung Abſchriften davon zurück.

Indeß bemühte er ſich auf alle Weiſe, die Uebergabe zu verhindern und Steenbock zu retten.
Sein Eifer für das Haus, dem er diente, war
ſo ausgezeichnet, als ſein Genie fruchtbar an
Planen. In Hinſicht dieſes kühnen, unterneh-
menden und erfindungsreichen Geiſtes haben
Görz wenige Staatsminiſter in unſerm Jahrhunderte geglichen, und noch weniger ihn über-
troffen. Auf ſeine Vorſtellung hatte der Adminiſtrator den Kaiſer, das deutſche Reich und die
Garants des Traventhalſchen Friedens bey den
Kriegsumſtänden im nördlichen Deutſchlande um
Unterſtützung und Vermittlung erſucht. Der Kaiſer, der König von Preuſſen, die Churfürſten
von Hannover und von der Pfalz, Heſſenkaſſel
und der Biſchof von Münſter waren auch dazu
geneigt. Schon am Ende des Jahrs 1712 wurde deswegen ein Kongreß zu Braunſchweig
beſtimmt. Es ſollte eine Armee von 20000
Mann aufgebracht, und der Krieg der nordiſchen

Mächte in Deutschland durch einen sichern Frieden beendigt werden. Allein der Kongreß und der
ganze Plan kam so wenig zur Ausführung, als
die Neutralitäts = Konvention, die man vorher im
Haag geschlossen hatte.

Görz hoffte darauf, die Schweden durch
englische und holländische Hülfe befreyet zu sehen.
Die Königin Anna erbot sich wirklich, eine Flotte zum Entsatz von Tönningen absenden zu lassen,
wenn Holland diesem Vorhaben beytreten würde.
Allein die Generalstaaten weigerten sich dessen.
Noch schmeichelte sich Görz, selbst die alliirten
Feinde zur Bewilligung eines freyen Abzugs für
die Schweden zu bewegen. Der Feldmarschall
Flemming war auch schon unter einigen Bedingungen gewonnen. Dänischer Seits fand man
aber zu viele Bedenklichkeiten.

Inzwischen wurde die Lage Steenbocks mit
jedem Tage verzweifelter. Er versuchte am 2ten
April 1713 durch die Belagerer durchzubrechen,
aber vergebens. Der Mangel an Lebensmitteln
wurde immer größer. Es fehlte selbst an trink-
barem Wasser. Die mehrsten Pferde der Kaval-

lerie wurden erſtochen. Man brauchte ihr Fleiſch
zur Nahrung. Die Noth brachte die Soldaten
aufs äuſſerſte. Zum ſtrengſten Gehorſame ſonſt
gewohnt, fiengen ſie an, ſich zu widerſetzen, de=
ſertirten zu den Feinden, drohten die Stadt zu
plündern und zu verwüſten, wenn man nicht dem
Elende ein Ende mache, und ſich ergebe. Steen=
bock ſahe davon längſt die Nothwendigkeit ein;
Görz allein hatte ihn noch abgehalten. Wellingk
war der mittelbare Urheber ſeines Unglücks. Er
hielt es für nothwendig, ihn auch bey der letzten
Entſcheidung zu Rathe zu ziehen, und ſein Gut=
achten zu vernehmen.

Um alle Schuld deſſen, wozu die Noth zwang,
von ſich abzuwälzen — und ſeinen Kredit bey der
Regierung zu Stockholm nicht zu verlieren, ſchrieb
der Unmenſch von Hamburg an Steenbock,
daß er es für das beſte halte, dem Feinde entge=
gen zu gehen, und lieber das ganze Heer aufrei=
ben, als mit demſelben die Feſtung übergeben zu
laſſen. Steenbock rief darauf die Officiere zuſam=
men, eröffnete ihnen den Vorſchlag; — alle
aber bezeugten die Unmöglichkeit, den Feind an=
greifen zu können. Es wurden darauf Unter=

handlungen wegen einer Kapitulation angefangen. Sie zogen sich in die Länge. König Friedrich ließ darauf Steenbock am 6ten May erklären, entweder die Bedingungen anzunehmen, oder das Bombardement der Festung zu erwarten. Am 16ten May wurde darauf zu Oldesworth ein Kapitulationsvertrag *) entworfen und kurz darauf ratificirt,

*) Die Bedingungen desselben waren wesentlich folgende:

1. Die ganze in Tönningen eingerückte schwedische Armee ergiebt sich mit ihrem Chef, ihren Generalen und allen Gemeinen an den König von Dänemark; behält aber ihre Waffen und Bagage, Dokumente, Schriften und Feldkasse unvisitirt. Der Marsch der Truppen wird durch den König von Dänemark regulirt.

2. Der Transport dieser Truppen, wenn sie vorher gegen andre Gefangene ausgewechselt und gelöset worden, geschieht allein nach Schweden, und zwar auf schwedische Kosten.

3 — 19. Auch die unter den Schweden befindlichen deutschen Truppen sollen transportirt; selbige nicht gezwungen werden, Dienste zu nehmen, unterwegs frey logirt; die Kranken immittelst auf schwedische Kosten im Eyderstädtschen verpflegt; die

durch welchen die ganze schwedische Armee gefangen und unthätig gemacht wurde. Das war ein
Pendant zu der Begebenheit bey Pultawa, —
und Ersatz für Helsingburg, für Gadebusch und Altona!

Am 20sten May begab sich der Graf Steenbock nach dem dänischen Lager bey Hojers-
worth. König Friedrich empfieng den Zer-
störer einer der blühendsten Städte seiner Länder
mit vieler Gnade und Großmuth, reichte ihm die
Hand, gab ihm seinen Degen zurück, und lud
ihn zur Tafel ein. Er wurde darauf nach Husum,
von da nach Schleswig, und am Ende nach Kopenhagen gebracht, ihm ein Palais zur Wohnung angewiesen und ihm alle Güte bewilligt, nur
nicht völlige Freyheit.

Diese wurde im folgenden Jahre noch mehr
eingeschränkt. Die Ursache davon, so wie das

---

zurückgebliebenen Officiere und Montirungen frey
nach Schweden transportirt; und die Stadt Tönningen, nach Abmarsch der Schweden, dieß
Jahr nicht bombardirt werden. Die auf-
geworfenen Befestigungen können auch von ihnen
geschleift werden.

weitere Schicksal des Mannes verdienen als histo=
rische Episode hier angeführt zu werden.

Steenbock war mehrmals das Unglück der
Dänen geworden. Seine Gefangenschaft war
von der äussersten Wichtigkeit. König Friedrich
hatte ihm eine anständige Freyheit bewilligt. Sei=
ne Behandlung bildete den ehrenvollsten Kontrast,
gegen die, welche die schwedischen Generale erfuh=
ren, die durch die Schlacht bey Pultawa in russi=
sche Gefangenschaft gerathen waren. Er konnte
nicht offenbar, aber doch heimlich schaden. Sein
Genie, seine geheime Erbitterung und sein Patrio=
tismus waren noch immer gefährlich, und mach=
ten alle Vorsicht rathsam.

Seine Freyheit erstreckte sich auch auf die un=
verhinderte Führung des Briefwechsels. Man
wurde aber bald auf den Nachtheil aufmerk=
sam, der durch diesen entstehen könnte. Es
war nöthig, Maaßregeln zu treffen, denselben
unschädlich zu machen und die vermuthlichen Ge=
heimnisse desselben zum Vortheil der Regierung
zu entdecken.

Um

Um diese Absicht zu erreichen, wurde dem Postinspektor zu Kopenhagen, Christian Erlund, der Auftrag gegeben, auf den Steenbockschen Briefwechsel genau Acht zu haben. Und kein Mann konnte patriotischer und geschickter zur Erfüllung des Auftrags seyn, als er. Steenbock brauchte bey seiner Korrespondenz die äusserste Vorsicht und Klugheit, ließ die Briefe durch verschiedene Personen nach der Post bringen, schrieb unter erdichtetem Namen, in verblümten Ausdrücken 2c.

Erlund übertraf ihn aber an Klugheit. Er erfuhr bald die Hauptkorrespondenten Steenbocks. Diese waren, der schwedische Resident Fok in Lübeck, der General-Kriegskommissair Malenberg in Wismar und der Kaufmann Dunt zu Hamburg. Nachdem die Korrespondenz länger in gutem Vertrauen der Sicherheit fortgeführt war, so schrieb Steenbock an Malenberg, daß er den Kapitain eines fremden Schiffes, das nach Kopenhagen gienge, dahin bewegen und instruiren möchte, ihn heimlich an Bord zu nehmen und nach Schweden zu bringen. Dem Residenten Fok und dem Kaufmann

Dunt stellte er wiederholt vor, daß sie die Pa-
quete uud Briefschaften aufs sorgfältigste in
Acht nehmen möchten, die bey ihnen in Verwahrung wären.

Die Absichten und Geheimnisse Steenbocks
waren also verrathen. Um zur Benutzung derselben zu gelangen, hatte Erlund die Hand Steenbocks und der Korrespondenten nachgemacht und
die Abschriften statt der Originale verschickt. Die
längre Uebung unterstützte ihn dabey. Um von
Seiten Steenbocks desto weniger Verdacht zu geben, erwähnte er, daß man wegen der genauen
Aufsicht, die Briefe durch einen Vertrauten
schreiben lassen müsse u. s. w.

Aller Argwohn wurde bey den Korrespondenten entfernt. Erlund schickte darauf unter dem
Namen Steenbocks eine Anweisung an den Kaufmann Dunt, daß er die bewußten Papiere nach
Kopenhagen schicken möchte. Es geschah. Steenbock hatte dem Residenten Fok den Auftrag gegeben, den Koffer mit den Briefschaften, der in seiner Verwahrung war, nach Schweden zu schicken. Erlund schrieb ihm im Namen Steen-

bocks, daß er den Koffer jetzt unter der Addreffe
an Chriftian Chriftofferfen nach Kopenhagen fenden möchte, da er einige Papiere
daraus aufs nöthigfte zu feiner Vertheidigung
brauche. Nach mehrern Bedenklichkeiten fchickte
Fok den Koffer ab, Chriftian Chriftofferfen —
Erlund — erhielt ihn, man brachte ihn nach
dem Königl. Schloffe, — fand darin den
Traktat wegen Tönningen und andre geheime Brieffchaften — der Schiffer, über welchen
mit Maienberg korrefpondirt worden war, kam
auch an — wurde, da man feinen Namen und
feine Abfendung wußte, angehalten — und
Steenbock darauf, da er fein Ehrenwort, ruhig im Civilarrefte zu bleiben, gebrochen hatte,
und von neuem Verfuche machte, einen gefährlichen Briefwechfel zu führen, — am 17ten November 1714 in engere Verwahrung gebracht.
Er ertrug fein Unglück nicht lange; ftarb am
23. Februar 1717 in der Citadelle Friedrichsha-
ven, in einem Alter von 43 Jahren, wurde mit
allen Ehrenbezeugungen, die feinem militairifchen
Range zukamen, zu Kopenhagen begraben, und
fein Leichnam nach Herftellung des Friedens nach

Schweden gebracht und endlich 1722 in der Dom-
kirche zu Upsala beygesetzt. So endigte in der
Blüthe seiner Jahre der Mann sein Leben, der
einstweilen die Stütze und Ehre seines Vaterlandes gewesen war, und dessen kriegerische Auszeichnung und Verdienste nur zu sehr über die hero-
stratische Merkwürdigkeit vergessen worden, 'die
er in ein Paar Stunden seinem Namen verschaffte.

Wir kehren jetzt zu den Kriegern zurück, die
durch ihn, und den Wellingkschen Marschplan
zugleich unglücklich wurden.

Bis zum 26sten May hatten die Dänen das
Triumphschauspiel, die Ueberwundenen aus Tön-
ningen vor ihrem Lager aufmarschiren zu sehen.
Die ganze Anzahl derselben belief sich, ausser 9
Generalen und 700 Officieren auf 11,162
Mann. Dazu wurden 3610 Pferde, 20 Kano-
nen, 8 Paar Pauken, 61 Standarten und 67
Fahnen abgeliefert.

Die Truppen sollten, zufolge der Bestimmung der Kapitulation, nach Erlegung der nö-

thigen Ranzion, nach Schweden zurückkehren.
Die Regentschaft schickte auch Transportschiffe
nach Apenrade, und 100,000 Thaler an Wellingk.
Dieser, mit Steenbock äusserst zerfallen, machte
auch hier Chikanen und schadete tausenden von
Leuten und seinem Vaterlande. Er schickte 20000
Thaler zur Unterstützung der Garnison nach Wismar ab, und bot das übrige zur ganzen Ranzion
an. Hiermit war aber der dänische Hof nicht zufrieden. Indeß nahte sich der Winter. Die
Transportschiffe kehrten von Apenrade nach
Schweden zurück. Die Menge der Gefangnen
wurde den Dänen zur Last. König Friedrich entließ die Officiere auf ihr Ehrenwort. Die Gemeinen wurden über ihre Zurückhaltung unzufrieden, fiengen in einigen Städten zu rebelliren an.
Sie wurden darauf entwaffnet, entflohen aus ihren Quartieren, ließen sich von den Dänen an-
werben u. s. w. Kurz fast die ganze schwedische
Armee wurde zerstreuet; wenige Soldaten kamen
nach ihrem Vaterlande zurück.

Für die Herzogthümer Schleswig und
Holstein war der Einmarsch der Schweden, besonders durch die Folgen, ein sehr fühlbares Un-

L 3

glück. Der Aufenthalt der vielen ruſſiſchen und
ſächſiſchen Truppen drückte die Provinzen, beſon=
ders den gottorpſchen Theil deſſelben, unſäg=
lich *). Die Thätigkeit des Barons von Görz
vermittelte das Ende des Uebels. Es gefiel den
erwähnten Truppen in ihren Quartieren. Um ſie
zum Abzuge zu bewegen, brauchte Görz ein auſ=
ſerordentliches Mittel. Es wurde für das alliir=
te Heer, unter dem Titel einer Belohnung für
deſſen gute Kriegszucht — über die in den Her=
zogthümern alles klagte, — ein Geſchenk von ei=
ner halben Million Thaler aufgebracht.
Auſſer der Ritterſchaft in Schleswig und
Holſtein trugen beſonders die Reichsſtädte
Hamburg und Lübeck dazu bey. Ihr Ge=
biet war verſchont geblieben, und mußte nach al=
lem Völkerrechte verſchont bleiben. Man wollte
aber lieber freywillig ein Opfer bringen, als ſich
größern Beunruhigungen ausſetzen. Die Ruſſen

---

*) Das Schloß zu Gottorp wurde aller ſeiner
Koſtbarkeiten beraubt. Unter dieſen nahm Peter
die berühmte große kupferne Weltkugel, die
1664 vollendet worden war, für ſich und ließ ſie
zu Waſſer nach St. Petersburg bringen.

und Sachsen traten darauf im Junius 1713 ih=
ren Rückmarsch aus Holstein nach Schwedisch=
Pommern an.

Die Holstein Gottorpschen Lande waren einst=
weilen im Besitz der Dänen. Der Administrator
wollte wenigstens die schwedischen Provinzen si=
chern. Eine gute, rühmliche Absicht, die aber
auf das unglücklichste fehl schlug. Die Besitzun=
gen sollten gerettet werden, und giengen in der
Folge grade darüber verloren.

Der Plan war von Görz angelegt. Zufolge
desselben schloß der Administrator am 10 Julius
1713 mit dem Grafen Wellingk zu Hamburg
einen Traktat, wodurch bestimmt wurde, daß die
Festungen Wismar und Stettin dem Hause
Gottorp sollten en Depot während des Krieges
übergeben und von dessen Militair, mit Zuziehung
der Truppen einer andern neutralen Macht, bis zu
Ende des Krieges besetzt und alle Feindseligkeiten in
Hinsicht dieser Städte dadurch beendigt werden.

Nachdem Wellingk im Namen der Krone
Schweden hiezu eingewilligt hatte, wurde 12 Ta=

L 4

ge darauf, am 22ſten Julius mit Preuſſen, als der gelegenſten neutralen Macht, auf
die Grundlage jener Konvention, ein Traktat
geſchloſſen, des Inhalts: daß die Feſtungen
Wismar und Stettin, jede mit 4 Bataillons,
nemlich 2 Preußiſchen und 2 Gottorpſchen ſollten
beſetzt, die ſchwediſchen Truppen nach Ankunft dieſer letztern alle entfernt, das Kommando zwiſchen
einem Preuſſiſchen und Gottorpſchen Officier getheilt, die Feſtung Stralſund und die Inſel Rügen möglichſt gedeckt, und an der Herſtellung des
Friedens und Zurückgabe der Gottorpſchen Beſitzungen von Preuſſen gearbeitet werden, mit der
Beſtimmung, daß Wismar und Stettin nach En-
digung des Krieges ohnverweigerlich wieder an
Schweden, wenn es verlangt würde, unter Erſtattung der aufgewandten Koſten, in dem Stande, wie ſie eingeräumt worden, ſollten zurückge-
geben werden.

Dieſer Traktat wurde ſogleich dem damaligen
Generalgouverneur von Schwediſch-Pommern
und Kommandanten von Stettin, Grafen von
Meyerfeld mitgetheilt. Dieſer erklärte aber,
daß er ohne eine ſpecielle Anweiſung von Karl,

denſelben für ſich nicht eingehen, die Feſtung nicht räumen und die angegebnen fremden Truppen nicht einlaſſen könne. Eine gleiche Erklärung gab auch der Kommandant von Wißmar, Generalmajor von S ch u l z. Und Karl verwarf auch nachdem die Verfügung, die man dem Anſcheine nach für ſein Beſtes getroffen hatte.

Um ſie in Ausführung zu bringen, brachte der Adminiſtrator in Vorſchlag, den Grafen M e y e r f e l d durch eine Belagerung dazu zu zwingen. Allein der preuſſiſche Hof hielt die Unternehmung dieſer kriegeriſchen Gewaltſamkeit für bedenklich. Sie wurde auch bald unthunlich und unnöthig.

Schon in der Mitte des J u l i u s 1713 erſchienen die R u ſ ſ e n und S a ch ſ e n vor Stralſund und Stettin. Die Belagerung der letztern Stadt fand wieder viele Zögerungen. Es fehlte die Artillerie. Nachdem dieſe aus Sachſen und Stade angelangt war, wurde die Kanonade am 21ſten und das Bombardement am 27ſten September angefangen. Von den nöthigen Kriegsbedürfniſſen entblößt, aller Hoffnung von Sut-

L 5

kurs beraubt, übergab Meyerfeld am 28sten
September Stettin unter den Bedingungen
des zwischen Preussen und Gottorp geschloßnen
Sequestrationstraktats, daß nemlich die Garni=
son einen freyen Abzug nach Stralsund erhalten
und die Stadt von Preussischen und Gottorpschen
Truppen sollte besetzt werden. Die Insel Rü=
gen war schon am 23sten Julius von Alliirten
eingenommen worden.

Am 6ten Oktober 1713 wurde darauf zu
Schwedt zwischen Preussen und den ver=
bundnen nordischen Kriegsmächten ein Traktat
geschlossen, wodurch letztere sich verbanden,
Stralsund, Rügen, und alles, was sie
in Vorpommern besetzt hielten, zu räumen und
die schwedisch=deutschen Besitzungen mit fernern
Feindseligkeiten zu verschonen, wenn aus diesen
selbst, wie Preussen es verbürgte, keine unter=
nommen würden. Der Czar Peter und Kö=
nig August wollten aber nicht eher ihre Trup=
pen zurückziehen, als bis ihnen zur Erstattung
besonders der Belagerungskosten von Stettin,
800,000 Thaler bezahlt würden *). Diese
Summe wurde bis auf 400,000 Thaler herab=

gelaſſen; der preuſſiſche Hof bezahlte ſelbige,
beſetzte dafür Stettin, das Land von der Oder
bis an die Pecne mit den Städten Demmin,
Anklam und Wolgaſt, unter der Beſtim=
mung, daß dieſe Oerter, nach Erſtattung des
ausgelegten Kapitals, der Intereſſen und an=
drer Unkoſten an Schweden künftig ſollten zu=
rück gegeben werden. So wurde durch
die Vermittlung Preuſſens, der Krieg im
nördlichen Deutſchlande nach einer dreyjährigen
Dauer einſtweilen beygelegt. Die Ruſſen und
Sachſen marſchirten nach ihrer Heymath zurück.

Der preuſſiſche Hof glaubte ſich um Karln
verdient zu machen, und auf ſeinen Dank rech=
nen zu können; allein dieſem gefiel der Friede
wenig; er glaubte nur Nachtheil und neue
Schlingen darin für ſich zu bemerken. Mit dem
Zuſtande ſeiner Staaten hatte ſich indeß auch
der ſeinige in der Türkey verſchlimmert. Der

*) Ruſſiſcher Seits war man gegen die Sequeſtra=
tion erſt abgeneigt geweſen. Fürſt Menezikow
veränderte ſeine Geſinnungen, nachdem er ein
ſchönes Landgut und einen koſtbaren Ring — zum
Geſchenk erhalten hatte.

Großherr hatte ihm schriftlich andeuten lassen, nach seinen Staaten zurück zu kehren. Allein Karl war noch immer nicht reisefertig. Er hoffte die glücklichen Aussichten für sich zu erneuern. Der französische Ambassadeur Desalleurs zu Konstantinopel unterstützte ihn fortdauernd aufs thätigste. Allein, die russischen Staatsminister, die sich daselbst als Geißeln aufhielten, arbeiteten ihm und den andern Agenten Karls, mit dem holländischen und englischen Minister eifrigst entgegen.

Karl hatte gegen die Großveziere Beschuldigungen anbringen lassen, und die Absichten des Czars Peter verdächtig zu machen gesucht; ein gleiches geschah nun gegen ihn. Seine Ohnmacht, die Entfernung und Zurückhaltung seiner Truppen hatten ihn allein gehindert, ein thätiger Alliirter der Pforte gegen Rußland zu seyn; und man war kühn und unverschämt genug, ihn als einen Feind der Pforte vorzustellen. Man gab vor, daß er den Großherrn blos in Krieg mit Rußland zu verwickeln suche, um sich selbst einen guten Frieden zu verschaffen, daß er die Absicht habe, sich zum Könige von Polen zu

machen, und dann in Verbindung mit Oesterreich und andern Mächten die Pforte selbst zu
bekriegen. So grob und auffallend diese Er-
dichtung war, so fand sie doch Glauben und
hatte Einfluß. Die Revolutionen zu Konstantinopel und die Unsicherheit, worin die obersten türkischen Staatsbedienten lebten, hatten die Zahl
der Gegner Karls sehr vermehrt.

Seine Abreise war in dem Schreiben des
Großherrn spätestens auf den Winter 1712 bestimmt. Karl aber machte keine Anstalten dazu. Der Seraskier von Bender erhielt daher
den Befehl, ihn an die Zeit seiner Abreise zu
erinnern. Karl antwortete, daß ihm der Großherr eine Armee zur Begleitung versprochen
hätte; diese aber wäre noch nicht da. Der Seraskier von Bender machte ihm von neuem Vorstellungen. Er antwortete, daß er vorher erst
seine Schulden bezahlen müßte. Auf die Frage, wie viel er zu deren Abtragung nöthig hätte, erwiederte er, ohne an seine Schulden selbst
zu denken, tausend Beutel — eine halbe Million Gulden. Und die Pforte war so wohlthätig und edelmüthig, ihm 1200 Beutel zu be-

willigen.' Der Seraskier von Bender erhielt
den Auftrag, sie ihm auszuzahlen und der Ta-
tar=Chan die Anweisung, den König auf seiner
Rückreise mit einer anständigen Eskorte zu begleiten.

Karl war aber auf einmal weniger als jemals zur Abreise geneigt. Der Tartar=Chan
war sein Freund gewesen, und nun, da er seine eigennützigen Absichten nicht alle erreicht hatte, sein Feind geworden. Der König August
von Polen hatte ihn gewonnen. Es wurde eine geheime Korrespondenz unterhalten. Sie
wurde Karln bekannt. Man fieng einen Brief
auf. Der Argwohn vermehrte sich, als der
Starost Sapieha, der sich länger bey Karl
aufgehalten hatte, ihn auf einmahl verließ, und
sich an den Hof Augusts begab. Karl glaubte
aus allen Umständen, daß man den Plan ver-
handelt habe, ihn gefangen zu nehmen, wenn
er durch Polen reise.

Der Seraskier von Bender hatte den Befehl
erhalten, ihm nicht eher das Geld auszuzahlen,
als bis er wirklich seine Reise antrete. Der Baron Grothusen überredete ihn, es noch vorher

zu überliefern. Karl wandte es indeß in kurzer
Zeit auf — und foderte von neuem tausend
Beutel.

Diese Foderung, mit der Verweigerung der
Abreise verbunden, war das Ende der bisherigen Großmuth. Unwillig darüber ließ der Sultan am 4ten Januar 1713 den Divan ausserordentlich versammeln, und der Beschluß war,
daß Karl mit Gewalt zur Abreise solle genöthigt und zur Einschiffung auf einem französischen Schiffe nach Salonichi geführt werden.
Im Fall sich seine Leute widersetzten, solle man
keinen, ausser dem Könige, verschonen.

Die Vollziehung dieses Befehls wurde dem
Tatar-Chan und Seraskier von Bender übertragen. Letzterer begab sich zu Karln nach Varnitza, und eröffnete ihm seine Kommission.
„Thue was dir aufgetragen ist, sagte Karl,
wenn du dir's getrauest; entferne dich aber gleich
aus meinen Augen.“ Der Seraskier war der
Freund, der Wohlthäter Karls gewesen; seine
Ergebenheit und Geduld mußten nun aufhören.
Er ließ dem Könige die Ehrenwache nehmen,
seinen Unterhalt einschränken, den Polen und

Kosaken, die bey ihm waren, — erstere beliefen sich gegen 4000, letztere gegen 3000 Mann —
andeuten, sich — was auch geschah — in türkischen Schutz zu begeben, wenn sie nicht verhun-
gern und umkommen wollten; und darauf das
steinerne Haus Karls und die andern Wohnungen einschliessen, Befestigungen aufwerfen und
alles zur Bestürmung und Vernichtung in Stand
setzen.

Karl wurde gebeten, den Vorstellungen des
Seraskiers nachzugeben. Sein Liebling, der
Holstein=Gottorpsche Gesandte, Baron von Fabrice, fiel ihm zu Füßen; flehete, beschwor
ihn, sein Leben nicht auszusetzen. Sein Ka-
pellan nahm die Religion zu Hülfe, ermahnte
ihn, seine geheiligte Person in Sicherheit zu setzen. „Es kommt euch zu, für mich zu beten,
aber nicht mir zu rathen," antwortete Karl.
Die Generale Hård und Daldorf zeigten
ihm die Wunden, die sie an seiner Seite erhalten hätten. „Nun, es ist gut, sagte er darauf,
daß wir zusammen tapfer gefochten haben, laßt
es uns jetzt auch thun." — Er blieb unerbittlich,
und machte sich zum Kampfe bereit, dem auf-

ferordentlichsten kriegerischen Schauspiele, das
noch je gesehen war.

Er wollte einer ganzen Armee die Spitze bieten. Die Anzahl der bewaffneten Türken, die
gegen ihn versammelt waren, belief sich auf 14000
Mann. Sie führten 14 Kanonen und 2 Mörser bey sich. Karl hatte dagegen weder die nöthigen Waffen noch Munition, und die Stärke
der Schweden, die bey ihm waren, belief sich
nach der höchsten Angabe nur auf 1385 Personen.

Am 11ten Februar 1713 marschirten die
Türken in förmlicher Schlachtordnung auf. Der
Baron Grothusen gieng zu ihnen, hielt eine Rede an die Janitscharen und ersuchte um
einen Waffenstillstand von drey Tagen. Die
Janitscharen, von Ehrfurcht, von Eifer und
zum Theil von Dankbarkeit gegen Karln durch-
drungen, wurden für ihn ungehorsam gegen ihre Kommandanten, weigerten sich, anzugreifen, bestanden darauf, daß die Zeit des Waf-
fenstillstandes verstattet werden müsse, umga-
ben den Serasskier, schrien, daß der Befehl
des Großherrn untergeschoben sey. Eine rüh-

rende Scene der Ergebenheit — von Mu-
hammedanern gegen einen chriſtlichen König!
Um die Janitſcharen zu beruhigen und zu
ihrer Pflicht zu bewegen, fand der Seraskier
für nöthig, einem Theile derſelben den Befehl des Großherrn und die Beſtätigung des
Mufti vorleſen zu laſſen. Aber doch konnte
man ſich nicht überwinden, gegen Karl zu
fechten. 60 Janitſcharen, deren Wohlthäter
er geweſen war, erboten ſich, Vermittler zu
ſeyn, begaben ſich zu ihm, und trugen ihm
an, ihn unter der ſicherſten Deckung nach
Adrianopel zu bringen, wo er mit dem Großherrn wegen ſeiner Abreiſe ſelbſt das weitre
verhandeln könnte. Ungerührt über die Treue
dieſer Menſchen, und von der wunderſinnig-
ſten Entſchloſſenheit beſeelt, ließ Karl ihnen
ſagen, daß ſie ſich entfernen mögten, wenn ſie
anders nicht ihre Bärte verliehren wollten.
Voll des gröſten Unwillens kehrten die Janitſcharen zum Lager zurück.

Was ſie zu verhindern ſo bemüht geweſen
waren, geſchah darauf am folgenden Tage, den
12ten Februar. Die Türkiſche Armee mar-

schirte heran.   Karl hatte sein kleines Heer in einem Lager verschanzt.   Man erstieg es ohne viele Schwierigkeiten, lösete ein paar Kanonen, beorderte einige Truppen zum Feuern — und die Schwedischen Soldaten waren so vernünftig, das Gewehr zu strecken.   Man hielt dieß für den Beschluß des Schauspiels; der Hauptact fieng aber erst an.   Karl ließ sich durch die Ergebung seiner Truppen nicht abschrecken.   Es waren ihm noch 50 Mann übrig.   Mit diesen eilte er zur Vertheidigung des steinernen Hauses, das er bis dahin selbst bewohnt hatte.   „Kommt, sagte er lächelnd zu den Generalen Hård und Daldorf, laßt uns pro aris et focis (für Religion und Heerd) streiten!"

Die Tatarn hatten aber schon das Haus bis auf den Saal eingenommen.   Karl bahnte sich mit dem Säbel in der Hand den Weg durch sie.   Ein Janitschar, den er verwundet hatte, schoß ihm beym Kopfe vorbey, die Kugel streifte ihm Backen und Ohr und traf den Arm des Generals Hård.   Karl tödtete dafür den Janitscharen auf der Stelle, ver-

trieb die übrige feindliche Mannschaft aus
dem Hause und ließ aus den Fenstern be=
ständig auf die herumstehenden Türken feu=
ern. Diese schossen darauf durch Pfeile, wo=
ran brennende Lunten gebunden waren, das
Haus in Brand. Der obere Theil desselben
stand schon ganz in Flammen, und Carl woll=
te noch nicht weichen, bemühte sich das Feuer
zu löschen. Ein Soldat, Nahmens Roos
gab darauf den Rath: daß man sich nach der
Kanzley retiriren müsse, die nur 50 Schritte ent=
fernt sey, und ein feuerfestes Dach habe. „Nun,
das ist noch ein rechter Schwede,“ rief
Karl mit neuem freudigen Muthe, befahl nach je=
nem Gebäude zu marschiren, vertrieb durch ein
lebhaftes Feuer, die Türken, die sich entgegen
stellten, fiel aber durch Anstoßen und Verwick=
lung seines Sporns zur Erde, wurde von den
Türken umgeben, verwundete noch einige dersel=
ben, und wurde darauf gefangen nach Bender,
von da am 18ten Februar nach dem Dorfe Ti=
murtatsch bey Adrianopel und darauf am
14ten October 1713 nach der in der Nähe geleg=
nen kleinen Stadt Demotica abgeführt.

Einige Tage vor jener comisch - tragischen
Kriegsscene, die die Türken Kalabalik — das
Löwengefecht — nannten, war noch ein zweyter christlicher König — ein König freylich
ohne Land und Leute — im Türkischen Gebiete angekommen. Schon oben ist angeführt
worden, daß nach der Ankunft des Steenbockschen Heeres in Pommern Unterhandlungen mit dem Sächsischen Hofe angefangen
wurden, wobey sich Stanislaus willfährig
bezeigte, der Polnischen Krone förmlich zu entsagen. Er hatte sie von Karln empfangen,
und konnte sie nur mit seiner Einwilligung
aufgeben. Um diese zu erlangen, faßte er,
da alles schriftliche Ansuchen vergebens gewesen war, den Entschluß, den man als eine
edle Ueberwindung ansehen konnte, sich selbst
nach Bender zu begeben, verließ am 18ten
November 1712 heimlich die Armee in Pommern, reisete als ein Schwedischer Officier
verkleidet durch Deutschland, Ungarn und Siebenbürgen und kam im Januar 1713 zu Jaßy
in der Moldau an. Hier wurde er erkannt. Der
Hospodar hatte von seiner Reise Nachricht erhal-

M 3

ten, ließ ihn zu sich kommen und fragte ihn unter andern, welchen Rang er in der Schwedischen Armee bekleide. Major sum, sagte Stanislaus. Immo Maximus es, versetzte der Hospodar, behandelte ihn mit vieler Auszeichnung
und erwartete von der Pforte die Befehle wegen
seines Aufenthalts. Zufolge derselben wurde
Stanislaus nach Bender geführt, mit Würde empfangen, und aufs anständigste unterhalten. Karl erhielt die Nachricht von seiner
Ankunft, wie er nach Titmurtat sich geführ-
ret wurde. „Eilet, sagte er zu dem Baron von
Fabrice, und sagt Stanislaus, daß er
durchaus keinen Frieden mit dem August mache; denn unsre Umstände werden sich
bald verändern;" eine Erklärung und Aeußerung
zum Empfange, die die Fortdauer der hartnäckigen Entschlossenheit Carls hinlänglich andeutete.
Er willigte auch nicht in die Entsagung der Krone;
machte Stanislaus aber den Verlust derselben
durch seine edle Wohlthätigkeit weniger fühlbar,
indem er ihm das Herzogthum Zweybrücken,
das damals der Krone Schweden gehörte, zur
Retraite und die Einkünfte desselben zur Appa-

nage anwies. Stanislaus begab sich auch im
Sommer 1714 unter dem Nahmen eines Gra=
fen von Cronstein dahin.

Sultan Achmed hatte die gewaltsame Ver=
treibung Carls aus Varnitza befohlen. Die
Art aber, wie man die Commission ausgerichtet
hatte, gab zu Beschwerden Anlaß, erregte zu
Constantinopel viel Aufsehen. Der Tatar=Chan
Gherai, der Mufti und der Großvezier Soli=
mann wurden ihrer Würden entsetzt, und die
Stelle des letztern bekam Ibrahim Molla. Das
war die sechste Revolution, die seit Karls
Anwesenheit in der Türkey im Ministerio zu
Constantinopel erfolgte. Und er erhielt dadurch
wieder eine neue Aussicht des Glücks. Die
Pforte erklärte am 31sten März 1713 zum
dritten Mahle seit 1710 den Krieg wieder Ruß=
land; — er kam aber nicht zum Ausbruche.
Der Großvezier Ibrahim verlohr am 29sten
April den Kopf, — und der Friede mit Rußland
wurde darauf von seinem Nachfolger, Ali Pascha,
am 3ten Julius zu Adrianopel unterzeichnet.

Nach einem länger als fünfjährigen
Aufenthalte in der Türkey, der der Pforte meh=

rere Millionen gekostet, der den ausgebreitet-
sten Einfluß auf den Zustand und auf die Unternehmungen des ganzen kriegführenden nördlichen Europa gehabt hatte, faßte endlich Carl,
nachdem alle Hofnungen auf eine entscheidende
Hülfe Achmeds vergebens waren, nachdem er
noch über ein Jahr unnüz und eingeschränkt zu
Demotica verlebt hatte, den Entschluß, den
ein guter Genius ihm längst eingeben sollen —
nach seinen Staaten zurückzukehren.

So wenig glorreich sein Aufenthalt in der
Türkey gewesen war, so wollte er ihn doch mit
Glanz beschließen. Der Baron Grothusen
wurde mit einem Gefolge von 14 Personen als
außerordentlicher Ambassadeur nach Con-
stantinopel geschickt, um dem Großherrn den
Entschluß zur Abreise bekannt zu machen und
im Namen des Königs für den genossenen
Schuz zu danken. Das Geld, welches der
Aufwand dieser Ambassade erfoderte, mußte
mit Mühe geborgt werden. Der Sultan ließ
300 Beutel zu Reisekosten anbieten; allein
Carl nahm sie nicht an. Es wurden aber alle
Anstalten getroffen, ihn auf das bequemste und

ehrenvollste bis zu den Gränzen der Oesterreichischen Staaten zu bringen. Der Großvezier
machte ihm ein Geschenk mit einem kostbaren
Degen und mit einem Gezelte und einem Zuge
arabischer Pferde.

Am 14ten October 1714 trat endlich Karl
von Demotica seine Rückreise an. Ein kleines
Korps Janitscharen begleitete ihn. Zum Unter-
halte seiner Leute folgten 60 Wagen mit Proviant.
Man kam an der Gränze von Siebenbürgen an.
Karl schickte nach Herrmannstadt, und ließ den
Statthalter daselbst um Pässe und einen freyen
Durchzug ersuchen. Von diesem · erfolgte die
Antwort, daß schon alle Anstalten zum Empfange und zur Bequemlichkeit der Reise Sr. Majestät getroffen wären. Das Ceremonielle und
Geräuschvolle bey derselben gefiel aber Karln
nicht. Er entschloß sich incognito zu reisen, und
ließ seinen Leuten, die zusammen aus 1168 Personen, gröstentheils Officieren, bestanden, sagen, daß sie ihren Weg nach Stralsund nehmen
mögten.

Er selbst nahm blos zwey Personen, den
Genraladjutanten Gustav Friedrich, Baron

M 5

von Rosen und den Obristlieutenant Düring
zu seinen Begleitern. Alle drey veränderten ihre
Namen und gaben sich für Capitains aus. Der
König ließ sich Karl Frisch nennen, trug ein
braunes Kleid und eine dunkle Parücke. Die Reise
wurde am 28sten October zu Pferde unternommen.
Rosen blieb bald in Ungarn zurück, da er das
starke Reiten nicht aushalten konnte. Auch
Düring wurde Anfangs durch die Ungewohn-
heit der Strapazen erschöpft. Er bat den König, wie sie bey einer Poststation angekommen
waren, ihn etwas ausruhen zu lassen. Ungeduldig über die Verzögerung ließ sich Karl die
Hälfte des Geldes geben, das er bey sich hatte,
und setzte seine Reise allein fort. Düring hatte aber die List gebraucht, ihm ein schlechtes
Pferd geben zu lassen', ruhte sich aus, und hohlte ihn am folgenden Tage wieder ein. Die Reise wurde darauf des Tags zu Pferde, und des
Nachts auf einem Postwagen mit unglaub-
licher Schnelligkeit durch Ungarn über Wien,
Regensburg, Nürnberg (die Sächsischen Lande
hatte Karl natürlich Ursache, zu vermeiden)
Bamberg, Würzburg, über Hanau und Cassel

im streugsten Incognito fortgesetzt. In letzterer Stadt verrieth er sich indeß aus Laune
selbst. Der Landgraf wußte, daß Karl
abgereiset war und daß er durch seine Residenz
kommen würde. Er hatte daher den Brigadier
Kagg befohlen, ihm sogleich zu melden, wenn
der Königl ankäme. Zufälliger Weise traf
sichs, daß sich Kagg grade in dem Wirths-
hause befand, wo Karl mit Düring abstieg.
Er speisete in ihrer Gesellschaft. Verschiedne
Aeußerungen der Schwedischen Officiere erregten seine Aufmerksamkeit. Kapitain Frisch
trank, wie er es zu Bender und lange vorher
gewohnt gewesen war, bey der Tafel keinen
Wein. „Haben Sie es etwa von ihrem
Könige gelernt, fragte Kagg, nichts als
Wasser zu trinken!“ Um seine Muthmaßungen
zu widerlegen, trank Karl ihm ein Glas Wein
zu — stieg bald darauf wieder zu Pferde, nahm
mit den Worten Abschied: „Nun mein lieber
Kagg — er war ein Schwede von Geburt — leb
wohl, und grüße den Landgrafen von
mir“ — und galoppirte davon.

Die Reise wurde über Braunschweig, und Güstrow nach Stralsund fortgesetzt. Hier kam er am 12ten November um Mitternacht an. Seine Reise war die schnellste und ausserordentlichste, die noch je ein Fürst gemacht hatte. Das große regierende Genie unter den Römern, Caesar, machte es mit zu einer Auszeichnung seiner lebhaften Thätigkeit, daß er aufs schnellste reisete, daß er oft selbst eher ankam als die Couriere, die er zur Ueberbringung einer Nachricht abgeschickt hatte. Allein Karl, abgehärtet und an Strapazen gewohnt, mehr wie je vielleicht ein Regent, übertraf in Ansehung der Länge und Schnelligkeit seiner Reise selbst Caesarn. Er hatte binnen 14 Tagen, 286 Deutsche Meilen — also alle 24 Stunden 20 Meilen — zurückgelegt.

Die Thore von Stralsund waren verschlossen, die Schlüssel, wie gewöhnlich beym Commandanten. Die Schildwache weigerte sich, die beyden Ritter, die vor dem Thore erschienen, einzulassen. Sie konnte es auch nicht, und mogte der Mühe gerne überhoben seyn, die Schlüssel zu hohlen. Karl wollte sich nicht zu erkennen geben, gab sich für einen Courier aus, und drohte dem Soldaten, daß, wenn er nicht gleich zu dem Commandanten gienge, er Morgen gehenkt werden sollte. Das Thor wurde geöfnet. Karl begab sich zu dem Commandanten. Dieß war der General Düfert. Dieser glaubte, daß der Courier aus der Türkey käme. „Nun, was bringen Sie denn neues vom Könige, sagte Düfert, halb im Schlaf." — Ey, erwiederte Karl, bin ich denn meinen Unterthanen so ganz unkenntlich geworden?" — Düfert, betroffen und freudig bestürzt, erkannte den König; — ganz Stralsund kam in Bewegung; die Ueberraschung war so ausserordentlich als die Freude. Die ganze Lage der Angelegenheiten veränderte sich nun, da Karl sich wieder in seinen Staaten befand. Sie hatten bisher einem Körper geglichen, dessen freye Thätigkeit erschlaft, aus welchem die Seele — wenn es sich denken ließe, — gleichsam entfernt gewesen war.

Ehe wir aber zur Darstellung dieser Veränderungen übergehen, müssen wir vorher noch

eine Uebersicht der Begebenheiten und Unternehmungen mittheilen, die von den Feinden
Karls, bis zu seiner Rückkunft nach Pommern, ausgeführt wurden.

Nach der Schwedischen Räumung von Tönningen, verwandte sich der Baron von Görz
aufs eifrigste, daß sowohl die Holstein-Gottor-
pischen Lande als die Besitzungen des Administrators von den Dänen wieder geräumt würden.
Allein König Friedrich fand nicht für rathsam,
dieß zuzugeben. Man erfuhr die treulosen Intriguen und Verabredungen, unter welchen Tönningen von den Schweden war besetzt worden.
Schon im Junius 1713 war den Dänen ein
Brief von der Gemahlin des Commandanten
Wolf an ihre Schwester in Händen gekommen,
worin sie anführte, daß ihr Mann wegen seiner
Vertheidigung nicht besorgt zu seyn brauche, da
er bey der Einlassung des Steenbockschen Heers
in die Festung ganz nach höhern Befehlen gehandelt. Indeß brachte es Görz dahin, daß das
Stift Lübeck schon am 5ten Junius 1713 an
den Administrator zurück gegeben wurde. König
Friedrich ließ es aber am 8ten December

des folgenden Jahres wieder in Besitz nehmen, da er Ursache hatte, mit den Gesinnungen des Administrators nicht zufrieden zu seyn.

In der Steenbockschen Kapitulation war bestimmt worden, daß Tönningen bis zu Ende des Jahrs nicht angegriffen werden sollte. Man war darüber in Unterhandlung, daß die Festung von neutralen Kriegsvölkern solle besetzt werden. Görz bestand darauf, daß sich hierunter ein Theil des Gottorpschen Militairs befinden müsse. Friedrich wollte dieß mit der Bedingung zugeben, daß auch ebenfalls eine Abtheilung Dänischer Truppen in Tönningen gelegt werde. Man verweigerte aber die Annahme dieses Verlangens. Die Dänen hatten bis dahin die Festung bloquirt gehalten und sie selbst mit Lebensmitteln versorgt. Da die Negociationen nur immer schwieriger und bedenklicher wurden, so ließ der König Friedrich den Kommandanten Wolf am 7ten Februar 1714 zur Uebergabe auffodern. Diese wurde auch sogleich eingegangen. Die Besatzung erhielt einen freyen Abzug nach Eutin, und die Danen zogen in die Stadt ein.

Ein Koffer wurde darin ein wichtiger Fund für sie. Er war unter den Meublen und Sachen des Commandanten Wolf aus Vergessenheit und Eile — oder was noch glaublicher ist — aus Absicht zurückgelassen worden. Man öfnete ihn, und fand darin die geheimen Befehle des Gottorpschen Hofes. Die Unternehmungen der Unneutralität kamen zum Vorschein. Der Inhalt der Steenbockschen Papiere wurde indeß erst später zu Kopenhagen bekannt. Das Haus Gottorp — nämlich der Regent, der Administrator, nicht der junge unmündige Herzog in Schweden — hatte gegen Dänemark ins geheim aufs feindlichste agirt. Friedrich ließ daher alle Besizzungen desselben in den Herzogthümern Schleswig und Holstein einnehmen und für sich verwalten. — Die Insel Helgoland, welche am 7ten August durch den Generalmajor Wilster unterworfen wurde, beschloß die Reihe der Besiznehmungen.

Indeß Friedrich durch die Benuzung der Treulosigkeit gegen ein mit Schweden verwandtes Haus glücklich war, war es der Czar Peter durch seine Waffen gegen Schweden selbst.

selbst. Er hatte am 25sten Februar 1713 die
Armee in Holstein verlassen und sich nach Petersburg zurück begeben. Er wollte die unglückliche
Lage des Steenbockschen Heers und den Krieg in
Pommern, worauf Schweden seine besten Kräfte
verwandte, benutzen. Das Ziel seiner Eroberungen war Finnland. Die kleinen Expeditio-
nen, die er in den Jahren 1711 und 1712 an den
Gränzen desselben hatte unternehmen lassen, waren fruchtlos geblieben. Er beschloß nun, mit
Macht zu agiren.

Im Anfange des Frühlings 1713 segelte er
selbst mit einer ansehnlichen Flotte von Fregatten,
Galeeren, Kanonierböten und Transportfahrzeu-
gen, worauf über 12000 Mann Landtruppen
eingeschifft waren, gegen die Finnländische Küste
ab. Der Oberbefehlshaber der schwedischen
Kriegsvölker in dem Großfürstenthum war der
Generallieutenant Georg Lybecker. Er hatte
bey der Ueberlegenheit des Feindes von der Regentschaft den Befehl erhalten, kein Haupttreffen
zu wagen; ein Befehl, den er leider nur mit zu
großem Gehorsam befolgte. Die Russische Flotte

kam am 8ten März vor dem stärksten Platze des
Landes, vor dem Hafen von Helsingfors an.
Der schwedische Kommandant daselbst war der
Generalmajor Karl Armfeld. Die Stärke der
Besatzung belief sich nur auf 1500 Mann. Mit
diesen schlug er indeß die Angriffe der Russen
zweymahl zurück. Er ersuchte Lybekker, ihm
mit seinen Truppen zu Hülfe zu kommen. Allein
dieser wollte sich nicht in die Gefahr begeben,
für welche er gewarnt worden war. Die Russen
landeten endlich bey Sandwick. Um nicht eingeschlossen zu werden, sah sich Armfeld genöthigt, Helsingfors, das er mit solcher Auszeichnung vertheidigt hatte, zu verlassen. Er zog
sich nach dem Hauptcorps unter Lybecker zurück. Dieses stand bey Borgo. Armfeld und
die braven Soldaten baten ihn, gegen die Russen
zu marschiren. Allein, so wie diese vorrückten,
wich er immer weiter zurück. Der größte Theil
des südlichen Finnlandes gieng darüber verlohren.
Die Russen marschirten im Anfange des Septem-
bers ungestöhrt in die Hauptstadt Abo ein. Ihre Besitznehmung hatte besonders eine unglückliche
Merkwürdigkeit für die dasige Akademie, zur Fol-

ge. Der Czar ließ die Bibliothek derselben nach
St. Petersburg bringen.

Lybecker hatte geglaubt, sich durch die genaue
Befolgung der ihm ertheilten Vorschrift sicher und
unverantwortlich zu machen, — und wurde eben
dadurch verantwortlich. Man hatte mehr Verstand und die Entschlossenheit von ihm erwartet,
sich nach den Umständen zu richten *). Alles Unglück des Feldzugs wurde ihm zugeschrieben.
Man setzte ein Kriegsgericht über ihn nieder,

N 2

---

*) Zur nähern Schilderung Lybeckers mag hier
folgende Anekdote von dem Heldenmuthe dienen,
den er schon früher bewies. Er war im Jahre
1708 mit einem Corps von 14000 Mann gegen
Jngermannland geschickt worden, und auch schon
in die Nähe von St. Petersburg vorgerückt.
Unterweges bekam er einen Brief in die Hände
(es war absichtlich geschehen,) worin der General-Admiral Apraxin der Besatzung in Petersburg die Versicherung gab, daß er binnen 24
Stunden mit 24000 Mann zum Entsatz da seyn
würde. Lybecker ließ die Pferde todtstechen,
die Bagage verbrennen, und floh in aller
Eile vor der Gefahr — die nirgends als in
dem Briefe war.

nahm ihm das Kommando, und ertheilte es
Armfeld. Dieser sollte nun wieder gut machen,
was jener verdorben hatte. Er besaß auch alle
Eigenschaften dazu, nur nicht die nöthigen Kräfte. Was seinem Vorfahrer verboten gewesen
war, wurde ihm geboten. Es kam darüber bald
zu einer blutigen Action. Um den Russen das
weitre Vordringen zu verwehren, verschanzte sich
Armfeld bey dem Dorfe Pelkene zwischen
zwey Flüssen. Am 6ten October grif ihn daselbst
der General-Admiral Apraxin und der Fürst
Gallizin mit einer überlegnen Macht von zwey-
en Seiten an. Armfeld vertheidigte sich zwey
Stunden lang aufs tapferste; und zog sich darauf
unverfolgt nach Ostbothnien. Sein Verlust
wurde von den Russen auf 577 Todte und 232
Gefangne, und der ihrige selbst auf 118 Todte
und 555 Verwundete angegeben. Die Merkwürdigkeiten des Feldzugs beschleß die patriotisch heroische Auszeichnung zweyer Åboischen Studenten. Ueber die Verwüstungen und Barbareyen
der Russen erbittert, hatten sich 200 Finnländische Bauern unter ihre Anführung begeben.
Das kleine Corps war auch so glücklich, den ein-

zelnen Streiferenen der Ruſſen aufs thätigſte Ein-
halt zu thun.

Die Strenge des Winters in jenen nördlichen
Gegenden gab den Schweden Hofnung, ſich einſtweilen ausruhen und verſtärken zu können. Allein
dieſe Hofnung war vergebens. Die Ruſſen wollten ihre Eroberungen ſichern, und die Möglichkeit
aller fernern Widerſetzung vernichten. Sie drangen in Oſtbothnien vor. Von ihrer Annäherung benachrichtigt, erwartete ſie Armfeld bey
dem Dorfe Naxo, wo er eine vortheilhafte Stellung gewählt hatte. Seine Soldaten hatten bey
der fürchterlichſten Kälte dreymahl 24 Stunden unterm Gewehr geſtanden. Endlich erſchienen die Ruſſen am 19ten Februar 1714.
Ihr Anführer war der Fürſt, Generallieutenant
Michael Gallizin. Seine Armee belief ſich
auf 18000 und die Zahl der Schweden nur auf
6000 Mann, die großentheils noch dazu aus
ungeübten Bauern beſtand. Armfeld ließ ſich
durch dieſe Ueberlegenheit nicht abſchrecken. Er
commandirte die Infanterie und der Generalmajor de la Barre die Kavallerie. Beyde Theile thaten, wie der Schwediſche Geſchichtſchreiber

N 3

Lagerbring sagt, Wunder, beyde zeichneten sich
auf eine besondre Weise aus; die Infanterie da=
durch, daß sie löwenmäßig focht und den Feind
verschiedene mahle in die Flucht trieb, und die
Kavallerie dadurch, — daß sie gar nichts
that. Letztre hatte daher auch den Vortheil,
daß sie ohne Verlust den Wahlplatz verließ. Von
der Infanterie, die 3 Stunden lang gefochten hat=
te, wurden dagegen über 2000 Mann, worunter
92 Officiers waren, ein Opfer des Kampfes.
Der Russische Verlust belief sich vollkommen so
hoch. Armfeld ließ Gallizin um die Erlaubniß
ersuchen, die getödteten Schweden aufsuchen las=
sen zu dürfen, und Gallizin machte ihm darauf
das Compliment, daß er lieber mit ihm in Frie=
den leben, als gegen ihn commandiren möchte:
daß er aber der schwedischen Kavallerie
für ihr freundschaftliches, friedferti=
ges Verhalten sehr verbunden sey.
Armfeld verhinderte indeß das weitere Vordringen
der Russen in Ostbothnien, verstärkte sein Corps,
erhielt aber, wie die Russen mit gesammter
Macht wieder vordrangen, im September von
der Regierung den Befehl, sich nach Westboth=
nien zurück zu ziehen.

Finnland war demnach binnen einem Jahre fast ganz von den Russen eingenommen. Es blieb noch ein Ort von Wichtigkeit zu erobern übrig, die Festung Nyslott in Savolax. Die Russen hatten sie im Rücken gelassen, da sie keinen Succurs bekommen und ihnen nicht nachtheilig werden konnte. Indeß erhielt der Kommandant von Wiburg, General Schuwalof den Befehl, die Festung zu belagern. Er brach mit einer beträchtlichen Artillerie und einem Corps von 2000 Mann dahin auf, fieng das Bombardement am 20sten Junius 1714 an, — und die Besatzung, die nur aus 250 Mann bestand, ergab sich am 28sten unter der Bedingung eines freyen Abzugs. Die Russen hatten 3899 Kanonenkugeln und 580 Bomben gegen die Festung geschossen.

Das Glück in Finnland und die ohnmächtige Verfassung von Schweden gab dem Czar Peter die Idee zu einem weitern kühnen Plane. Er wollte Stockholm selbst angreifen. Um sich den Weg dahin zu bahnen, mußte er die Insel Aland im Bothnischen Meerbusen im Besitz haben. Er selbst gieng als Contre-Admiral mit

N 4

einer ansehnlichen Flotte, die unter dem Oberbe-
fehle des General = Admirals Apraxin stand,
unter Segel. Man traf die Schwedische Flotte,
kam aber am 27ſten Julius 1714 nur mit einer
Abtheilung derſelben zum Gefecht. Dieſe commandirte der Contre = Admiral Nils oder Nicolas
Ehrenſkiöld. Die Action war ſo hartnäckig
als blutig. Nach der verzweifeltſten Gegenwehr
ſah ſich endlich Ehrenſkiöld genöthigt, der Uebermacht nachzugeben. Er ſtrich die Seegel und die
Ruſſen bekamen nebſt ihm 577 Gefangne.
359 ſeiner Leute hatten in der Schlacht das Leben verlohren. Dieß war der erſte förmliche
Sieg, den die Ruſſen in der Oſtſee über die
Schweden erfochten. Liefland, Eſthland und die
andern eroberten Schwediſchen Beſitzungen hatten
ihnen dazu die Kräfte und Mittel gegeben. Peter
landete darauf mit einem beträchtlichen Truppen-
corps auf der Inſel Aland. Das Vorhaben
gegen Stockholm wurde aber aufgegeben, da ſowohl die Lage dieſer Reſidenz, als die getroffenen
Vertheidigungs = Anſtalten die Unternehmung bedenklich machten. Die Inſel Aland wurde dar-

auf bey dem Mangel an Subsistenz von den Russen wieder verlassen.

Die Eroberungen derselben und die drohenden
Absichten Peters und zugleich des Königs von
Dänemark, versetzten indeß die Regierung in
Schweden in so große Besorgniß als Thätigkeit.
Man hatte die Dänen einst mit Glück aus dem
Reiche vertrieben; allein mit der Schwäche des-
selben, war nun auch die Gefahr um so größer.
Der König befand sich am südöstlichen Ende von
Europa. Man wußte wenig von seinem Zustan-
de; und konnte unter den dringenden Umständen
seine Befehle nicht erwarten. Um den Maaßre-
geln unter dem Schutze einer sichern Autorität
Nachdruck zu geben — und auch um sich weniger
verantwortlich zu machen — wurde daher der
Schwester des Königs, der Prinzeßin Ulrica
Eleonora, der Antrag gemacht, Theil an der
Regierung zu nehmen. Sie nahm auch am 13ten
November 1714, zur Rechten des Königl. Throns,
Sitz im Senate. Man hatte selbst den Plan,
ihr die Regierung völlig zu übertragen. Die Bemühungen der Anhänger des Holstein-Gottorp-

schen Hauses hintertrieben aber die Ausführung
desselben. Sie hoften, den jungen Herzog,
Karl Friedrich, mit Ausschließung der Prinzessin Ulrike dereinst auf dem Throne zu sehen.
Der Hofmeister desselben Graf Arved Horn
setzte gegen den Plan alles in Bewegung, schilderte ihn als ein Majestätsverbrechen, wandte
Gelder und Versprechungen an, und erreichte seinen Endzweck. Die Deputirten der Stände wurden darauf zur Beschließung der nöthigen Verfügungen auf den 16ten December nach Stockholm
berufen *).

*) Das Ausschreiben zum Reichstage wurde un-
term 9ten November erlassen, und schilderte die
unglückliche Lage des Reichs in folgenden Worten: „Krieg, Hunger, Pestilenz und andre Unglücksfälle haben das Reich in die bedürftigste unglücklichste Lage versetzt und letztre den Einbruch
der Feinde in die Besitzungen an der Ostsee und
in die Deutschen Provinzen erleichtert. Eben diese Ursachen haben auch die Schwedische Kriegsmacht verhindert, den Feind zu verjagen, in Polen einzudringen und den König nach Hause zu
begleiten, wie man anfangs Willens war.„ —
Umsonst ist die Summe aufgebracht worden, die
zur Ranzion der Schwedischen Gefangnen (der
Steenbockschen Armee) bestimmt war. „Die

Sowohl um die Versammlung derselben als
die Regentschafts = Veränderung zu berichten,
wurde der Generalmajor Heinrich Liewen nach
Demotica abgesandt. Karl, der sich grade zur
Abreise fertig machte, empfing die Nachrichten
aus Schweden nicht ohne Verwunderung. Die
Schritte, die man unternommen hatte, schienen
ihm zu eigenmächtig und wider seine Autorität.
Liewen, der das Zutrauen und die Liebe des Kö=
nigs besaß, stellte aber die Noth vor, die dazu

Dänen haben bis jetzt ihre Zusage noch nicht er=
füllt, halten die Gefangnen unter mancherley
Vorwand zurück, haben selbst eine große Anzahl
derselben unter ihre Regimenter gesteckt.„ Der
Czar und der König von Dänemark rüsten
sich, das Reich von zweyen Seiten anzugrei=
fen. Die Regierung steht in Gefahr völlig auf=
gelöset, und die Freyheit vernichtet zu werden.
„Der Schatz ist gänzlich erschöpft, die Untertha=
nen sind in Armuth gerathen. Es sind keine
Mittel vorhanden, die Flotte zu unterhalten, die
Armee zu recrutiren und die nöthigsten Ausgaben
zu bestreiten. In dieser Lage sey es die Pflicht und
Neigung jedes Schweden, alle Kräfte, den letzten
Heller, den letzten Blutstropfen anzuwenden, um
das Vaterland vom Rande des Verderbens zu
retten!„ —„

gezwungen hätte, schilderte demselben mit vieler
Offenheit die unglückliche Lage des Reichs, das
Elend und die Unzufriedenheit, die herrsche, und
die bey der fortdaurenden Abwesenheit des Königs
so weit gehen könne, auf die Absetzung desselben
anzutragen. „Komm' ich nur erst nach Schweden zurück, versetzte Karl, im Gefühl des Unwillens und seiner Größe, so werde ich mit meinem Stocke allein schon alles wieder zu Paaren
treiben.„ Denn daß er sich des Ausdrucks be-
dienet habe: er wolle einen seiner Stiefel ab-
schicken, um im Senate zu präsidiren, wird mit
Recht bezweifelt. Karl war übrigens als Bruder gut gegen seine Schwester gesinnt, aber kein
Freund des weiblichen Regiments. Nach seinem
Willen wäre Ulrica nicht seine Nachfolgerin auf
dem Throne geworden. Indeß dankte er derselben in einem Schreiben, daß sie an der Regierung hätte Theil nehmen wollen und willigte dazu
ein, daß sie ferner den Berathschlagungen bey der
Regentschaft beywohne, mit dem feinen Bedeuten
aber, daß da sie bloß seine Person in Abwesenheit vorstellen könnte, die Befehle künftig auch,
wie bis dahin geschehen, an den Senat sollten

gerichtet werden. So war aller Einfluß der Prin=
zessin gehoben; ihre Rolle bloß figurirend' —
und demnach ausgespielt. Der Reichstag muß=
te sich inzwischen bloß mit den Mitteln zu neu=
en Rüstungen und Vertheidigungs = Anstalten
beschäftigen — und wurde bald wieder auf=
gehoben.

II.

**Fünf Mächte in Verbindung gegen
Schweden. Eroberung von Pom-
mern. Bremen und Verden von
Dänemark an Hannover abgetreten.
Schwedischer Feldzug in Norwegen.
Vaterlandsliebe und Heroismus der
Einwohner. Veränderung des Nor-
dischen Staatssystems. Karl und
Peter beynahe Alliirte. Begeben-
heiten. Tod Karls des Zwölften.
Regierungsveränderung in Schwe-
den. Friedensschlüße.**

Die Rückkunft Karls wurde in der Geschichte
der Nordischen Angelegenheiten eine neue Epoche,

veränderte die Lage und die ganze Richtung derselben. Während seiner Abwesenheit waren Liefland, Esthland, Carelien, der größte Theil von
Finnland, die Herzogthümer Bremen und Verden, erobert, die Holstein-Gottorpschen Lande
besetzt, ein Theil von Pommern verschuldet und
in fremde Verwahrung genommen, der letzte Theil
der Schwedischen Truppen zu Kriegsgefangnen
gemacht, und die Kräfte des Reichs erschöpft
worden; — eine Veränderung, eine passive Be-
schaffenheit des Zustandes, die eine neue Activi-
tät wenig erlaubte, und zu weitern Unternehmungen genug abschreckendes enthielt — nur für
Karl nicht. Er wollte mit Lorbeern nach seinem
Reiche zurückkehren, wollte wenigstens einen
Theil dessen wieder gewinnen, was während seiner Entfernung verlohren gegangen war, und
verlohr auch in Deutschland einstweilen alles
darüber.

Kurze Zeit nachdem er zu Stralsund angekommen war, erhielt er Besuche von mehrern
Deutschen Fürsten, von dem Herzoge von Meklenburg, von seinem Anverwandten, dem Fürst-
bischofe von Lübek und von dem Landgrafen und

dem Erbprinzen Friedrich von Hessen-Cassel. Dieser letzte hatte für ihn und für sein Reich ein vorzügliches Interesse. Er war der Bräutigam seiner Schwester, der Prinzeßin Ulrike Eleonore, und hatte ihn schon im Jahre 1714, wie er sich noch in der Türkey aufhielt, um seine Einwilligung zu der Vermählung ersuchen lassen. Karl gab ihm diese um so lieber, da sich der Prinz durch persönliche Eigenschaften und durch den Ruhm militairischer Einsichten sehr auszeichnete, den er sich während des Spanischen Successionskrieges in Gesellschaft eines Marlborough und Eugen, in den Niederlanden, in Deutschland und Italien erworben hätte. Er hatte dabey die Hoffnung — die auch nachdem erfüllt wurde — mit Uebergehung des jungen Herzogs von Holstein, der Nachfolger Karls auf dem Schwedischen Thron zu werden, und diesem schien es zugleich vortheilhaft zu seyn, mit einem Hause von so angesehner Macht wie Hessencassel, in Verbindung zu stehen. Die gewaffnete Unterstützung, die er aber wünschte, konnte bey der überwiegenden eignen Gefahr, in der Folge nicht gegeben werden. Der Prinz, war schon mit einer

Prin-

Prinzeſſinn von Preußen, Louiſe Dorothea, die am 23ſten Dec. 1705 ihr Leben endigte, fünf Jahre vermählt geweſen. Um ſeine neue Verbindung zu ſchließen, reiſete er am 28. Dec. 1715 von Stralſund nach Schweden ab, wurde am 14ten April der Gemahl der Prinzeſſinn Ulrike und am Tage darauf zum Generaliſſimus der Kriegsmacht in Schweden und zum oberſten Directeur aller Vertheidigungs-Anſtalten ernannt.

Mit dem Fürſtbiſchofe von Lübek war auch der einſtweilige Miniſter der Holſtein-Gottorpſchen Lande, der Baron von Görz, nach Stralſund gekommen. Ein Mann, der für Schweden und für die Feinde deſſelben von der gröſten Wichtigkeit wurde. Karl liebte die Neigungen ſeines Temperaments, und ſeine Lebensart nicht. Dieſe contraſtirten mit den ſeinigen. Görz war ein Freund des Wohllebens, Karl ein Freund der Enthaltſamkeit; jener überhaupt, aber nicht in der niedrigen, unpaſſenden Bedeutung, ein Epicuräer, dieſer ein Stoiker. Die Genies paßten aber auf das genaueſte zu einander. Was Karl im Felde war, war Görz in der Politik;

kühn, unerschöpflich an Planen, thätig, zu allen
Staatsunternehmungen geschickt, ein zweyter Al=
cibiades. Durch diese Auszeichnung seines Gei=
stes gewann er bald das ganze Vertrauen Karls,
wurde die Seele aller seiner Operationen und Ab=
sichten. Diese waren bald auf nichts geringeres,
als auf eine Expedition nach Polen und auf ei=
nen neuen Krieg gegen das Russische Reich, ge=
richtet. Die Rückkunft des Monarchen, der
wayland Stanislaus auf den Thron erhoben hat=
te, belebte wieder den Muth der Anhänger dessel=
ben, fachte von neuem das Feuer der Zwietracht
und Verwirrung in Polen an, veranlaßte Con=
föderationen und die vollkommensten Aussichten
zu dem zerrüttendsten Bürgerkriege. Karl schick=
te Befehle nach Schweden, alle Kräfte zu neuen
Kriegsanstalten, zu Unterstützungen nach Pom=
mern aufzubieten. Vorerst aber wollte er die Oer=
ter in Pommern wieder in Besitz haben, die von
Preussen sequestrirt, oder wie es in den Schwe=
dischen Erklärungen nachmals hieß, waren usur=
pirt worden.

Er schrieb deshalb noch im Jahre 1714 eigen=
händig an den König von Preußen, Friedrich

Wilhelm, und ließ bald darauf ein umständliches Memoir durch seinen Gesandten zu Berlin, den Baron von Friesendorf, übergeben. Hierauf erfolgte die Antwort, daß vorerst die Summe der ausgelegten 400000 Thaler wieder ersetzt und völlige Sicherheit geleistet werden müsse, daß die Schwedischen Truppen in Pommern, weder gegen Sachsen und Polen, noch gegen die Dänischen Besitzungen Feindseligkeiten unternehmen würden. Ueberdem habe Preußen in dem, unter Schwedischer (oder vielmehr des Administrators und Wellingks) Genehmigung geschloßnen Tractate die Bedingung gemacht, Stettin und die andern Oerter in Pommern nicht eher, als nach völlig geschloßnem Frieden, wieder zurück zu geben.

Karl wollte sie aber gleich wieder haben. Um ihn zu willfährigern Gesinnungen zu bewegen, sandte der Preußische Hof den General, Grafen von Schlippenbach, nach Stralsund und ließ dem Könige eine beträchtliche Summe zum Darlehn anbieten, wenn er in die Sequestration willigen wollte. Karl aber drang auf die unverzögerte Rückgabe von Stettin. Man eröffnete

einen neuen Weg der Vermittlung. Der Land=
graf von Hessen = Kassel erbot sich, für die
von Preussen ausgelegten 400,000 Thaler die
Kaution zu übernehmen, mit der Bedingung,
daß dagegen Stettin von hessischen Truppen
besetzt werden sollte. Diesen Vorschlag fand aber
der Berliner Hof Bedenken einzugehen. Die hol=
steinschen Truppen konnten dann zu den Schweden
stoßen, und die hessischen waren so gut wie
Alliirte derselben. Da die Umstände immer verwi=
ckelter wurden, schlug der kaiserliche Hof am 14.
März von neuem einen Kongreß zu Braunschweig
vor. Karl erklärte sich auch geneigt zu demselben,
vorher aber müßten die ihm entzogenen Besitzun=
gen zurück gegeben werden. Am eifrigsten ver=
wandte sich endlich noch der französische Hof.
Er sandte den Grafen von Croissy nach Berlin.
Dieser fieng mit dem damaligen preussischen
Staatsminister, Freyherrn von Ilgen, Unter=
handlungen an, wobey alle Künste der Politik
aufgeboten und die auch nachdem noch von Stral=
sund aus fortgesetzt wurden. Die Friedensbemü=
hungen blieben aber fruchtlos. Die Neigungen
und Absichten standen in solcher Kollision, daß

die Verwicklung nicht anders als mit dem Schwerdte zu entscheiden war.

Karl brach von dem Wege der Güte ab, sand= te den General Dükert mit einem Korps von 3000 Mann gegen die Insel Usedom und die Stadt Wolgast, die von preussischen Truppen besetzt waren. Beyde wurden auch am 6ten Fe= bruar und 22sten April eingenommen und einige hundert Preussen dabey zu Gefangnen gemacht. Diese Feindseligkeit brachte die Flamme des Kriegs, die erst kurz vorher in Pommern ge= dämpft war, zu einem neuen verstärkten Ausbru= che. Man suchte ihn noch schwedischer Seits zu verhindern, stellte vor, daß die Insel Usedom nicht mit in die Sequestration begriffen sey), gab die Gefangnen wieder los u. s. w. Der preussi= sche Hof fand sich aber bewogen, diesen Vorstel= lungen kein Gehör zu geben, ließ die holsteinschen Truppen in Stettin entwaffnen, verstärkte die Besatzung, trat schon im Februar mit den Köni= gen von Polen und Dänemark in Verbin= dung, zog eine Armee bey Stettin zusammen, der schwedische Gesandte erhielt Befehl, binnen

O 3

24 Stunden Ber in zu verlassen, — und der Krieg wurde erklärt.

Ein gleiches geschah bald darauf von einem andern Hause, von welchem es Schweden nicht erwartete, mit welchem es wenigstens in keine Streitigkeiten verwickelt war, die einen Bruch besorgen liessen. Am 12ten August 1714 war die Königin Anna von England gestorben; eine Regentin, in der Karl stets eine Freundin gehabt hatte. Ihr Nachfolger auf dem Throne war der Churfürst von Hannover, Georg Ludwig, nach seinem Königstitel, Georg der Erste. Er hatte am 11ten September des erwähnten Jahrs Herrenhausen verlassen, kam am 1sten Oktober zu London an und wurde daselbst am 20sten gekrönt.

Dieser dachte als Churfürst von Hannover nicht so ergeben gegen Schweden, wie seine Vorgängerin. Die Herzogthümer Bremen und Verden waren schon länger ein Gegenstand geheimer Wünsche gewesen. Dänemark besaß sie. Es hatte schon hannöversches Geld zur Unterstützung bey dem Kriege gebraucht, indem die Graf=

schaften Oldenburg und Delmenhorst, wie schon oben angeführt worden, an den Churfürsten verpfändet wurden. Der Zeitpunkt, die Churländer um ein ansehnliches zu vergrößern, war der gelegenste. Es wurden deshalb wegen der Herzogthümer unter der geschickten Leitung des ersten Hannöverschen Staatsministers, Freyherrn von Bernstorff, durch den Gesandten des Churfürsten zu Kopenhagen, Freyherrn von Bothmer, dem dasigen Hofe schon frühe Eröffnungen gemacht. Sie fanden Eingang. Die Kriegsaussichten in Pommern beförderten denselben.

König Friedrich der Vierte konnte mit keiner Gewißheit erwarten, daß ihm der Besitz der Herzogthümer bey dem künftigen Friedensschlusse verbleiben würde. Wenigstens hatte er Eroberungen, deren Beybehaltung für ihn noch gelegner und wichtiger war. Und die Abtretung der Herzogthümer bot jetzt sichre Vortheile, Geld und gewaffnete Unterstützung dar. Die Allianz mit Hannover hatte noch ein größeres Interesse dadurch, daß der Churfürst König von England war.

D 4

Schon am 17ten May 1715 kamen die Un=
terhandlungen zu Kopenhagen zum Schluße, und
am 17ten Julius wurde der Traktat ratificirt.
Dänemark trat demnach die Herzogthümer Bre=
men und Verden für eine Summe von
877,000 Thalern ab. Dagegen versprach der
Churfürst, Dänemark den Besitz des Herzogthums
Schleswig zu garantiren, Schweden den Krieg
zu erklären, die dänische Flotte mit einer britti=
schen Eskader verstärken zu lassen und auch die
Foderungen zu berichtigen, die Dänemark noch
wegen der im spanischen Successionskriege an
England überlaßnen Hülfsvölker machte. Die
Uebergabe der Herzogthümer an Hannover erfolg=
te darauf am 14ten Oktober. Der König
von Preussen und der Czar Peter verbürgten an
eben diesem Tage den Besitz derselben. Das Land
Hadeln, welches unter käiserlicher Sequestra=
tion stand und zugleich noch von schwedischen
Truppen besetzt gewesen war, wurde schon vorher
okkupirt. Eine Kontribution von 277,000 Tha=
lern, die Dänemark noch von den Herzogthümern
foderte, hatte die Zeit der Räumung bis dahin
mit verzögert. Indem die Abschliessung des Trak=

tats nicht mehr zweifelhaft war, erklärte schon
am 2ten May Hannover zugleich mit Preussen, als die beyden Direktoren des niedersächsischen Kreises; "Ihre beyderseitigen Reichslande
wären, ihrer Lage wegen, der schwedischen In-
vasion am nächsten mit ausgesetzt. Der König
von Preussen habe die Feindseligkeiten schon in
der That erfahren. Der König von Groß-
brittanien sey auch gar wohl informirt, "was
schon damals gegen seine Lande vorgewesen, wie
der Graf Steenbock mit der schwedischen Armee
in Holstein eingerückt sey." Es sey niemanden
zuzumuthen, sich in einen Krieg zu verwickeln,
um Schweden das Verlohrne wieder erobern zu
helfen, sondern vielmehr genugsame Gründe,
dem Könige von Schweden, da er keine friedliche
Mittel zulasse, sondern den Krieg im Reiche zu
erweitern suche, sich entgegen zu setzen. "Um des-
willen hätten Sie endlich, nachdem alle glimpfliche Wege vergebens versucht worden, aus Noth
die Kräfte zur Hand nehmen müssen, um dem
nordischen Kriege auf des Reichs Boden ein bal-
diges Ende zu machen."

O 5

Nach einer kurzen Ruhe kam nun im nördlichen Deutschlande alles wieder in kriegerische Bewegung. Pommern wurde von neuem der Schauplatz des Krieges. Die Rolle, die man so oft schon fruchtlos unternommen hatte, sollte zu einem entscheidenden Ausgange gebracht werden. Ueber 40,000 Mann wurden gegen Stralsund und Rügen, die nicht 12,000 Schweden zu Vertheidigern hatten, in Marsch gesetzt; 24,000 Preussen, 20,000 Dänen und 8000 Sachsen, zusammen 74 Bataillons und 118 Escadrons. Am 17ten Julius erfolgte vor Stralsund die Vereinigung dieser Truppen. Schon am Ende des vorhergegangnen Monats waren bey Wismar 2000 Dänische, 2000 Preussische und 2000 Mann Hannöversche Truppen zur Belagerung der Stadt zusammen gekommen. Den Oberbefehl über sie führte der dänische General von Dewitz. Der Kommandant von Wismar, der tapfre General Schultz hatte, noch ehe er eingeschlossen wurde, alle nöthigen Vorbereitungen zu der entschlossensten Vertheidigung treffen lassen, unter andern gute Vorräthe von Vieh und Lebensmitteln aus dem Mecklenburgschen eintreiben laſſen. Bey der Armee vor Stralſund fanden ſich die Könige von Preuſſen und von Dänemark ſelbſt ein.

Zur See fielen indeß die erſten Kriegsmerkwürdigkeiten vor. Um die Kommunikation mit Pommern frey zu erhalten und die Schiffahrt und die inſulariſchen Beſitzungen der Dänen zu beunruhigen, wurde, ſobald die Oſtſee offen war, eine ſchwediſche Eskadre von 4 Linienſchiffen und 2 Fregatten unter Seegel geſetzt. Ihr Anführer war der Graf Karl Hans Wachtmeiſter, ein Schwiegerſohn des unglücklichen Steenbocks. Er ſeegelte gegen die holſteiniſche Küſte und verurſachte Schrecken und Schaden auf der Inſel Fehmern. Der däniſche Hof hatte von der ſchwediſchen Expedition frühe Nachricht erhalten, und ſchickte in der Mitte des Aprils gleichfalls eine Eskadre von 8 Linienſchiffen und 2 Fregatten ab, die von dem Kontreadmiral, Chriſtian Karl Gabel kommandirt wurde.

Dieſer traf am 24. April die Flotille des Grafen Wachtmeiſter am Ausfluſſe der Trave. Er ſegelte mit ſeiner überlegnen Macht gegen ihn an.

Nach 3 Uhr Nachmittags nahm das Treffen seinen Anfang. Die bentderseitige Tapferkeit zeichnete es auf das Ehrenvollste aus. Man kämpfte bis um 10 Uhr des Abends. Unter dem Schutze der Dunkelheit zog sich Wachtmeister, da seine Schiffe sehr gelitten hatten, längst der holsteinschen Küste zurück — ein Weg, der nicht gut war, den aber der Wind nothwendig machte — und segelte so geschwind, daß er, bey der Unkunde der Meergegend, an der Küste von Schleswig, bey Bultershaven, anderthalb Meilen von Friedrichsort, auf den Strand gerieth.

Ein entschlossner Anführer eines dänischen Kriegsschiffes, der Kapitain Peter Wessel, ein Normann von Geburt, der in der Folge ein so merkwürdiger Mann wurde, hatte ihn in der Nacht verfolgt und sein Unglück befördert. Wachtmeister sah, daß er die Schiffe in der Geschwindigkeit nicht retten könne, machte Anstalten, sie zu verbrennen, warf einen Theil der Kanonen und die Papiere über Bord, und fieng an, seine Leute an's Land zu setzen. Wessel drohte ihm darauf, daß sie alle das Leben verlieren sollten, falls sie die Schiffe vernichteten.

Indeß kam auch die dänische Eskadre an. Voller Verzweiflung warf Wachtmeister seinen Degen in die See — und ergab sich, da keine Rettung war, mit der Besatzung seiner Schiffe, die noch aus 1825 Mann bestand, zu Gefangnen. Sein Schiff war zersplittert. Die übrigen 3 Linienschiffe und 2 Fregatten wurden eine Beute der Dänen. Zum Ersatz für dieselbe wurde unter die Mannschaft der siegglücklichen Eskadre eine Summe von 75,464 Thalern vertheilt, Gabel zum Viceadmiral ernannt, unter alle Kapitains eine goldne Medaille vertheilt und Wessel nach Verdienst avancirt.

Die Schiffahrt in der Ostsee fieng an sehr unsicher zu werden. Um den jungen Handel nach den neuen russischen Besitzungen zu ruiniren und seinen Feinden die Zufuhren zu ftöhren, ließ Karl Kaperbriefe ertheilen. Die Freyheit wurde auch sehr thätig benutzt. Die Schweden brachten eine beträchtliche Anzahl von Schiffen auf. Es waren auch mehrere Englische und Holländische darunter. Das Vorgeben, daß sie den Feinden Schwedens Kriegsbedürfnisse hätten zuführen wollen, diente dabey zur Rechtfertigung.

Alle Beschwerden, die gemacht wurden, bewirkten keine Abänderung. Um der Handlung die nöthige Sicherheit zu verschaffen, erschienen daher eine englische und holländische Flotte in der Ostsee. Erstere war 19, letztere 12 Kriegsschiffe stark; jene führte zusammen 1052, diese 624 Kanonen. Beyde Flotten vereinigten sich im Sunde, und begleiteten in einzelnen Abtheilungen die Gesellschaften von Kauffartheyschiffen nach den russischen und andern Häfen. Nachdem stießen am 15ten September, 8 englische Kriegsschiffe, unter dem Namen eines churfürstlichen Hülfsgeschwaders, zu der dänischen Hauptflotte, unter dem Admiral Peter Rabe.

An der Küste von Pommern befanden sich zwey kleine Flotten, eine schwedische, unter dem Viceadmiral Michael Henke, der seine Station zur Erhaltung der Kommunikation, zwischen Stralsund und der Insel Rügen genommen hatte, und eine dänische, von 6 Fregatten und 14 kleinern Kriegsschiffen, die zusammen 276 Kanonen führten, unter dem Viceadmiral Christian Sehested. Dieser suchte Henke aus seiner wichtigen Stellung zu vertreiben, fand aber zu viele

Schwierigkeiten, Indeß erschien die große schwedische Flotte unter dem Admiral Nils Sparre
in See. Sie bestand außer den Fregatten, aus
21 Linienschiffen. Die dänische Flotte unter dem
Admiral Rabe näherte sich ihr. Dieser hatte
nur 16 Linienschiffe. Schon zum Angriffe entschlossen, erfuhr er noch zur rechten Zeit die Ueberlegenheit des Feindes und segelte nach der Jn-
sel Moen. Die schwedische Flotte wurde indeß
so lange aufgehalten, bis er noch eine Verstärkung von 5 Linienschiffen an sich gezogen
hatte.

So dem Feinde gewachsen, eilte er, ihn auf-
zusuchen. Er traf ihn am 8ten August in der
Nähe der Insel Rügen, bey dem Vorgebirge
Jasmund. Die Kanonade nahm um 1 Uhr
Nachmittags ihren Anfang, und dauerte mit der
größten Lebhaftigkeit bis um 7 Uhr Abends fort.
Der Sieg blieb zweifelhaft. Kein Schiff war
erobert, aber beyde Flotten, die Schwedische
noch mehr wie die Dänische, beschädigt worden.
Auf beyden Seiten blieben Anführer, von den
Schweden die Viceadmirale Michael Henke,
der mit einigen Schiffen Sparre verstärkt hatte,

und Erich Lille, und von den Dänen der Viceadmiral Juel. Die Schweden verlohren zusammen 1320 Mann. Beyde Flotten sahen sich genöthigt, einen sichern Hafen zu suchen, um sich
auszubessern. Die Dänische segelte nach Kopenhagen, die Schwedische nach Karlskrona zurück.
Der Erfolg war indeß zum Vortheil der Dänen.
Die Hauptabsicht wurde erreicht. Die schwedische Flotte hatte Pommern keinen Entsatz gebracht, — und wurde an einem abermaligen
Auslaufen verhindert.

Diese Vorgänge zur See hatten auf die Operationen zu Lande einen großen Einfluß. Nachdem sich die Alliirten Heere am 17ten Julius vereinigt hatten, wurde die erste Unternehmung am
folgenden Tage gegen die Stadt Wolgast, die
man eroberte, und darauf gegen die Insel Usedom gerichtet. Die Schwedische Besatzung darauf bestand aus 600 Mann. Gegen diese wurden am 31ten Julius 1500 Mann Preußischer
Infanterie eingeschifft, die von 8 Escadrons unterstützt wurden, welche durch die Suine setzten.
Die Schweden machten die Landung und das
Vordringen länger streitig, tödteten über hundert

Fein-

Feinde und flohen darauf, nachdem gegen die Hälfte ihrer Mannschaft geblieben war, größtentheils auf Böten davon. Die Eroberung rettete eine Dänische Flotille aus der äußersten Verlegenheit. Der Viceadmiral S e h e st e d hatte bey der Insel seine Station genommen und wurde sowohl von derselben als von der Schwedischen Flotte beschossen, litt schon den empfindlichsten Mangel, und wurde nun wieder in Stand gesetzt, die Unternehmungen zu Lande unterstützen zu können.

Die P e n a m ü n d e r = S c h a n z e wurde das erste neue Ziel derselben. Sie war nur mit 300 Schweden besetzt. Ihr Chef war der Oberstlieutenant K u s e. Er hatte von Karl den Befehl erhalten, sich bis auf den letzten Mann zu wehren; und dieser Befehl wurde mit der heroischsten Entschlossenheit vollzogen. Einige tausend Mann von den alliirten Truppen rückten gegen die Schanze an. Alle Aufforderungen zur Uebergabe waren vergebens. Es mußte S t u r m gelaufen werden. Dieser wurde am 22. August unternommen. Die Gegenwehr war verzweifelt. K u s e erhielt eine Wunde, fuhr aber fort zu kommandiren, und erst nachdem er getödet war, konnte man sich des Platzes bemächtigen. Die Eroberung kostete den Alliirten über 200 Gemeine und gegen 50 Officiers.

Der folgende Monat war durch eine wichtige Unternehmung des Viceadmirals Sehested ausgezeichnet. Eine Abtheilung Schwedischer Schiffe hatte bis dahin fortdauernd die Communication zwischen der Insel Rügen und Stralsund unterhalten. Ihre Stellung in der Meerenge zwischen dieser Stadt und der Insel, in der sogenannten neuen Tiefe war durch versenkte Schiffe und andre Vorkehrungen so fest und sicher gemacht worden, daß Sehested keinen Angriff wagen durfte. Endlich kam ihm die Natur und verrätherische Treulosigkeit zu Hülfe. Ein Sturm vertrieb einen Theil der versenkten Schiffe, und ein Schwedischer Lootse gab ihm einen Fahrweg an, der wenig Unsicherheit hatte. Sehested benutzte diese Umstände, vertrieb am 24. September die Schweden aus der neuen Tiefe, und wurde für diese wichtige Ausführung zum Admiral ernannt.

Stralsund war beynahe seit einem viertel
Jahre bloquirt, aber noch nicht belagert. Die
Ursache der Verzögerung war, wie in den vorhergegangnen Jahren, die schwierige Herbeyschaf-
fung der Artillerie. Schon am 19ten Julius hatten die Dänen einen Theil derselben zur See überbracht. Allein dieser war nicht hinreichend.
Man erwartete noch das schwere Preußische Geschütz von Stettin. Dieses kam endlich am 5ten
September zu Anclam an. Auch wegen der
Schwedischen Schiffe konnte man es nicht mit
Sicherheit zur See nach dem Lager vor Stralsund bringen. Es wurde also von daher durch
einige tausend Pferde abgeholt. Der Winter
nahte heran; die Bahn zu den Hauptunterneh-
mungen war durch die bisherigen glücklichen Vorgänge geöfnet worden; die Operationen konnten
nun mit Nachdruck angefangen werden.

In der Nacht auf den 19ten Oktober wurden
die Laufgraben vor Stralsund eröffnet. Der
polnisch-sächsische General, Graf von Wak-
kerbarth, ein vortreflicher Ingenieur und der
dänische General von Scholten dirigirten die
Belagerung. Die Hauptschwierigkeit der Erobe-

P 2

rung bot das Retranchement vor Stralsund dar.
Von der einen Seite deckte es ein undurchdringli-
cher Morast, von der andern Seite die See.
Die Schweden sahen es als ihre Aegide an. Ein
kluger, glücklicher Einfall der Treue oder der Verrätherey machte indeß möglich, was man für unmöglich gehalten hatte. Ein preußischer Oberstlieutenant Namens Köppen, oder nach andern
Nachrichten, ein übergegangner schwedischer Officier, entdeckte dem Grafen von Wackerbarth,
daß man die See bey einem starken Südostwinde
durchwaten und so zu den unbesetztesten Theile
des Retranchements dringen könne. Die Schweden hielten dagegen die See, besonders da sie
nicht die Abwechslung der Ebbe und Fluth hatte,
für einen sichern Schutz gegen die Feinde.

Wackerbarth traf indeß unter Verheimlichung
der Absicht, alle nöthigen Vorbereitungen, und
Abends den 24sten Oktober wurden 8000 Mann,
worunter 1500 Mann Kavallerie waren, zum
Aufbruch beordert. Der Marsch gieng eine halbe Meile durch die See. Man passirte sie mit
vieler Inkommodität, aber ohne Gefahr. In
dem Retranchement lagen 3 Regimenter Schwe-

den. Sie ahndeten nichts weniger als den nächt-
lichen Besuch durchs Wasser. Das Korps der
Alliirten erschien. Eine schreckliche Bestürzung!
Man war auf keine Gegenwehr gefaßt. Die
Verwirrung nahm gleich überhand. Eine beträchtliche Anzahl Schweden wurde niedergemacht,
ihre Artillerie von 25 Kanonen mit aller Munition genommen und über 400 Mann zu Gefangnen gemacht. Die übrigen eilten nach Stralsund
hinein. Man verfolgte sie so schnell, daß kaum
die Zugbrücke aufgezogen und die Stadt vor dem
Eindringen der Feinde gesichert wurde.

Auf diese unglückliche Begebenheit folgte für
Karl bald eine andre von einer noch fatalern Wichtigkeit. Am 15ten November unternahmen die
Alliirten die Expedition, die sie schon so llange
vorgehabt hatten, und von deren glücklichen Ausführung voraus zu sehen war, daß sie die Einnahme von Stralsund zur Folge haben würde.
Es wurden 15000 Mann Dänen, Preussen und
Sachsen zur Eroberung der Insel Rügen eingeschifft. Der oberste Anführer derselben war der
Fürst Leopold von Dessau. Die Ueberschiffung
geschah unter der Direktion Schesteds. Man

P 3

gieng um 12 Uhr Mittags unter Seegel. Ein
starker Nebel kam dem Unternehmen zu Hülfe.
Die Schweden konnten den Lauf der Schiffe nicht
bemerken. Um 4 Uhr Nachmittags landeten diese
bey dem Dorfe Stresow, in einer Gegend der
Insel, wo sich nur 30 Schweden befanden. Ih=
re ganze Anzahl auf derselben belief sich auf un=
gefähr 5000 Mann; und diese hatten Karl an
ihrer Spitze.

Sobald dieser erfuhr, wo die Feinde gelandet
waren, eilte er ihnen des Abends mit ungefähr
3000 Mann entgegen. Er wollte die Unkunde
seiner Schwäche und die noch unbefestigte Stel=
lung der Feinde benutzen, und griff sie an, da es
noch Nacht war. Mit Verwunderung aber wur=
de er beym Anrücken gewahr, daß sie Verschan=
zungen aufgeworfen, Spanische Reuter ange=
bracht hatten ꝛc. Dieß schreckte nicht ab. Man
drang mit der äußersten Kühnheit des Muthes
vor, besiegte zum Theil die Schwierigkeiten der
Befestigungen, griff den Feind an, wurde aber
nach dem hartnäckigsten Versuche durch die Ue=
berlegenheit desselben genöthigt, sich zurück zu
ziehen. Gegen 500 Schweden deckten, todt oder

verwundet, den Kampfplatz. Unter ihnen waren
verhältnißmäßig viele Officiers — und die Lieb=
linge Karls, die Generals Dahldorff, Grot=
husen und der Oberste Düring, sein Begleiter
auf der Reise aus der Türkey. Er wollte den
Kampf erneuern, verlohr aber durch eine Kano=
nenkugel sein Pferd, erhielt eine Kugel, die zum
Glück ihre Kraft verlohren hatte, auf die Brust
und war in der größten Gefahr, gefangen zu wer=
den. Der Graf von Poniatowsky, dem er
seine Erhaltung bey Pultawa verdankte, rettete
ihn auch hier wieder, half ihn aufs Pferd und
eilte mit ihm nach der Küste, wo ein Schiff be=
reit lag, mit welchem er noch des Vormittags zu
Stralsund ankam. Am folgenden Tage nah=
men die Alliirten das Hauptfort auf der Insel,
die sogenannte Fährschanze ein. Ueber tausend
Mann wurden dabey zu Gefangnen gemacht.
Kaum 1500 Mann entkamen von dem ganzen
Militair, das auf der Insel gewesen war,
nach Stralsund. Kurz darauf wurde auch
die benachbarte kleine Insel Rüden in Besitz
genommen.

P 4

Nun blieb also von Schwedisch-Pommern nur noch allein Stralsund zu erobern übrig. Man fieng an, dasselbe aufs heftigste zu bombardiren. Karl aber von allen Seiten umringt, ohne alle Aussicht auf Hülfe war entschlossen, die Festung noch aufs äußerste zu vertheidigen. Eine Bombe fiel auf das Gebäude, worin er wohnte, platzte nahe bey dem Zimmer, worin er grade einen Brief dictirte. Der Secretair, ganz betäubt und außer sich, hörte auf zu schreiben. Nun, was giebts denn, fragte Karl. „Ach, Ew. Majestät, die Bombe! Nun, war die Antwort, was hat denn die Bombe mit dem Briefe zu thun, den ich dictire. Fahret fort zu schreiben.„

Am 17ten December unternahmen die Alliirten einen Sturm auf die Außenwerke der Festung. Er wurde von vier Seiten unternommen. Die Schweden hatten den tausenden kaum hunderte von Kriegern entgegen zu stellen. Der Kampf war der hartnäckigste. Karl commandirte selbst. Die Ueberlegenheit des Feindes zwang ihn endlich zum Rückweichen. 20 Kanonen und einige hundert Gefangne wurden im Stich gelassen. Die Alliirten verlohren gegen tausend Mann. Die Blut=

scene, wurde am folgenden Tage erneuert. Karl
wollte das Verlohrne wieder gewinnen, that mit
1800 Mann einen Ausfall, brachte die Dänen
in Unordnung, mußte aber in die Festung zurück
eilen, da sie eine überlegne Unterstützung von
den Preußen bekamen. Gegen 500 Mann wur=
den zusammen von beyden Seiten die Opfer des
Kampfes.

Stralsund war nun aufs äußerste gekom=
men; und Karl in Gefahr, ein Gefangner seiner
Feinde zu werden. Man bat ihn aufs inständig=
ste, auf seine Rettung bedacht zu seyn, noch ehe
die See völlig verschlossen wäre. Der Gedanke,
seinen Feinden keinen neuen Triumph zu gönnen,
brachte ihn auch zum Entschlusse. Man hatte
schon, ohne sein Wissen, den Seebusen aufeisen
und einige Fahrzeuge in Bereitschaft setzen lassen.
Er bestieg am 21sten December eine Chaluppe,
außer 6 Ruderern bles 3 Personen zu seiner
Begleitung, und 2 Jagden im Gefolge. Eine
schreckliche Fahrt! Wie er vor Rügen vor=
bey passirte, wurde er von den feindlichen
Batterien, so lange es nur möglich war, be=
schossen. Ein Glücksstern waltete über ihn.

P 5

Auf den beyden Jagden wurden 10 Menschen erschossen. Die Chaluppe erhielt keine Todte. Man gieng neuen Gefahren entgegen. Die See war durch die Jahrszeit und durch die Erwartung feindlicher Schiffe unsicher. Nach einer Fahrt von 50 Stunden langte Karl am 23sten December zu Ystadt in Schonen wieder in dem Reiche an, das er seit 15 Jahren nicht gesehen hatte, das durch ihn so unglücklich verändert worden war.

An eben dem Tage übergab der General Dü= kert Stralsund auf Kapitulation. Der Rest der Besatzung bestand noch außer 2000 Kranken aus 1800 Mann. Kurz vorher, ehe die Ueber= gabe erfolgte, kam noch ein Corps Russen unter dem Grafen Scheremetow bey Stralsund an, um die Eroberung zu beschleunigen. Es wollte nun auch Antheil an der Beute haben. Diese Fo= derung, wozu man sich kein verdientes Recht erworben hatte, wurde aber nicht zugelassen. Da Preußen schon die sequestrirten Oerter besetzt und der König von Polen die wenigsten Truppen zu dem alliirten Kriege gegeben hatte, so wurden, gegen einige andre Bedingungen, die gemachten

Pommerschen Eroberungen ausschließlich dem
Könige von Dänemark eingeräumt. Dieser
ernannte den Generalmajor Stöcken zum Kommandanten von Stralsund und den General Dewitz zum Statthalter der gesammten Pommerschen Besitzungen. Die allgemeine Huldigung
geschah am 16ten Julius 1716.

Dewitz hatte, in Verbindung mit Preußen und Hannoveranern, Wismar belagert.
Der Schwedische Kommandant daselbst, General Schulz hielt sich aufs tapferste. Auch
die Einnahme von Stralsund beugte seinen
Muth nicht. Er vertheidigte die Festung noch
über ein viertel Jahrlang. Hungersnoth
und der Mangel an aller Unterstützung nöthig-
ten ihn endlich, am 19ten April 1716, Wismar auf Capitulation zu ergeben. Eben indem
die Dänen, Preußen und Hannoveraner einziehen
wollten, rückten auch die Russen, die aufs ei-
ligste verstärkt worden waren, unter dem Fürsten
Repnin heran, um die Stadt mit zu besetzen.
Dieser hatte schon vorher dem Kommandanten
Schulz heimlich Geld anbieten lassen, wenn er
die Stadt ihm einräumen wollte. Dieß gaben

die Alliirten nicht zu. Die Russen wollten mit
Gewalt in die Stadt dringen und konnten nur
durch thätige gewafnete Gegenwehr belehrt
werden, daß sie dazu kein Recht hatten. Am Tage
der Einnahme wurde zu Danzig die Vermählung
der Prinzessin Catharina, einer Bruderstoch-
ter des Czars Peter, mit dem regierenden, Herzoge von Mecklenburg-Schwerin, Karl Leopold, vollzogen. Peter wünschte sehr den Besitz
von Wismar, sowohl um in Westen einen Hafen an der Ostsee zu haben, als auch im Deutschen Reiche Gebiet und Einfluß zu bekommen,
bot nachdem für die Abtretung der Stadt Dänemark und Großbrittannien beträchtliche Geldsum-
men an; aber vergebens. Und diese Verweigerung wurde die erste vorzügliche Veranlassung zu
der Disharmonie und Trennung, die bald darauf
unter den Alliirten selbst entstand.

Die eignen Unternehmungen der Russen
im Jahre 1715 waren ohne besondern Erfolg gewesen. Peter segelte in der Mitte des Junius
mit einer Flotte gegen Schweden ab, landete auf
der Insel Gothland, und nachdem auch an den
Küsten von Südermannland. Plünderungen und

Verheerungen waren aber der einzige Erfolg der Expedition. Die Schweden hatten unter dem Prinzen Friedrich, der eine Armee von 16000 Mann commandirte, so gute Vertheidigungsanstalten getroffen, daß die Russen nichts wichtiges unternehmen konnten.

Das Jahr 1716 täuschte viele Erwartungen, veränderte die Lage des Nordens auf mannigfaltige Weise. Karl fieng wieder an thätig zu agiren; war gesunken und immer mehr geschwächt und erhob sich auf einmal wieder zu einer Stärke, die seinen siegreichen Feinden furchtbar wurde. Und diese Veränderung und die ganze neue Wendung der Dinge bewirkte größtentheils ein Mann, der Baron von Görz. Karl nahm ihn zu Anfange des Jahrs vorläufig bis zu Ende desselben als Staatsminister in seinen Dienst.

Der Mangel an baarem Gelde und der Verfall der Finanzen waren die Hauptquelle der Staatsschwäche. Um derselben abzuhelfen, mußten außerordentliche Mittel gebraucht werden. Die gesammten Einkünfte des Reichs beliefen sich für das Jahr 1716 nicht auf 3 Millionen

Thaler Silbermünze, und von diesen waren über
zwey Drittheile zur Bezahlung gemachter Staats-
schulden angewiesen.   Die Schiffe der Flotte
konnten kaum ausgerüstet, noch viel weniger mit
neuen vermehrt werden; die Magazine waren
leer, die Soldaten zum Theil ohne Montirung.
Die wenigsten hatten ganze Schuhe und
Strümpfe oder lederne Wehrgehenke. Man
trug die Degen an Schnüren und Bindfaden.
Schon seit ein paar Jahren war Papiergeld,
eine beträchtliche Anzahl von Staatsobligationen
in Umlauf.   Die Stände hatten sich auf dem
letztern Reichstage für die Bezahlung ihres
Werths verbürgt. Diese Obligationen lauteten
aber auf 50, auf 100 Thaler und auf größre
Summen, konnten mithin zur Besoldung der
Soldaten und zum Umlaufe unter dem Volke
nicht gebraucht werden.   Man war dabey auf
ein neues Hülfsmittel verfallen, nehmlich Kup-
fermünzen zu prägen und diesen unter der Ga-
rantie des Staats, den Werth eines Thalers
Silbermünze beyzulegen. Karl genehmigte
dieses Mittel, und schon im Jahre 1715 fieng
man an, solche Münzzeichen von der Größe

eines Pfennigs zu prägen *). Görz schlug darauf vor, die Anzahl dieser Münzzeichen vermehren zu lassen, übernahm es, mehr baares Geld,
dessen ganze circulirende Summe sich kaum auf
zwey Millionen Thaler belief, ins Reich zu
schaffen und außer den Staatsobligationen und
Münzzeichen wurden überdem noch **Münzzettel**,
deren Werth zu 25 Thaler bestimmt war, verfertigt. Dieses imaginaire Geld vertrat vorerst

---

*) Die vom Jahre 1715 haben auf der rechten Sei-
te eine Krone und auf der Rückseite die Aufschrift: I. Daler S. M.; die von 1716 das Bild
der Minerva, in deren Schilde die 3 Nordischen
Kronen, mit der Umschrift: Publica Fide: die
von 1717 einen zum Kampf gerüsteten Ritter,
mit der Umschrift: Wett och Wapon; die von
1718 ebenfalls einen Ritter, mit vorgestrecktem
Schwerdte, einen Löwen zur Seite, mit der Umschrift: Flink och Fardig; andre von eben dem
Jahre haben das Bild eines Jupiters, mit
Donnerkeilen in der Rechten, und einen Adler
zur Seite u. s. w. Die Daler von 1716 nannte
das Volk gemeiniglich Görzens Köchin, eine
Anspielung auf Wohlleben, wozu man glaubte, daß er den Credit, die Publicam Fidem ge-
brauche. Görz wurde aber vielfach verkannt,
war auch nicht der ursprüngliche Einführer der
Münzzeichen.

mit gutem Erfolg die Stelle des würklichen, die Magazine wurden gefüllt und die Flotte und Armee im Laufe des Jahrs zu einer neuen Stärke gebracht, die in Schweden noch nicht größer gesehen war.

Kaum war Karl daselbst angekommen, so wurde aufs schleunigste alles in kriegerische Bewegung gesetzt und ein beträchtliches Heer bey Karlscrona zusammen gezogen, wohin er sich selbst begeben hatte. Er wollte die Jahreszeit und selbst seine Niederlage benutzen. Der Sund war gefroren und die Dänische Armee noch in Pommern. Es sollte eine Wintercampagne gegen die Insel Seeland unternommen werden. Zu Kopenhagen kam darüber alles in Unruhe und Bewegung. Die Garnison war äußerst schwach. Es wurden die Landsoldaten von der Insel einberufen, die Bürger bewaffneten sich und die Studenten folgten dem patriotischen Kriegsbeyspiele, das die Musensöhne der Vorzeit zu Kopenhagen schon öfter gegeben hatten, übten sich in den Waffen, und errichteten ein Regiment von 600 Mann aus sich. Die Besorgniß des Ueberfalls nahm zu.

Am

Am 18ten Januar drang eine Abtheilung
Schweden übers Eis, und besetzte die kleine
Sund = Insel, Hveen. Der Uebergang der
ganzen zusammengezogenen Armee sollte in der
Mitte des Februars erfolgen. Karl ließ im
voraus den Dänen Untergang und Verderben
drohen und den National=Haß durch die Diener der Religion entflammen. Am 7ten Februar
wurde auf seine Vorschrift in allen Kirchen von
Schonen über Psalm 18, Vers 36 bis 44 gepre-
digt *).

Allein der Himmel und die guten Vorkehrungen König Friedrichs vereitelten diese
Drohungen und Anschläge. Am 5ten Februar
fiel ein starkes Thauwetter ein, das Eis im
Sunde gieng auf; und die Brücke für die

*) „— Wenn du mich demüthigst, machst du mich
groß. — Ich will meinen Feinden nachjagen
und sie ergreifen und nicht umkehren bis ich sie
umbracht habe. Ich will sie zerschmeißen, und
sollen mir nicht widerstehn; sie müssen unter meine Füße fallen. Ich will sie zerstoßen, wie Staub
vor dem Wind. — Du hilfst mir von dem zän-
kischen Volk und machst mich ein Haupt unter
den Heiden: ein Volk, das ich nicht kannte,
dient mir. —

Schweden war dahin. Die Dänische Flotte deckte nun Kopenhagen und Seeland.

Karl faßte darauf sogleich einen andern Plan, nehmlich Norwegen anzufallen. Dieses Reich war ebenfalls von regulairem Militair entblößt. Dabey hoffte man auf den treulosen, guten Willen der Einwohner, die durch Handel und Heyrathen zum Theil mit ihren Nachbaren, den Schweden verbunden waren. Allein diese Hoffnung schlug aufs entsetzlichste fehl. Kein Volk zeigte so viele Liebe gegen ihren König, so vielen Patriotismus und solche heroische Entschlossenheit, ihr Vaterland zu vertheidigen, als das, welches Karl jetzt angreifen wollte.

Zehntausend Normänner, größtentheils Landleute, kamen freywillig zusammen, um den Feind von den Gränzen abzuhalten. Allein es fehlte ihnen, bey der Uebereilung, an Waffen, an Kriegsbedürfnissen und Unterhalt. Sie mußten daher wieder aus einander gehen. Die Schweden rückten indeß mit 3 Corps gegen Norwegen vor. Das Hauptcorps, an dessen Spitze sich

Karl befand, marschirte nach dem südlichen
Theile des Reichs, gegen die Hauptstadt desselben, Christiania. Es langte am 8ten März
auf der Gränze an. Ein Dänischer Oberster, Namens Ulrich Kruse, war so kühn und entschlossen, sich mit 200 Dragoner dem weitern Vordringen der ganzen Armee entgegen zu setzen.
Diese mußte sich seinetwegen zum Kampfe bereit
machen. Die Dragoner fochten wie Löwen. Ihr
Anführer Kruse, ein Hercules von Muth und
Natur, erlegte selbst sieben Schweden. Er
hatte drei Wunden erhalten, und fuhr fort zu
fechten. Nachdem seine mehrsten Leute gefallen
waren, ergab er sich endlich. Karl schätzte die
außerordentliche Tapferkeit bey dem Feinde, besuchte Kruse, der an seinen Wunden litt, selbst,
und fragte ihn: „wie er es hätte wagen können,
sich mit einer solchen Handvoll von Leuten einer
ganzen Armee zu widersetzen.“ Diese Armee
war ein Glück für Ewr. Majestät, versetzte Kruse; hätte ich mehr Leute gehabt,
so hätte es anders gehen sollen, und
ich wäre jetzt nicht in Ihrer Gewalt.
„Das ist ein braver Mann!“ rief Karl aus,

und fragte weiter, giebts noch mehrere solcher Männer in Norwegen? „Ich bin nur einer der Geringsten, versetzte Kruse." Und Karl erfuhr auch die Wahrheit dieser Antwort.

Er rückte gegen Christiania vor, zog am 21sten März in die Stadt und fand sie zu seiner Verwunderung fast ganz verlassen. Die Einwohner waren nach dem benachbarten Schlosse Aggerhuus oder in die Wälder entflohen, nachdem sie ihre vorzüglichste Habe in den Kellern vermauert hatten. Karl ließ darauf ein Manifest ergehen, worinn er erklärte, daß er nicht aus Eroberungsbegierde, sondern bloß, um die Herstellung des Friedens zu beschleunigen, ins Land gerückt sey, daß die Einwohner nichts zu besorgen hätten, daß sie vor Plünderungen und Gefahren gesichert seyn sollten, wenn sie sich ruhig unterwürfen u. s. w. Diese Erklärung und alles glimpfliche Verfahren machte aber auf den Nationalhaß und Patriotismus wenig Eindruck. Karl ließ die Einwohner, die aus den Wäldern zurückkehrten, mit einem Thaler oder Ducaten beschenken. Allein auch dies half nichts. Die mehrsten Flüchtlinge blieben

vorläufig Waldbewohner und ließen keine Gelegenheit unbenutzt, wenn sie Schweden um-
bringen oder ihnen Schaden zufügen konnten.
Das Schloß Aggerhuus blieb unangegriffen,
da es Karl an der nöthigen Artillerie fehlte.

Noch unglücklicher und besonderer wie ihm,
gieng es den beyden kleinern Corps, die er zur
Eroberung und Zerstöhrung der Kongsberg-
schen Bergwerke abgeschickt hatte. Der Haupt-
kommandeur dieses Militairs war der General
Christian Ashenberg. Man hatte die kleine
Stadt Moß erobert und daselbst ein großes Magazin angelegt. Der Obrist Falkenberg hielt sie
mit 800 Mann besetzt. Ashenberg stand mit seinen Truppen einige Meilen davon, bey dem Dorfe Skieberg. Er logirte bey dem Prediger Peter Rumohr. Dieser war vordem selbst Soldat
gewesen, hatte als Cornet unter den Dänen
gedient und gewann durch sein freundliches Betragen und durch seine anscheinende Ehrlichkeit,
die durch den Priesterrock noch weniger bedenklich
wurde, ganz das Zutrauen des Generals. Dieser sandte zu wiederholtenmalen Boten nach Moß
an den Obersten Falkenberg, erhielt auch

Q 3

Antworten zurück. Rumohr aber bestach die
Boten und schickte die Antworten und die ganze
Correspondenz an die Dänen. Am 17ten April
waren 3 Regimenter Norweger, die in Pommern
gedient hatten, zusammen 4000 Mann stark, an
der Küste von Norwegen angekommen. Diese
theilten sich in zwey Detaschements, marschirten gegen Moß, überfielen Falkenberg von
zweyen Seiten, nahmen den Rest seiner Mannschaft nach einer tapfern Gegenwehr zu Gefangnen und erbeuteten zugleich das ganze Magazin der Schweden.

Diese beträchtliche Einbuße hatten sie einem
Prediger zuzuschreiben. Rumohr that noch
mehr. Ashenberg verließ sich fortdauernd auf seine
Ehrlichkeit. Die Nachricht von der Einnahme von
Moß machte ihn bestürzt. Kurze Zeit darauf hörte
er, daß man in der Festung Friedrichshall die Kanonen gelöset habe. Er fragte seinen Freund Rumohr um die Ursache davon. Und dieser sagte
ihm, es wäre eine Freudensalve gewesen, er habe die Nachricht erhalten, daß ein starkes Dänisches Heer in Norwegen angekommen sey. Und
Ashenberg war so leichtgläubig und so wenig

entschloſſen, daß er eilfertig a u f b r a ch und ſich
mit ſeinen Truppen nach Schweden zurück zog.
So wurde ein P r e d i g e r der Vertreiber der
Feinde, der Befreier eines Theils des Vaterlandes.

Noch auffallender und außerordentlicher
war's, daß K a r l ſelbſt durch ein ähnliches
paniſches Schrecken mit zum Rückzuge bewogen wurde. Er war noch zu C h r i ſt i a n i a,
wußte, daß die Norweger eine neue Däniſche
Verſtärkung unter dem General von K ü ß o w
erhalten hatten, und daß man Willens war,
ein allgemeines Aufgebot an die Landleute ergehen zu laſſen. Indeß wurden die Kanonen
von dem Schloße A g g e r h u u s gelöſet. Es
war die Nachricht von der Einnahme von
W i s m a r eingelaufen. Man gab darüber
eine Freuden = Salve. K a r l hielt ſie für
das Signal, daß die Bauern = und andre
Armee im Anrücken wäre, um ihn einzuſchließen,
brach im Anfange des Mays eilig auf, und
ſetzte ſich nicht eher als eine halbe Meile von
der Schwediſchen Gränze. Hier ſah er ſeine
Uebereilung ein, wollte ſie wieder gut machen,

rückte von neuem vor, nahm einige Schanzen
weg und beschloß darauf, die Stadt Frederikshald (Friedrichshall) und das dabei
liegende Fort Frederikssteen zu überrumpeln.
Allein man hatte sich schon längst in der Stadt,
die ohne alle Besatzung war, zum Angriffe gefaßt gemacht. Ein reicher Kaufmann daselbst,
Nahmens Kolbiörnsen, stand an der Spitze
der Patrioten, errichtete ein Corps von Freywilligen, das durch Bauern aus der benachbarten Gegend verstärkt wurde, vertheilte unter
seine Mitbürger Bomben, Grenaten, Schwe-
fel und andre feuerfangende Sachen, um damit nöthigen Falls die Häuser in Brand zu
stecken, und unternahm selbst gegen die feindlichen Vortruppen eine glückliche Expedition.
Der Küster eines benachbarten Dorfs brachte
ihm die Nachricht, daß zwey Meilen von der
Stadt einige hundert Schweden angekommen
wären. Er marschirte ihnen entgegen. Der
brave Küster wurde das Opfer seines Muths.
Indeß vertrieb man die Schweden. Solche
Beyspiele von Vaterlandsliebe und Heroismus
sind der Anführung der Geschichte würdiger,

als manche geräuschvolle gewöhnliche Vorgänge.

. Am 4. Julius rückte Karl mit 2500 Mann gegen Frederikshald an. Der Ort erhielt in der Kriegsgeschichte unsers Jahrhunderts eine Merkwürdigkeit und Auszeichnung, wie sie keine andre Stadt aufweisen kann. Unter Anführung Kolbiörnsen's stellten sich die Bürger dem Könige entgegen. Es kam zu einem blutigen Kampfe. Die Disciplin und Ueberlegenheit siegte endlich. Karl aber sollte die Früchte seines Sieges nicht genießen. Kolbiörnsen ließ sein Haus in Brand stecken. Andre Mitbürger folgten. Die Dienstmädchen zeigten sich dabei wie Heldinnen, beförderten den Brand und vernagelten selbst einen Theil der Kanonen am Hafen, und flüchteten darauf mit den übrigen Einwohnern nach dem Berg-Fort Frederiksteen. Die Schweden waren beschäftigt, den Brand zu löschen. Man schoß aber unaufhörlich aus dem Fort, um den Brand zu befördern. Ein Pechkranz traf ein Haus, auf dessen Boden Bomben in Hanf und Flachs versteckt lagen. Die Flamme wurde dadurch überall ver-

Q 5

breitet. Karl selbst gerieth in die größte Lebens-
gefahr. Eine Bombe traf das Haus, worinn er
sich aufhielt, er wurde bis an die Brust in Schutt
begraben, und eilte gegen Abend, aus einer
Stadt zu kom.nen, in der keine bleibende Stätte
war, die die Bürger lieber ruiniren als von einem
Feinde besetzen lassen wollten. Der Rückzug war
noch verheerender als der Einzug und Aufenthalt.
Die Truppen mußten eine Brücke passiren, die
von der Artillerie des Forts bestrichen werden
konnte. Karl verlohr ein Drittheil der ganzen
Mannschaft, hatte indeß sein Leben gerettet, —
das er in der Folge in der Nähe eben dieser Un-
glücksstadt beschließen sollte.

Zu diesem Mißgeschick kam vier Tage darauf
noch ein anders, das nicht weniger empfindlich
war. Der Dänische Hof hatte den Schwedischen
Angriff auf Frederikshald vorausgesehen. Man
wollte der Stadt mit Kriegs = und Lebensbedürf-
nissen zu Hülfe kommen. Ein schwieriges Unter=
nehmen, da die Stadt von der See = und Landsei-
te von den Schweden umgeben war. Man wählte indeß zu der Expedition einen Mann, der sich
schon länger, besonders im Jahre vorher durch

außerordentliche Thaten ausgezeichnet hatte —
den schon oben angeführten Capitain Weßel.
König Friedrich hatte ihn zur Belohnung seiner
Tapferkeit am 4. Februar unter dem Nahmen
Tordenskiold (Donnerschild) in den Adelstand
erhoben. Und er zeigte, daß er der neuen Auszeichnung würdig war.

Die Schweden hatten den Hafen von Frederikshold, den Meerbusen von Dynckillen, besetzt.
Er war durch die Kunst und Natur und zugleich
durch eine überlegne Anzahl von Schwedischen
Kriegsschiffen verwahrt. Tordenskiold gieng
mit 2 Fregatten und 5 kleinern Kriegsschiffen unter Seegel und erfuhr unter Weges, daß ein
Theil der Schwedischen Befehlshaber auf den 4.
Julius einer Hochzeit beywohnen würde. Er
beschloß, dies Festin zu benutzen, und segelte bey
einem günstigen Winde mit Anbruch des Morgens in den Hafen. Die Schweden wurden über-
rascht, setzten aber doch bey ihrer Ueberlegenheit
Tordenskiold viele Hindernisse in den Weg.
Er achtete diese nicht, hatte nach einem 12stündi-
gen Gefecht das Glück, die Batterien am Hafen
zu erobern, und die Schweden fiengen an, ihre

Schiffe in Brand zu stecken, und ans Land zu
fliehen. Tordenskiold übertraf sie aber an Thätigkeit, machte, daß nur 11 Schiffe vernichtet
wurden, nahm die übrigen, 8 Kriegsfahrzeuge
und 21 Proviantschiffe, und segelte mit seiner
schönen Beute davon.

Dieser kühne Sieg beförderte die Befreiung
Norwegens. Karl hatte es in einem wehrlosen Zustande überfallen, sah, daß in einem Lande nichts auszurichten sey, wo jeder Einwohner
zur Vertheidigung bereit war, und trat nach einer 4monatlichen Expedition, der fruchtlose-
sten, die er noch unternommen hatte, seinen Rückmarsch nach Schweden an, ließ eine Armee an
der Norwegschen Gränze, hatte eine andre bey
Stockholm und zog die übrigen Truppen in dem
südlichen Theile des Reichs zusammen, das mit
einem feindlichen Ueberfalle bedroht wurde.

König Friedrich von Dänemark wollte eine
Landung in Schonen vornehmen, und zwar mit
vereinigter Hülfe von Rußland. Der Czar Peter war nach der angeführten Vermählung seiner
Niece mit dem Herzog Leopold von Meklenburg,
mit einer ansehnlichen Kriegsmacht selbst nach

Meklenburg gekommen. Der Herzog stand damals in sehr heftigen verwickelten Streitigkeiten mit der Ritterschaft seines Landes. Diese fand unter andern auch Schuz bey dem Könige von Großbrittannien und Dänemark. Peter stand dagegen seinem Anverwandten bey und verlegte seine Truppen auf die Güter der Ritterschaft.

Diese wurde auf einige Zeit glücklich durch Dänemark erleichtert. König Friedrich kam im Anfange des Junius zu Hamburg an. Auch Peter traf daselbst ein. Man verabredete die Landung in Schonen, und den Russischen Beystand dazu. Peter versprach denselben, kehrte nach dem Meklenburgschen zurück, ließ zu Rostock auf 48 Galeeren 15000 Mann nach Seeland einschiffen, 5000 Mann Cavallerie zu Lande den Marsch dahin antreten, und begab sich darauf mit seiner Gemahlin selbst nach Kopenhagen, wo er am 17ten Julius ankam.

Peter war aber ein gefährlicher Alliirter geworden. An die Stelle der Verbündung und Freundschaft war der Geist geheimer Zwietracht, der Eifersucht und selbst feindlicher Absichten getreten. Die Veranlassungen dazu verdienen näher

angeführt zu werden. Peter hatte im Anfange
des Jahrs dem Englischen Hof den Vorschlag zu
einer nähern Allianz machen lassen, wobey er zur
Absicht hatte, sich den Besitz der eroberten Schwedischen Provinzen an der Ostsee garantiren zu lassen.
König Georg war aber hierzu keineswegs geneigt,
wollte nur, zur Beförderung der Englischen Handlung nach den neuen Rußischen Besitzungen an der
Ostsee, einen Commerztraktat schließen. Kurz
darauf wurde Wismar eingenommen. Der
Wunsch Peters, diese Stadt zu besitzen, wurde
ebenfalls durch die Alliirten vereitelt. Er sah
sehr ungern die Ausbreitung der Dänischen Eroberungen. Sein Mißvergnügen wurde bald
durch einen andern Einfluß entscheidend, und zu
neuen Absichten geleitet.

Um wegen des Schwedischen Handels Einrichtungen zu treffen, und durch denselben baares
Geld ins Land zu schaffen, hatte sich der Baron
von Görz, mit uneingeschränkter Vollmacht für
alle seine Unternehmungen, im Monat May nach
Holland begeben. Er erfuhr die Unzufriedenheit des Czars mit seinem Alliirten, wandte sich
an den Gesandten desselben im Haag, den Fürsten

Kurakin, machte diesem die nachtheiligsten Vorstellungen von dem Benehmen und den Absichten
der Rußischen Alliirten, gewann das Zutrauen
desselben und theilte ihm einen Entwurf zu einem
Separat-Frieden zwischen Schweden und Rußland mit. Demnach sollte der Czar von den gemachten Eroberungen Finnland wieder abtreten
und Schweden die deutschen Provinzen wieder
verschaffen, wogegen dieses nöthigen Falls selbst
behülflich seyn wollte, ihn zu dem Besitz von einigen Dänischen und Hannöverschen Provinzen zu
verhelfen. Dieser Plan entsprach grade den
Hauptwünschen, die Peter hatte, nämlich festen
Fuß in Deutschland zu fassen, und zugleich neues
Küstenland an der Ostsee zu bekommen. Der
Fürst Kurakin fand den Anschlag so wichtig,
daß er selbst nach dem Meklenburgschen abreisete,
und ihn dem Czar communicirte. Dieser hielt
ihn, so eigen und schwierig auch die Gegenstände
desselben waren, für nicht verwerflich, und kam
mit dem Geheimnisse des Projekts zu Kopenhagen an.

Seine Ankunft daselbst hatte man für den Zeitpunkt der Unternehmung der Expedition gegen

Schonen gehalten. Allein er verschob dieselbe
immer länger, wandte vor, daß die Flotte zur
Ueberfahrt noch nicht stark genug sey, daß man
die Erndte in Schweden erst abwarten müsse, um
für die Armee hinlänglichen Unterhalt zu finden,
forderte das Versprechen, daß seine Truppen, deren Stärke noch einmal so groß war, als man sie
bestimmt hatte, nicht die ersten bey den Angriffen
seyn sollten u. s. w. Dem Dänischen Hofe waren diese Zögerungen und Verstellungen so unangenehm, als unerklärbar. Der König von England läsete endlich das Räthsel. Er benachrich-
tigte Friedrich durch ein eigenhändiges Schreiben, daß der Czar Willens sey, sich der Insel
Seeland und mit ihr — selbst des ganzen Königlichen Hauses zu bemächtigen.

Eine Absicht von einem Bundesgenossen, die
so unglaublich treulos als chimärisch schien, die
aber bald durch mehrere Anzeigen zum Theil nur
zu viele Wahrscheinlichkeit erhielt. Peter verlangte die Schlüssel zu einem Thore von Kopenhagen, wünschte zu mehrerer Bequemlichkeit einen Theil seiner Truppen in die Festungsplä-
tze zu verlegen, ließ unter dem Schein der Neu-
gier-

gierde die Tiefe der Kopenhagschen Graben untersuchen, nahm die Festung Kronenburg in Augen-
schein, — lauter beunruhigende Ansuchungen
und Vornehmungen. Man mußte den bösen Absichten mit Nachdruck entgegen kommen. Es wurde also zum endlichen Termin der Expedition nach
Schonen der 21ste September festgesetzt. Peter
machte wieder Vorwände, und erklärte sich allein
unter der Bedingung dazu geneigt, wenn ihm
zwey Thore von Kopenhagen eingeräumt und
ein Theil seiner Truppen mit zur Besatzung der
Stadt genommen würde. Nach einer solchen
Aeußerung war keine Zeit mehr zu verlieren.
Friedrich ließ seine ganze Armee von 26000 Mann
unter die Waffen treten, die Wachen in Kopenhagen verdoppeln, alle Hauptplätze mit Kanonen besetzen, den Bürgern verbieten, Russen zu
beherbergen, und ersuchte darauf am 26. Sept.
den Czar durch ein Handschreiben, die Dänischen
Staaten mit seinem Heere zu verlassen, da seine
Unterthanen nicht im Stande wären, die nöthigen Lebensmittel herbeyzuschaffen, und die monatlichen Kosten von 40,000 Thalern für die Russische Flotte aufzubringen. Peter sah so seine

Abſicht vereitelt, that indeß noch einen Verſuch, indem er vorſtellte, daß der größte Theil ſeiner Truppen im Däniſchen und die Flotte bey Kopenhagen den Winter über zurück bleiben möchten, um im Frühlinge deſto eher die Landung mit unternehmen zu können. Allein auch dieß Anſuchen wurde abgeſchlagen. Die Ruſſen giengen darauf am Ende Octobers nach Meklenburg zurück. Man war froh, die ſchönen Alliirten los zu ſeyn. Peter wollte indeß durchaus Beſitzungen an der Oſtſee haben, ließ am 13ten December der Stadt Lübek den Hafen Travemünde wegnehmen, mußte ihn aber, auf Verwendung der benachbarten Mächte, bald wieder zurückgeben, ſuchte darauf den Herzog von Meklenburg zu bewegen, ihm gegen einige Curländiſche und Liefländiſche Diſtrikte ſein Herzogthum abzutreten; — aber auch das war vergebens.

So waren die Dänen während des Jahrs 1716. größtentheils in Unthätigkeit, und die Schweden in Ruhe verſetzt worden; ein unerwarteter Erfolg, der beſonders mit Görz zuzuſchreiben war. Indeß die Alliirten immer mehr in größre Eiferſucht und Bewegung gegen einander

geriethen, wurde inzwischen die Ruhe in Polen
wieder hergestellt. Der Geist der Zwietracht hat=
te besonders seit der Rückkunft Karls aus der
Türkey neues Leben bekommen. Es entstanden
neue Conföderationen; die Anzahl der Freunde
der Unruhen vermehrte sich. August mußte gegen
seine eignen Unterthanen Krieg führen. Man
haßte die Sächsischen Truppen, sahe sie als
die Zerstöhrer der republikanischen Freyheit an,
überließ sich den Greueln der Anarchie, steckte
Dörfer und Städte in Brand und machte selbst
einen Versuch gegen Warschau. Dieser aber miß=
glückte. Die Sächsischen Truppen unter dem
General Baudis hatten die Russen zu ihrer
Stütze. Nach langem Blutvergießen und vielen
unseligen bürgerlichen Zerrüttungen wurde endlich
unterm 18ten Januar 1716. zu Raba ein Friede
zwischen dem Könige und seiner Nation geschlos=
sen, bald darauf wieder gebrochen und endlich auf
dem Reichstage zu Warschau am 3ten No=
vember 1716. erneuert und definitiv bestimmt.
Die Hauptbedingungen des Tractats waren fol=
gende: Alle Sächsische Truppen, außer den
1200 Mann Leibgarde, sollten aus Polen entfernt,

alle Conföderationen des Adels aufgehoben, die
Polnischen Prinzen Jakob und Constantin in
ihren Rechten und Freyheiten nicht beeinträchtigt,
und allen Anhängern des Stanislaus Les-
zinski, und ihm selbst, eine völlige Amnestie
bewilligt werden, wenn sie binnen drey Monaten
ins Reich zurückkehrten. Die Sächsischen Truppen entfernten sich darauf aus Polen, die Russen
blieben noch darinn, und der Thron Augusts
war gegen fernere Unruhen und Ausschweifungen
des Freiheitsgeistes gesichert.

Das folgende Jahr 1717. war für den Norden noch weniger wie das vorhergehende ein krie-
gerisches Jahr. Unterhandlungen und Staatska-
balen machten die Hauptmerkwürdigkeit aus. Um
seine Hauptabsicht durchzusetzen, war Görz noch
im Jahre vorher auf den Einfall eines neuen
Plans gerathen. Der König von England hatte
sich durch die Besetzung von Bremen und Verden
und durch die zugleich erfolgte Kriegserklärung,
Schweden, und nächstdem auch den Czar Peter
zum Feinde gemacht. Nachdem er zur Regierung
gekommen war, regte sich auf einmal wieder der
Partheygeist. Man suchte den vorgeblichen Sohn

des vorletzten Königs Jakobs des Zweyten, den
Prätendenten oder sogenannten Ritter von
St. George, wieder auf den Thron zu bringen,
und ergriff in England und Schottland die Waffen.
Der Prätendent kam am Ende des Jahrs 1715.
selbst nach Schottland, ließ sich zum Könige aus=
rufen, mußte aber im folgenden Februar wieder
davon eilen, da 100000 Pfund Sterling auf sei=
nen Kopf gesetzt waren.

Görz wollte die Umstände benutzen, wandte
sich an den Prätendenten, versprach ihm, daß der
König von Schweden im Frühlinge 1717. zu sei=
nem Besten eine Landung mit 12000 Mann in
England oder Schottland unternehmen würde,
und erhielt von ihm und seinen Anhängern 20000
Guineers und noch weitre Unterstützungen zu der
Expedition. Die Schwedischen Gesandten in Lon=
don und Paris, der Graf Karl Gyllenborg
und der Baron Eric Sparre betrieben die Sa=
che werkthätig mit. Auch der Czar Peter muß=
te darum, billigte die Unternehmung, so sehr er
es auch nachher leugnete. Man hatte den Doctor
Arskine, einem gebohrnen Schottländer und
eifrigen Jacobiter gewonnen, und mit ihm Corre=

spondenz unterhalten. Auch der Spanische Staatsminister, Alberoni wurde zum vertrauten eifrigen Freunde des Projekts gemacht. Dieß hatte
aber nach allem Anscheine mehr eine bloße Beun-
ruhigung als eine wirkliche Diversion oder eine
Thronrevolution zum Gegenstande.

Die Bemühungen der Jacobiten blieben
indeß in England nicht unbemerkt. Um sich gegen dieselben in Sicherheit zu setzen, wurde in der
Allianz, die am 4. Januar 1717. zwischen England, Frankreich, und Holland geschlossen
wurde, ausgemacht, daß sich der Prätendent
von Avignon nach Rom entfernen, und auf keine
Weise von Frankreich unterstützt werden solle.
Kurz darauf wurde — man weiß nicht gewiß, ob
durch eine nach Norwegen verschlagne, nach Holland bestimmte Schwedische Postjagd, oder durch
die Eröffnungen des Regenten von Frankreichs,
des Herzogs von Orleans, die ganze Verschwö-
rungs-Correspondenz entdeckt, am 9. Febr. darauf der Schwedische Gesandte zu London, Graf
Gyllenborg, und auf Requisition des Königs
von England auch am 21sten der Baron von Görz
zu Arnheim in Geldern arretirt. Man bemäch-

tigte sich ihrer Papiere und machte ihre Corre=
spondenz durch den Druck bekannt. Die Sache
machte vieles Aufsehen. Man hielt die Arretirung
Gyllenborgs für eine Verletzung des Völker=
rechts. Es wurde eine Commission über ihn nie=
dergesetzt. Die Resultate enthielten aber keine be=
sondre Beweise. Görz, der nur im Allgemeinen
für die Personen, mit denen er zu verhandeln hat=
te, die Qualität eines Schwedischen Bevollmäch=
tigten, nicht den Charakter eines accreditirten Ge=
sandten hatte, kam in Gefahr, an den König von
England ausgeliefert zu werden. Indeß wurde er
bey seinen nachdrücklichen, einschmeichelnden Vor=
stellungen am 21sten Julius von den Staaten von
Geldern und im September auch der Graf von
Gyllenborg wieder in Freyheit gesetzt. Karl hat=
te Repressalien gebraucht und den Englischen und
Holländischen Gesandten zu Stockholm gleichfalls
arretiren lassen. Sie erhielten ihre Freyheit wie=
der, als Gyllenborg nach Schweden zurück=
kam. Karl hatte erklären lassen, daß er den blos=
sen Verdacht eines Revolutions = Plans gegen Eng=
land, für eine Beleidigung hielte, und seinen Ge=
sandten bestrafen würde, wenn er wieder seine

Würde gehandelt habe. Gyllenborg wurde aber von Karl aufs gnädigste empfangen, mit seinem ganzen Zutrauen beehrt, und zum Staatssekretair ernannt.

Bey den uneinträchtigen Verhältnissen mit England war die Parthey von vieler Wichtigkeit, welche Frankreich ergriff. Der Kaiser und der König von England gaben sich viele Mühe, die Rußischen Truppen aus Mecklenburg zu entfernen. Der Czar Peter widersetzte sich aber auf das entschlossenste. „Mein Verfahren hierbey, war die Antwort, die er dem Kaiser ertheilen ließ, läuft nicht mehr wider den westphälischen Frieden, als wenn der König von England, als Churfürst, Bremen und Verden zu behalten gesonnen ist. Ich bin Willens gewesen, meine Kriegsvölker aus Mecklenburg abzuführen. Aber nun ich vernehme, daß der Kaiser dieses fordert, will ich, daß meine Leute da bleiben sollen, und ich habe Lust zu sehen, wer sie herausjagen wird.„ Unter den Personen, die Peter in seiner Abneigung gegen den König von England zu bestärken suchten, war auch

der Exgouverneur von Bremen und Verden, der
Graf Wellingk. Er hatte nach der Rückkunft
Karls sich zu Stralsund bey demselben eingefunden,
sein Betragen zu rechtfertigen gesucht, seine Di-
mission erhalten, und sich als Privatmann nach
Bremen begeben.

Der Czar Peter war noch im December
1716. nach Holland gereiset, und begab sich
am 4ten April von Haag nach Paris. Auch
Görz reisete nachdem dahin, um den Herzog Regenten zu bewegen, Schweden mit gewaffneter
Macht, oder wenigstens mit Gelde zu unterstützen.
Allein der Regent fand nicht für rathsam, England zum Feinde zu haben, und sich in kriegerische
Verwicklungen einzulassen. Görz erreichte seine
Absicht nicht und auch die Rußischen Unterhandlungen blieben ohne den thätigen Erfolg, den Peter wünschte. Indeß wurde am 4ten August zwischen Rußland, Frankreich und Preus-
sen eine Allianz geschlossen, des wesentlichen geheimen Inhalts: daß sich diese Mächte gegenseitig den Besitz ihrer Lande versicherten, sich im
Fall fremder Angriffe beyzustehen versprachen, und
daß Rußland und Preussen bey der Friedensunter-

R 5

handlung mit Schweden die Französische Vermittlung annehmen wollten. So waren die Eroberungen dieser beyden Mächte vorläufig mehr gesichert.

Peter gieng im Julius von Paris nach Holland zurück; eben so auch Görz. Am 21sten
August hatte dieser auf dem Schloße Loo beym
Haag eine geheime Zusammenkunft mit dem Czar,
deren Erfolg für Schweden wichtig war. Görz
versprach nämlich diesem, drey Monate nach seiner Rückkunft in Schweden einen für ihn annehm-
lichen Separat-Frieden zu Stande zu bringen,
erhielt dagegen das Versprechen, daß sich Rußland während dieser Zeit aller Feindseligkeiten enthalten würde, begab sich darauf insgeheim nach
Sachsen, wo er mit seinem Freunde, dem Minister Grafen von Flemming eine Unterredung
hielt, reisete nach Liefland und von da zur See
nach Stockholm, wo er am 23. November ankam.

Auch Czar Peter trat seine Rückreise an.
Seine Expedition und Wanderung war für den
Dänischen Hof, für die Meklenburgsche Ritter-
schaft, für Lübek rc. unangenehm gewesen; am
lästigsten wurde aber sein Besuch für Danzig.
Wie er im April 1716. daselbst angekommen war,

wurde die Stadt, unter Anführung allerley Klagen über ihre Partheylichkeit, zu einem Geschenke
von 100,000 Thalern und zu dem Versprechen gezwungen, während des Kriegs keine Handlung
noch Correspondenz nach Schweden zu führen
und 3 Fregatten gegen dies Reich auszurüsten.
Dieser Traktat, eine harte Folge der Uebermacht
gegen Schwäche, wurde aber nach der Rußischen
Vorstellung bald gebrochen; und am 17ten September 1717. bey der Rückreise Peters, eine
neue Convention geschlossen, wodurch der Inhalt
aller vorhergegangnen drückenden Bedingungen bestätigt, die Stadt zu einer neuen Geldbuße von
140000 Thalern genöthigt, und dagegen versprochen wurde, daß die Rußischen Truppen, die in
das Danziger Gebiet gelegt worden waren, entfernt werden sollten. Nach einer Abwesenheit von
16 Monaten traf darauf der Czar am 17ten October wieder zu St. Petersburg ein. Seine Truppen hatten endlich, außer 3000 Mann, die zur
Unterstützung des Herzogs zurückblieben, im Julius ihren Rückmarsch aus dem Meklenburgschen
angetreten.

Die Kriegsunternehmungen in diesem Jahre waren ohne Bedeutung, schränkten sich bloß auf Seezüge ein. Der König von England hatte schon unterm 15ten Julius 1716. dem Schwedischen Hofe ein Memoire übergeben lassen, worinn verlangt wurde, daß derselbe für die aufgebrachten Englischen Schiffe Ersatz gäbe, die Fortsetzung der Kaperenen verbiete, und den Anhängern des Prätendenten keinen Beystand ertheile, mit dem Beyfügen, daß, wenn hierauf keine bestimmte Antwort erfolge, dieses für eine Kriegserklärung gehalten werden sollte. Karl verschob die Antwort ein halbes Jahr lang, und schlug nachdem alle Forderungen ab. Eine Englische Flotte kreuzte darauf in diesem Jahre vor den Schwedischen Häfen und stöhrte die Handlung. Ebenfalls war auch eine Dänische Flotte ausgelaufen; sie unternahm aber nichts. Dagegen ruhte der kühne Muth Tordenskiolds nicht; er verließ sich auf sein Glück, griff am 12ten May mit einer kleinen Eskadre den Schwedischen Vice-Admiral Wilster an, um die in dem Fluße bey Gothenburg liegenden Schiffe zu zerstöhren, und machte am 19. Julius, ohne Ordre dazu zu haben, einen

Verſuch, Strömſtadt zu erobern. Beyde Unternehmungen liefen aber für ihn unglücklich ab.

Mit Entwürfen, die einer Seits zum Frieden
führen ſollten, andrer Seits aber nur die Ver-
längerung des Kriegs und neue Verwicklungen erwarten ließen, trat man das Jahr 1718 an; ein
Jahr, das durch den Fall des Königs, der bey
dem ganzen langen tragiſchen Schauſpiele die
Hauptrolle führte, ſo unerwartet entſcheidend und
vernichtend für die Projekte wurde, die man ſo
mühſam und ſo eifrig betrieb.

Rußland war, wie ſchon erwähnt worden, geneigt, mit Schweden einen Separat-
Frieden zu ſchließen. Görz kam zurück und
Karl war mit dem Plane ſehr zufrieden, den
er entworfen, und dem Czar Peter annehm-
lich gemacht hatte. Um ihn zu unterhandeln
und zu Stande zu bringen, wurde ein Congreß auf der Inſel Aland angeſetzt. Das
Intereſſe und die Umſtände erforderten es, die
Unterhandlungen geheim zu halten. Zu Bevollmächtigten wurden Rußiſcher Seits der General der Artillerie Bruce, und der gehei-

me Canzleirath Ostermann, und Schwedischer Seits der Graf Karl Gyllenborg,
und der Baron von Görz ernannt. Hierzu
kam noch ein Abgeordneter von den Jacobiten
in England, und ein Holsteinscher geheimer
Sekretair.

Die Conferenzen nahmen am 15ten May
ihren Anfang. Der Entwurf, über den man
berathschlagte, war in seinen Hauptpunkten folgender: Rußland sollte außer Finnland alle Eroberungen behalten, Schweden dagegen alle
verlohrnen deutschen Länder wieder bekommen,
und Norwegen erobern, und der König
Stanislaus Polen, der Prätendent Großbrittannien, und der junge Herzog von Holstein-
Gottorp, alle ihm entrißne Besitzungen und die
Anwartschaft auf die Schwedische Thronfolge erhalten. Bey den Schwierigkeiten, die über einzelne Punkte der Unterhandlungen entstanden, begab sich Görz, um nähere Anweisungen zu erhalten, im Junius nach Schweden zum Könige Karl, reisete nach Aland zurück, sah sich
aber im September wieder genöthigt, nach
Schweden zu gehen, übertrug indeß seine Ge-

schäfte dem Feldmarschall Rheenskjold, der nach
einer neunjährigen Gefangenschaft gegen zwey
Rußische Generals wieder in Freyheit gesetzt
worden war.

Noch ehe der Congreß seinen Anfang nahm,
hatte inzwischen der König von England, um
sich von den Besorgnissen wegen der Jacobiten
zu befreyen, dem Schwedischen Hofe Anträge
zu einem Frieden machen lassen. Karl war auch
dazu geneigt, unter den Bedingungen aber, daß
ihm Georg die Herzogthümer Bremen und Verden für die Summe wieder abträte, für welche
er sie an sich gebracht hatte und ihn überdem mit
einer Flotte von 12 Linienschiffen gegen Dänemark unterstütze. Diese Bedingungen waren
aber mit dem Interesse Georgs unverträglich, er
schlug sie ab, schloß dagegen am 9ten Junius
ein neues Vertheidigungsbündniß mit Dänemark
und ließ die Flotte desselben durch eine Escadre
verstärken.

Schweden gab indeß das Schauspiel einer
Kriegsrüstung von einer Größe, wie es dasselbe
fast noch nie aufgestellt hatte. Karl wollte das

Reich erobern, das ihm im Jahre vorher so vie=
len Aerger gemacht hatte — Norwegen —
ein Unternehmen, wobey er gewiß war, von
Rußland nicht gestöhrt zu werden. Er hatte da=
zu alle noch übrige Kräfte seines geschwächten
Reichs, eine Armee von 72000 Mann gesammel=
let. Zu dieser kam noch ein Korps von 14000
Mann Landmiliz, das erforderlichen Falls auch
in Bewegung gesetzt werden konnte. Ein großer
Theil der Armee bestand aus Freywilligen. Das
ansehnliche Handgeld, welches den Recruten ge=
geben wurde, war zugleich von gutem Erfolge
gewesen. Den Werbern war alle gewaltsame
Enrollirung von Professionisten verboten. Die
Handwerksgesellen aber, die man über die
Feyer des blauen Mondtags antraf, muß=
ten mit zu Felde ziehen.

Die Operationen gegen Norwegen sollten
von zweyen Seiten unternommen werden. Die
Expedition in dem südlichen Theile übernahm
Karl, und die im nördlichen, übertrug er dem
Generallieutenant, Baron Karl Armfeld, der
vorher mit so vieler Auszeichnung in Finnland
kom-

kommandirt hatte. Diesen wollen wir zuerst auf
seinem unglücklichen Feldzuge begleiten. Er erhielt dazu ein Heer von 10000 Mann, größtentheils Finnländern. Das üble Terrain und die
Gränzposten hielten ihn länger vom Vorrücken
ab. Endlich brach er am 7. September von
Jemteland aus in Norwegen ein, nahm verschiedene Schanzen weg, und rückte im Anfange
Oktobers vor die Stadt Drontheim. Diese
fand er aber so gut besetzt, und befestigt, daß er
keinen Angriff und keine Belagerung wagen konnte. Es fehlte ihm an Geschütz und noch mehr an
Lebensmitteln. Er zog sich zurück, plünderte die
Kupferbergwerke zu Röraas und wurde von dem
Drontheimschen Regimente und 600 Skielöbern
oder schrittschuhlaufenden Soldaten verfolgt.
Man zog die Landleute zusammen; er lief Gefahr
eingeschlossen zu werden oder vor Hunger umzu-
kommen, eilte daher, wieder nach den eroberten
Schanzen zu kommen. Diese aber waren von seinen Soldaten verlassen, nicht aus Feigheit oder
Treulosigkeit, sondern aus Mangel an Nahrung.
Seine eigne Verlegenheit wegen derselben wurde
immer schrecklicher. Es war Winter. Um dem

Hunger auszuweichen, beschloß er, nach Schweden, nach Jemteland zurückzukehren. Er erhielt
auch selbst Befehl dazu. Der nächste Weg ins
Vaterland führte über ein 8 Meilen langes Gebürge. Es konnten Umwege genommen werden.
Diese ließen aber sowohl von den Feinden als
durch die längren Zögerungen noch größere Gefahren besorgen.

Am 12ten Januar 1719 wurde daher der
Marsch über das Eisgebürge angetreten. Man
achtete die Schwierigkeiten nicht. Die Jahrszeit vereinigte aber ihre Wuth zum Untergange
des Heeres. Es entstand eine heftige Kälte,
von einem dreytägigen Sturm begleitet, der auf
dem Gebürge um so tobender und schrecklicher
war. Er wirbelte den Schnee herum, benahm
die Kenntniß des Weges, trennte die Theile des
Heeres, das schon von Strapazen ermattet, ohne hinlängliche Nahrung, ohne Obdach, ohne
Materialien war, sich erwärmen zu können —
und so fast ganz ein Opfer der Kälte wurde.
Man führte einige gefangne Dänische Dragoner
mit sich. Sie befanden sich beym Vorderzuge,

erhielten Freyheit, bey dem allgemeinen Elende
selbst ihre Rettung suchen zu können, traten ihren Rückzug an, stießen auf das Hauptheer, fanden es größtentheils erfroren, nahmen verschiedne von denen, die sie noch lebendig trafen, aber
mit wenigem Erfolge der Rettung, mit sich, und
überbrachten die Nachricht von der Vernichtung
der Feinde nach Drontheim. Der Kommandant daselbst, Generalmajor Budde, sandte sogleich 300 Skielöber mit 150 Schlitten auf das Gebürge. Eine traurige unglückliche Erscheinung,
die selbst den Feind rührte! Man fand Regimenter in völliger Marschstellung, Escadrons im Zuge begriffen, Menschen und Pferde erstarrt, Soldaten die beschäftigt gewesen waren, Feuer von
Flintenschäften anzulegen, hier ganze Haufen fast
in Schnee vergraben, und dort Glieder von Unglücklichen, die von den Felsen gestürzt waren.
Die Norwegschen Soldaten kehrten mit beträcht-
licher Beute zurück. Die Menge der todten Körper machte das Gebürge zu einem Sammelplatze
wilder fleischfressender Thiere, und auf mehrere
Jahre zu dem letzten Jagdplatze in der Gegend
herum. Fast das ganze Armfeldische Heer war

dahin. Kaum 500 Mann davon sahen ihr Vaterland wieder.

Karl erfuhr das Unglück nicht mehr. Er
selbst hatte seinen Zug nach Frederikshold genommen; ein Zug, der wegen des
üblen, durchschnittenen Terrains mit vielen Be-
schwerlichkeiten verbunden war. Das Genie
fand indeß Mittel, sie zum Theil zu erleichtern.

Der berühmte Schwärmer und Mathematiker, Emanuel Schwedenborg entwarf unter
der Direktion des Generals Dükert den Plan,
Schiffe zu Lande fortzubringen; ein Plan, der
auch ausgeführt wurde. Man machte zwischen
dem Meerbusen von Strömstadt und dem Meerbusen Ide einen ebenen Damm von behauenen
Bäumen, beynahe 3 Meilen in der Länge und
brachte über denselben, am 17ten Julius 18 kleine Kriegsfahrzeuge nach dem letztern Wasser.
Die Bürger von Fredrikshold ahmten die künstli-
che Operation nach, brachten ebenfalls einige
Chaluppen zu Lande nach ihrem Hafen, verwan-
delten ihre Handelsschiffe in Kriegsschiffe und ver-

wehrten den Schweden länger die Paſſage aus
dem Meerbuſen Joe in den Swineſund. End=
lich mußten ſie am 14ten November der Ueber=
macht weichen. Karl zog darauf gegen Frede=
rikshold, ließ am 4ten December die Laufgra=
ben eröffnen, eroberte am 9ten die Schanze Gül=
denlöwe und machte Anſtalten, ſowohl die Stadt
als das dabey liegende Fort Frederiksſteen, mit
Sturm einzunehmen.

Am 11ten December (30. November alten
Styls) war der erſte Adbents=Sonntag. Die
Belagerungs=Arbeiten ruhten. Karl wohnte
ſelbſt des Morgens und Nachmittags den Pre=
digten bey, die im Lager gehalten wurden,
und begab ſich noch des Abends in die Lauf=
graben. Aus Frederikshold wurde fortdauernd
geſchoſſen. Seine beyden einzigen Begleiter wa=
ren der Oberingenieur Megret und der General=
adjutant Sikert, oder Siquier, beyde Franzo=
ſen von Geburt. Erſterer dirigirte die Belage=
rungsanſtalten. Karl zeigte ſich unwillig dar=
über, daß ſie noch nicht weiter gediehen wären,
und Megret betheuerte, bey Verluſt ſeines Kop=

S 3

fes, ihm binnen acht Tagen die Festung zu verschaffen. Sikert entfernte sich indeß. Der König blieb allein; Megret kam wieder zu ihm —
es war nach zehn Uhr des Abends — und fand
ihn getödtet. Eine Kugel war ihm von der
Seite der rechten Schläfe durch den Kopf gegangen. Er lehnte diesen auf die Brustwehr,
hielt seine Hand auf das Degengefäß und war
mit Blut überlaufen. Indeß kam Sikert, mit
einigen andern Officiers herbey, Megret ver-
kündigte ihnen den Tod des Königs, man be-
nachrichtigte den Prinzen von Hessen davon,
dieser eilte sogleich herbey, ließ den Leichnam in einer Sänfte nach dem Hauptquartier
bringen *), hielt Kriegsrath, gebot, den To-
desfall auf das geheimste zu halten, ließ durch
den General Dükert die Pässe nach Dänemark

---

*) Er wurde nachher nach dem Lustschloße Karls-
berg gebracht, und am 26sten Februar 1719. in
der Ritterholmskirche zu Stockholm beygesetzt. Der Erzbischof von Upsala, Mathias
Steuchius, hielt die Leichenrede, und zwar
über die Worte Jakobs 1 Buch Mos. 47, V. 9.
„Wenig und böse war die Zeit meiner
Wallfahrt.„

beſetzen *), traf inzwiſchen die nöthigen Anſtal=
ten, um ſeiner Gemahlin, mit Hintanſetzung des
jungen Herzogs von Holſtein, der ſich ſelbſt im
Lager befand, die Herrſchaft und Thronfolge zu
ſichern, hob die Belagerung von Frederiksholb
auf, und zog am 20. December die ganze Armee,
die um 3000 Mann verringert worden war, aus
Norwegen zurück. Der Tod Guſtav Adolphs
hatte die Hinterbliebnen zum Ueberwinden ermun=
tert, und jetzt hörte mit Karl auf einmal die gan=
ze Kriegsunternehmung, das Gewebe aller ange=
legten Plane und die ganze bisherige Staatsver=
faſſung von Schweden auf.

Ueber das Ende keines Monarchen iſt in
unſerm Jahrhunderte ſo viel geredet und ge=
ſchrieben worden, als über das plötzliche Ende,
das Karl nahm. Die Kugel, die ihn traf,

S 4

---

*) Der Hof zu Kopenhagen erfuhr den Tod des
Königs am 28ſten December durch Tordenſki=
old, der eine Truppenverſtärkung nach Norwegen
geführt hatte, und für die beſchleunigte Ueberbrin=
gung der wichtigen Nachricht zum Contre=Ad=
miral ernannt wurde.

hat viele historische Untersuchungen und An-
führungen veranlaßt. Man ist in den Mey-
nungen getheilt, woher sie kam. Es gab keine
Zeugen dabey, es war Abend, es wurde von den
Feinden geschossen. Die Wahrheit kann dabey so
wenig zu einer entscheidenden gänzlichen Gewißheit gebracht werden, als bey der Veranlassung
des Todes Gustav Adolphs. Wohl aber ist die
Wahrscheinlichkeit am größten, daß Karl durch
eine meuchelmörderische Hand fiel. Er
selbst schien seinen nahen Tod geahndet zu haben;
hatte am Morgen desselbigen Tages alle geheimen
Papiere verbrannt, und starb — mit einem Ge-
betbuche und Gustav Adolphs Bild-
nisse in der Tasche. Ein angesehener Officier
hatte vorhergesagt, daß sein Tod an diesem Tage
erfolgen würde. Die Sage der Prophezeihung
hatte sich durch das ganze Lager verbreitet.
Karl starb, das Gesicht gegen den Feind gekehrt, und die Kugel hatte ihn an der rechten
Schläfe getroffen. Die Dänen schossen mit Kanonen und Kartätschen; und die Kugel, die den
König tödtete, war eine kleine Flintenkugel.
Man maaß nachdem die Entfernung der Wälle

bey Frederikshold von dem Platze, wo der König sein Leben verlohren hatte, und fand, daß die Entfernung für eine solche Kugel zu groß sey. Die Einwohner von Frederikshold wollten indeß die Ehre haben, die Ursache des Königlichen Todes in ihrer tapfern Vertheidigung zu finden, und errichteten zum Andenken der tragisch glorreichen Merkwürdigkeit an der Stelle, wo Karl geblieben war, ein Monument, das aber nachdem wieder zerstöhrt worden.

In Schweden selbst warf man den mehrsten Verdacht auf den Generaladjutanten Sikert. Man nannte ihn öffentlich statt Sikert, Sicaire (Meuchelmörder). Dieser Argwohn erhielt Bestätigung. Sikert verfiel 1722. zu Stockholm in eine Geistesverwirrung, die an Sinnlosigkeit gränzte, und gab sich selbst für den Mörder Karls aus. Die Regierung erfuhr es und ließ ihn als einen verrückten Menschen, der tolles Zeug spräche, in Verwahrung bringen. Im Jahre 1746. eröffnete man zu Stockholm das Begräbniß Karls, und die nähere Untersuchung der Wunde bestätigte den

S 5

Meuchelmord. Es würde unnütze historische Weitläufigkeit seyn, hier das Detail der übrigen Muthmaßungen und Vorgebungen mitzutheilen, die man über den Tod Karls bekannt gemacht hat.

Auf dem Reichstage von 1772. äusserte sich der Sekretair Ingham über denselben am 6ten September auf dem Ritterhause in folgenden Ausdrücken: „Es ist eine schreckliche Muthmaßung, ein Schandfleck, von dem ich wünschte, daß wir ihn ganz vertilgen könnten, daß nämlich das Leben unsers Nordischen Helden, des Königs Karls des Zwölften .... Doch ich entsetze mich; er stand damals auf dem Wege, den Verlust des Reichs zu ersetzen. Die Nachwelt wird zur Erläuterung dieses traurigen Vorfalls ein mehreres sagen dürfen *).„

Karl war der außerordentlichste Fürst seines und aller Jahrhunderte seit der christlichen Zeitrechnung; ein Wunder von Größe, aber

---

*) Schlözers Briefwechsel, Heft III. 1777. S. 144 f. f.

kein Muster, stark von Geist, eben so von
Körper, ein Liebling des Glücks und — ein
Ziel des Unglücks, mehr Soldat als Regent,
Krieger ohne Plan, Eroberer, ohne erobern zu
wollen, persönlich tapfer, wagend und tollkühn,
wie noch kein König, mannhaft, selbstvertrauend,
entschlossen, unbiegsam, standhaft bis zur wun=
derlichen Hartnäckigkeit, ohne Uebermuth im
Glücke, unerschütterlich im Unglücke, strenge
gegen sich selbst, strenge gegen andre, ein Inbe=
griff übertriebner Tugenden, ein Feind des Wohl=
lebens, der Weichlichkeit und des Gepränges,
wenig bekannt mit geselligem Vergnügen, unge=
reizt durchs schöne Geschlecht, ein unersättli=
cher Freund des Ruhms und heroischer Auszeich=
nung, ein Verächter der Schmeicheleyen, zu un=
geduldig, zu rasch und unbiegsam um ein guter
Politiker zu seyn, wohlthätig bis zur Verschwen=
dung, religiös, großmüthig, populair, offen,
ein Freund der Wissenschaften, der Wahrheit
und Gerechtigkeit, ein Sklave von Treu und
Glauben, ein König einzig in seiner Art, des
Krieges so gewohnt, daß er ihm schien Bedürf=
niß zu seyn, und der mit seiner ganzen Thätig=

keit und ausschweifenden Größe, nur seine Unterthanen, die ihn noch mehr liebten als fürchte-
ten, ruinirte und dem Reiche Wunden schlug,
die es auf lange Zeit in den Zustand der fühlbar-
sten Schwäche versetzten.

Die Haupteigenthümlichkeiten des Charakters Karls, sind schon in der Geschichte
seines kriegerischen Lebens dargestellt. Hier
nur noch einige Anekdoten über einzelne Züge
desselben.

Wie Gustaph Adolph war er seinen Soldaten ein Vorbild von Frömmigkeit, ein eifriger
Verehrer der Gottheit. Im Jahre 1708
unternahm man den Marsch gegen die Rußische
Gränze. Der Angriff des Feindes ließ viele
Schwierigkeiten erwarten. „O, sagte ein Officier, ein großer Französischer General, unter
welchem ich vorher gedient habe, pflegte vor
jeder Schlacht zu sagen: „Wenn Gott diesen Tag neutral bleibt, so sollen die
Meßieurs Schläge bekommen.„ Ueber
die Anführung dieses leichtfertigen Witzes unwillig, versetzte Karl, „ihr großer General

hat damals als ein großer Narr geredet!„ Er hatte in eben dem Jahre die Bibel im Felde viermal durchgelesen, und dabey die Tage bemerkt, wenn er angefangen
und aufgehört hatte.

Marlborough pflegte zu sagen, daß
er sich auf ein einziges Wort von Karl mehr
verlasse, als auf alle heilige, schriftliche Versi-
cherungen von Traktaten anderer Souverains.

Nach einem großen Siege über die Russen,
wurde berathschlagt, was man mit den Gefangnen anfangen sollte. Ein General war der Meynung, daß es das Beste sey, sie in die Pfanne
zu hauen. Nun, das soll geschehen, sagte
Karl, ließ Pfannkuchen backen, speisete damit
einen Theil der Soldaten, schenkte ihnen die Frei-
heit, ließ von seinem Adjutanten Baumann in
Gegenwart der Generals über Math. 18. eine
Vorlesung halten, und schloß selbst mit der bi-
blischen Anwendung: „Hat uns der Herr zehntausend Pfund erlassen; so können wir unserm
Mitknechte auch wohl hundert Groschen schenken.„

Selbst von einer graden, offnen Den=
kungsart, haßte er alles Verläumden und Af=
terreden. Einer seiner Lieblinge, der sich mit
einem Officier überworfen hatte, suchte den=
selben zu stürzen, redete in Gegenwart Karls
zum Nachtheil desselben. „Ich weiß, was er sa=
gen will, versetzte dieser, ich will ihm aber eine
nützliche Lehre geben, nämlich, daß er von
keinem Menschen übel sprechen muß,
wenn er mit seinem Könige redet.„

Unter den Wissenschaften liebte Karl am
mehrsten die Mathematik. Er selbst machte
Aufgaben aus der Algebra und lösete andre auf.
Bey seinem Aufenthalte zu Lund, im Jahre
1716, besuchte er selbst öfters die dasige akade=
mische Bibliothek, die Vorlesungen der Lehrer,
und ließ von dem Professor der Medicin, Joh.
Döbeln, eine Disputation halten, der er
selbst beywohnte, und wobey ihm die Verthei=
digung so gut gefiel, daß er am folgenden Ta=
ge Döbeln eine Gehaltszulage gab, und ihn
in den Adelstand erhob.

Am wenigsten war Karl ein Freund des schönen Geschlechts. Liebe und Zärtlichkeit paßten nicht zu seinem martialischen Charakter. Im Jahre 1707. verheyrathete der Gräf Piper seine Schwiegerinn mit dem General Meyerfeld, und erbat sich vom Könige die Gnade, daß er der Hochzeit beywohnen möchte. Aus besondrer Liebe gegen ihn, bewilligte er auch die Bitte. Piper fragte ihn darauf, ob er auch die Gräfin Königsmark, eine gebohrne Schwedin, die Geliebte des Königs August, mit einladen dürfe. „Meinetwegen mags geschehen, erwiderte Karl. Aber welchen Rang habe ich ihr anzuweisen, fragte Piper weiter. „Gar keinen, war die Antwort, denn sie ist eine Maitresse.„ Sie ist aber aus einem so angesehenen Hause entsprossen — „und bleibt doch eine Maitresse und hat keinen Rang.„ Sie kam auch nicht zu der Hochzeit, da sie diesen nicht erhalten konnte, und Karl war so ungewöhnlich galant, daß er die Braut selbst zum Tanze aufführte.

Die Nachricht von dem Tode Karls wurde durch Sikert und den Obersten Bren-

nert — erſterer hatte den Huth deſſelben mit
ſich genommen — nach Stockholm überbracht.
Sie kamen am 13ten December Nachmittags
kurz nach einánder daſelbſt an. Die Prinzeſſin
Ulrike verſammelte darauf um 9 Uhr des
Abends den Senat, wurde von demſelben als
Königin begrüßt, rief darauf durch ein Aus=
ſchreiben vom 15ten December die Stánde auf
den 20ſten Januar 1719. zu einem Reichs=
tage nach Stockholm zuſammen, empfieng
die Huldigung von der Armee, wurde unter
Abſchaffung der Souverainität und Einfüh=
rung einer neuen Regierungsform zur Köni=
gin erwählt, und am 11ten Márz zu Upſala
gekrönt.

Görz war im December 1718 von Aland
wieder nach Schweden gereiſet, um den Frie=
den mit Rußland zum Schluße zu bringen,
und von Karl die letzten Anweiſungen zu er=
halten. Er erfuhr unterwegs die große Trauer=
Nachricht nicht. Der Erbprinz von Heſſen
hatte indeß, da man von ſeiner Reiſe wußte,
ſogleich 5 Perſonen von der Adelsfahne, wor=
unter der Generaladjutant Roſenhane und

der

der Oberste Baumgardt waren, abgeschickt,
ihn zu arretiren. Sie trafen ihn am 15ten
December auf der Landstraße ohnweit Strömstadt. Görz, der sein unglückliches Schicksal nicht ahnete, lud sie ein, sich mit ihm
nach dem Priesterhofe Tanum zu begeben, wo
er die Nacht über bleiben wollte. Sie folgten
ihm dahin, speiseten mit ihm, arretirten ihn
darauf, und führten ihn nach Stockholm. Hier
setzte der Reichstag eine Commission über ihn
nieder. Privathaß, Partheigeist und Eigennutz
belebten dieselbe. Man raubte Görz seine
Papiere, überhäufte ihn mit Beschuldigungen
von Verbrechen, verurtheilte ihn, ohne sie
untersucht, ohne ihm die Freyheit erlaubt zu
haben, sich vertheidigen zu können, als einen
Verräther des Reichs, und ließ ihn am 13ten
März 1719 enthaupten *). Eine Hinrichtung,

---

*) In dem Testamente, welches Görz aufsetzte,
verlangte er, daß ihm folgende Grabschrift gesetzt würde: A la veille de conclure un grand traité
de paix, mon heros perit, la royauté avec lui.
Dieu veuille, qu'il n'arrive pis. Je meurs aussi.
C'est toujours mourir en magnifique
compagnie, quand on meurt avec son

die auf immer ein Schandfleck jener Zeiten seyn
wird, und die von dem vorigen Schwedischen
Monarchen, dem Wiederhersteller der so lange
gesunknen Größe des Reichs, selbst ein Ver=
brechen, eine Tyranney und schreckliche
Ungerechtigkeit der Prinzessin Ulrike in ei=
nem Schreiben an eine noch überbliebne Tochter
des Baron von Görz, die Baronesse von Eyben,
genannt worden. Wir werden in Zukunft die
Geschichte dieses tragischen Vorgangs umständ=
licher mittheilen.

Für den, jungen Herzog Karl Friedrich
von Holstein=Gottorp existirte eine starke Par=
they. Mit Görz fiel die Hauptstütze derselben.
Der Herzog wurde von der Thronfolge ausge=

Roi et la royauté. Mors regis, fides-
que in regem et ducem - mors mea. —
Im Begriff, einen großen Frieden zu schließen,
fiel mein Held und die Königswürde mit ihm.
Gott gebe, daß es nicht schlimmer werde. Ich
sterbe auch. Wahrlich stirbt man aber in ehren=
voller Gesellschaft, wenn man mit seinem Könige
und der Königswürde begraben wird. Der Tod
des Königs und die Treue gegen ihn und den
Herzog — sind mein Tod.

schloſſen. Er ſah, daß nichts auszurichten war,
man machte ihn ſelbſt wegen ſeiner Sicherheit
beſorgt. Man hatte ſeine Hauptanhänger
arretirt. Er wollte wenigſtens ſeine Erbländer
zu retten ſuchen, verließ im May 1719 Schweden, wurde durch einige Schwediſche Schiffe
nach Roſtock gebracht, begab ſich nach Hamburg, darauf nach Berlin, Dresden und Wien,
rettete aber am Ende von den Beſitzungen ſeines Hauſes keine weiter, als die in Holſtein.

Die Regierungsveränderung in Schweden
veränderte auch auf einmal die Lage aller Angelegenheiten deſſelben. Alle Kriegführenden
Mächte bemühten ſich nun ſobald und ſo vortheilhaft als möglich, Frieden zu ſchließen.
Die Hoffnungen wurden aber auch hier ſehr
getäuſcht und die Umſtände verändert. Der
Ruſſiſche Monarch hatte geglaubt, dem Frieden am naheſten zu ſeyn, und erlangte ihn am
ſpäteſten. Er wollte Schweden gegen England beyſtehen, und dieſes ſtand nunmehr demſelben gegen ihn bey. Nach einer alten Staats-
kunſt, ſagt Lagerbring, pflegte man ſich
ſonſt gerne mit dem mächtigſten Feinde zuerſt zu

vergleichen zu suchen. In Schweden folgte man
jetzt ganz andern Staatsregeln. Nachdem Görz
enthauptet und die neue Regierungsform in
Schweden eingeführt war, sandte Georg der
Erste, da ihm der Tod Karls notificirt worden
war, den Lord Carteret, einen sehr geschickten
Negotiateur als Ambassadeur, und den Obersten
Baßewitz, als Hannöverschen Gesandten nach
Stockholm um den Frieden mit sich und mit allen
andern Mächten zu vermitteln. Der Französische
Gesandte, Campredon, unterstützte Carteret. Die Bedingungen schienen vortheilhaft,
und behielten auch das Uebergewicht. König
Georg versprach, gegen die Abtretung der Herzogthümer Bremen und Verden, Schweden,
wenn es nöthig wäre, gegen alle dessen Feinde
zu unterstützen. England hatte in diesem Falle
Hoffnung, den Beystand von Frankreich, Holland und Oesterreich zu erhalten. Schweden
soll keinen Fußbreit Landes weiter verliehren, sagte Carteret öffentlich. Solche
gute Aussichten machten unglücklicher Weise auf
die Schwedische Regierung Eindruck. Am 20sten
November 1719 wurde demnach zu Stockholm,

nachdem die Präliminarien schon am 22ften Jul. waren festgesetzt worden, zuerft der Friede mit dem Könige von Großbrittannien, als Churfürften von Hannover, in 10 Artikeln geschloffen, unter folgenden Hauptbedingungen des 3ten und 8ten Artikels:

„Schweden tritt an Chur = Braunfchweig die Herzogthümer Bremen und Verden, mit den Gerechtfamen an die Domkapitel zu Hamburg und Bremen, und mit allen andern Rechten und Zubehörungen ab: und erhält dagegen von Churbraunfchweig eine Million Thaler an Drittel = Stücken bezahlt. So hatten die beyden Herzogthümer, außer den Rüftungen und andern Ausgaben, an baaren Gelde 1,877000 Thaler gekoftet.

Dem Könige Friedrich von Dänemark hatte die Königin Ulrike den Tod ihres Bruders und zugleich ihre Thronbesteigung ebenfalls notificiren laffen. Friedrich fandte darauf feinen Generaladjutanten Löwenörn nach Stockholm, um die Condolenzen und Glückwünfche abzuftatten. Alles ließ fich zu einem baldigen Frieden an. Ein fremder Einfluß verhinderte aber noch die Erfüllung der beyderseitigen Neigung.

Der Czar Peter und König Georg waren erbitterte persönliche Feinde von einander geworden. Der Anschlag wegen des Prätendenten und der geheime Congreß auf der Insel Aland hatten den Unwillen besonders verstärkt. Peter sollte nun für die andern Mächte büssen. Man wurde zu Stockholm von Lord Carteret hingerissen. Peter war schon dem Ziele eines vortheilhaften Friedens nahe gewesen, und jetzt that man ihm die unerwartete Erklärung, daß dieser nicht anders geschlossen werden könne, als wenn er alle Schwedischen Eroberungen wieder abträte. Der Congreß auf der Insel Aland wurde nachdem über ein solches Ansinnen am 24. Sept. ganz aufgehoben, Peter auf das äußerste entrüstet und Dänemark als Alliirter mit in das Vorhaben seiner neuen Feindseligkeiten gezogen.

Er faßte den Plan, den jungen Herzog von Holstein auf den Schwedischen Thron zu setzen; ein Plan, der für Dänemark nicht ohne Interesse war. Er gab die Aussicht, daß

der Herzog gegen eine Krone dem Besitze seiner Erbländer ohne Schwierigkeit entsagen würde. Auf allen Fall glaubte man, durch die
neue Waffenverbindung mit Rußland zu einem
vortheilhaftern Frieden zu gelangen.

Es wurde daher im Frühlinge 1719 alles zu
einer neuen Expedition gegen Schweden in
Stand gesetzt. König Friedrich begab sich
mit dem Kronprinzen Christian selbst nach
Norwegen. Sie kamen am 25. Julius zu
Fredrikshold an, wo die Bürger viele Ehre
genossen. Am 10ten des folgenden Monats
wurde darauf ein Manifest erlassen, worin den
Schwedischen Unterthanen versichert wurde, daß
der Krieg blos zur Beschleunigung des Friedens
erneuert würde, daß alle Lieferungen bezahlt, aller Schaden ersetzt werden solle. Der Feldzug
wurde auch mit der größten Schonung und
Menschlichkeit geführt. Am Sonntage, den
14ten Julius wurde — bey den guten andächti-
gen Gesinnungen des Königs — in ganz Dänemark zur Erbittung des Friedens geprebigt, und
die Soldaten der ganzen Armee mußten das
Abendmahl genießen. Diese brach darauf

T 4

aus zweyen Gegenden in Schweden ein. Der
Generalmajor Budde rückte mit 4 Regimentern
gegen den nördlichen Theil, gegen Jemteland,
und Friedrich mit 15000 Mann gegen den südlichen Theil, gegen Bahuslehn. Der Chef
der Schwedischen Armee, Graf Rheenskiöld,
wich bey seiner geringen Stärke zurück. Die
Dänen eroberten Strömstadt, Marstrand, Carl-
stein, und Tordenskiold, dessen Kühnheit
und List die Einnahme letzterer Oerter besonders
zuzuschreiben war, verfolgte die Laufbahn seiner
Unternehmungen, — die aber bald unnütz wurden.

Die Dänen bezeigten sich als menschenfreund-
liche Krieger, die Russen dagegen als die
ärgsten Barbaren. Der Czar Peter hatte im
voraus erklären lassen, daß, wenn man seine
Friedensvorschläge nicht annehmen wolle, er die
Schwedischen Provinzen mit Feuer und Schwerdt
verheeren würde. Man war zu jenen nicht geneigt, und Peter erfüllte seine Drohung, und
segelte im Julius mit einer Flotte von 30 Kriegsschiffen, 120 Galeren und 100 kleinern Fahrzeugen ab. Am 21sten Julius landete der General-

admiral Apraxin an den Küsten von Upland,
und der Generalmajor Lascy rückte mit einem
Corps gegen Stockholm an, das indeß bloß be=
droht blieb. Verwüstung war die Absicht der
Landung, und diese wurde auch nur zu sehr er=
reicht. Norköping, Nyköping und eilf andre
Städte, 1361 Dörfer 141 abliche Güter, 43
Mühlen, 14 Eisenwerke, 2 Kupfergruben und
eine Menge Waldungen in die Asche gelegt und
vernichtet, junge Leute und Kinder weggeführt,
eine unendliche Menge Viehs erschlagen — und
endlich, nachdem man einen Schaden von mehr
als 12 Millionen Thalern angerichtet hatte, die
Rückfahrt unternommen. Eine Englische Flotte,
die nach längerer Erwartung unter dem Admiral
John Norris an den Schwedischen Küsten an=
kam, beschleunigte dieselbe. Peter hatte durch den
Canzley=Rath Ostermann neue gemäßigte
Friedensvorschläge thun lassen, die man aber —
verwarf.

Die wenigsten Schwierigkeiten machte der
Friede mit Polen. Am 7ten Januar 1720.
wurde unter Vermittlung des Lords Carteret
ein Waffenstillstand und vorläufige Convention

T 5

unter den Hauptbedingungen geschlossen, daß
beyde Theile ihren Ansprüchen entsagten, den
Olivischen Frieden bestätigten, und daß Schweden den König August als alleinigen König
von Polen anerkenne, unter der Bestimmung
indeß, daß Stanislaus den Königstitel
behalten, und ihm von August eine Million
Thaler bezahlt werden sollte. Diese Convention
wurde nachdem von den Reichsständen in Schweden und Polen 1731 und 1732 förmlich bestätigt.

Ebenfalls unter Englischer und Französischer
Vermittlung kam kurz nach der Convention
mit Polen, auch der Friede mit Preußen zu
Stande. Er wurde am 21sten Januar in 22
Artikeln zu Stockholm geschlossen. Der
Preußische Bevollmächtigte dazu war der Baron von Knyphausen. Die Hauptbedingungen desselben waren nach dem 3. 18. 19. und
20ten Artikel: Schweden tritt an Preußen die
Stadt Stettin mit dem ganzen Distrikt zwischen der Oder und der Peene, die Inseln
Wollin und Usedom und die Städte Damm
und Gollnau mit allen Rechten und Zubehö-

rungen ab, und erhält dagegen zwey Millionen Thaler, in drey Terminen zu Hamburg zahl-
bar und dabey das Versprechen, von Preußen
zu einem billigen Frieden und zu der Wiedererlan-
gung des von Dänemark besetzten Antheils von
Pommern und der Stadt Wismar unterstützt zu
werden.

Die nächste Folge dieses Friedens war auch
der Friede mit Dänemark. Die weitre gewaffnete Verbindung mit Rußland ließ keine
neue Vortheile, und nur vermehrte Schwierigkeiten erwarten. Schon am 30sten Oktober
1719. wurde daher ein Waffenstillstand auf
ein halb Jahr geschlossen. Die Unterhandlungen verzögerten sich über die anfängliche
Erwartung. Endlich kam unter Vermittlung
besonders des Englischen Ambassadeurs, Lord
Carteret, der Friede zu Stande. Er war
schon im Junius zu Stockholm förmlich entworfen worden; König Friedrich fügte darauf
am 3ten Julius noch einige Neben = Artikel
hinzu, und unterzeichnete den Traktat selbst,
in 16 Artikeln, am 23sten Julius 1720. zu
Friedrichsburg. Nach den Hauptartikeln des-

selben *), — 6. 7. 8. 9. — trat demnach Dänemark alle von Schweden gemachten Eroberungen wieder ab, erhielt dagegen eine Summe von 600000 Thalern zum Ersatz, Schweden entsagte für seine Unterthanen der 1645
erlangten Zollfreyheit im Sunde und den beyden Belten, und versprach, Dänemark nicht
in dem Besitz des Herzogthümlichen Antheils
von Schleswig zu stöhren, noch dem jungen
Herzog irgend einigen Beystand zur Wieder-
eroberung desselben zu leisten **). Der Besitz

*) Schon im Jahre 1718 hatte König Friedrich
seinen Liebling den Grafen von Holstein durch
eine besondre geheime Zuschrift, wegen des Frie-
dens um Rath gefragt Dieser antwortete darauf:
„Si Vôtre Majesté est suffisament instruit, que ses
Alliés cherchent à faire leur paix separement, en
ce cas le dernier payeroit assurement l'amande.
Ce qui conviendroit le mieux à V. M. seroit le
Bahouslehn, et que les Suedois renonçassent aux
Franchises dans le Sund. Sur toute chose au
monde il faudra tacher de garder le Duchè de
Schleswig.“

**) Man bestimmte auch, (durch Art. 15) daß die
Schwedische Post nach Hamburg ungehindert durch
die Dänischen Lande gehen, und die Dänisch
Norwegische Post gleiche Freyheit in Schweden

dieses Landes war Dänemark unterm 3. Jun.
und 23. Julius von Frankreich und England
besonders garantirt worden.   Im Jahre vorher hatte Friedrich eine Medaille,   mit der
Umschrift schlagen lassen: Ou victoire entière,
ou paix assurée, ou mort honnette. Froh über
den glücklichen Ausgang des langen Kampfes,
schenkte er dem Lord Carteret einen kostbaren Degen, legte nach seinem eignen Plan ein
neues Lustschloß an,   nannte es Friedens-
burg, und weihte es an seinem Geburtstage
am 11ten Oktober 1722 zu seiner Sommer-
wohnung ein. — Peter war über den Abschluß des Friedens so unwillig, daß er am
8ten Dec. 1720 seinen Gesandten von Kopenhagen zurückrief.

Auf den 20sten Januar 1720 waren die
Stände von neuem nach Stockholm zusammen
berufen worden. Die Hauptmerkwürdigkeit des
Reichstags war, daß die Königin Ulrike die
Regierung an ihren Gemahl abtrat. Dieser

haben sollte; doch mit der Bedingung, daß es
den beyderseitigen Postillions nicht erlaubt seyn
sollte, auf dem Posthorn zu blasen.

wurde darauf, nicht ohne Widersetzungen, zum Könige erwählt und am 3ten May unter dem Namen Friedrichs I zu Stokholm gekrönt.

An dem Tage der Eröfnung des Reichstags wurde eben daselbst eine engere Verbindung und ein förmliches Vertheidigungs = Bündniß auf 18 Jahre, in 20 Artikeln, mit dem Könige von Großbrittannien geschlossen. Die noch fortdaurenden Kriege mit Dänemark und Rußland veranlaßten dasselbe. Georg versprach demnach, Schweden mit einem Corps Landtruppen von 6000 Mann, die im Nothfall verstärkt werden sollten oder mit einer monatlichen Zahlung von 24000 Thalern dafür, mit noch andern Subsidien und mit einer beträchtlichen Flotte gegen Rußland zu unterstützen.

Schon im May erschien auch schon der Admiral Norris mit einer brittischen Flotte von 28 Linienschiffen und noch mehrern kleinern Kriegsschiffen, auf denen sich zusammen 1387 Kanonen und 8000 Mann befanden, in der Ostsee und vereinigte sich mit der Schwedischen Flotte. Man segelte gegen Reval ab. Die englische Nation war mit dem Kriege wenig zufrieden, da ih-

re Handlung nach den neuen Rußischen Küstenländern sehr darunter litt. Georg hatte schon am
23sten November den Rußischen Residenten Be-
stuchew aus London verweisen und Peter dagegen alle Englischen Kaufleute zu St. Petersburg und in den übrigen Handelsstädten seines Reichs in Verhaft nehmen lassen. Die Unternehmungen an den Küsten der Ostsee waren
wegen der Scheeren gefährlich, die Russen besser
mit den See-Gegenden bekannt und in gutem
Vertheidigungszustande. Der Admiral Norris
recognoscirte in einer Schaluppe den Hafen von
Reval — und der Kommandant der Stadt ließ
ihn einladen, selbst ans Land zu kommen, da die
Russen keinen Krieg mit den Engländern, sondern mit den Unterthanen des Churfürsten von
Hannover führten. Norris frappirte dieß
Compliment nicht wenig und er war auch so höflich und vorsichtig nichts zu unternehmen.

Die Russen waren dagegen wider die
Schweden desto thätiger, unternahmen im Junius neue Landungen in Ost- und Westbothnien, steckten die Stadt Umea, viele Bauerhö-
fe, und mehrere Magazine in Brand und erneuer-

ten die Verwüstungsscenen des vorigen Jahrs:
Unglücksfälle, die nicht erfolgt seyn würden,
wenn Karl und Görz am Leben geblieben wären.

Die Regierung zu Stockholm sah endlich ein,
daß die Englische Unterstützung das Reich
nicht sicherte und die versprochenen Vortheile nicht
erwarten ließe. Der Czar Peter war dabey entschlossen, den jungen Herzog von Holstein
an seinen Hof zu ziehen, ihn zu seinem Schwie-
gersohne zu machen und mit Gewalt auf den
Schwedischen Thron zu erheben. Diese Umstände machten König Friedrich über alles zum
Frieden geneigt. Der Französische Gesandte,
Campredon begab sich von Stockholm nach
St. Petersburg — und die Stadt Nystadt in
Finnland wurde zum Orte des Friedenscongresses
angesetzt.

Zu Bevollmächtigten dazu wurden Schwedischer Seits der Graf Liliensted und der Baron Strömfeld, und Russischer Seits der
Generalfeldzeugmeister Graf Bruce und der damalige Kanzleyrath Heinrich Johann Friedrich
Ostermann ernannt. Dieser letzte — eines
Predigers Sohn aus Bokum in Westphalen,
der

der als Candidat auf gutes Glück in die Welt
gegangen und nach Rußland gekommen war, —
lenkte durch seine Klugheit die Verhandlungen zu
einem unerwartet großen Ziele, wurde der Be-
gründer der Russischen Macht an der Ostsee.

Die Schwedischen Bevollmächtigten kamen
bereits am 28. März 1721 zu Nystadt an. Die
Russischen blieben bis zu Ende des Mays aus.
Die Zögerung geschah mit Absicht. Der Czar
Peter hatte den Herzog von Holstein zu sich ein-
laden lassen und empfieng ihn am 1 April zu Riga.
Von seiner Anwesenheit in Rußland konnte man
sich einen guten Einfluß auf den Congreß verspre-
chen. Die Verhandlungen desselben wurden, da
noch kein Waffenstillstand geschlossen war, mit
Verwüstungen in Westbothnien begleitet. Der
Admiral Norris erschien von neuem mit einer
Flotte von 23 Linienschiffen, unternahm aber
ebenfalls wieder nichts, die Opposition im Englischen Parlamente nahm zu und statt 100,000
Pfund Sterling, worauf Georg angetragen hatte,
wurden Schweden nur 72000 Pfund Sterling
Subsidien bewilligt.

Alle diese Umstände machten die Gesinnungen der Regierung zu Stockholm sehr nachgiebig. Peter erwartete dieß aber nicht und war selbst geneigt, außer Finnland noch ändre Theile seiner Eroberungen wieder abzutreten. Das Genie Ostermanns wurde sein Glück. Dieser ließ sich von ihm 100,000 Ducaten zu Bestechungen und anderm förderlichen geheimen Aufwande mitgeben und hatte das Glück, sich für eine beträchtliche Summe eine Abschrift der Schwedischen Friedens-Instructionen zu verschaffen. Diese waren sehr nachgiebig und leiteten nunmehr seine Foderungen und Vorschläge. Er versprach Peter im voraus, ihm, außer Finnland, den Besitz aller andern Eroberungen zu verschaffen. Dieser trauete noch den großen Versprechungen nicht, gab ihm indeß Vollmacht, nach seinem Gutdünken zu verfahren. England war überhaupt mittelbar die Quelle der Schwedischen Landverwüstungen geworden; es verdarb auch durch seinen guten Willen den Frieden. König Georg hatte in dem Schriftwechsel mit dem Czar Peter am 22 Febr. 1720 erklärt: „Schweden könne und solle Reval nicht an Ruß-

land abtreten." Peter war allenfalls dazu
geneigt gewesen, wurde aber durch diese Erklärung erbittert, entschlossen und behielt Reval.
Die letzte Schwierigkeit der Unterhandlungen
machte Wiburg. Die Schwedischen Bevollmächtigten drangen auf die Abtretung desselben.
Peter war auch Willens dazu; allein noch ehe
der Courier, der deßhalb an ihn abgeschickt wurde und wirklich seine Einwilligung zu überbringen hatte, zurück kam, erklärte Ostermann,
der ihn aufhalten lassen, daß er Befehl bekommen habe, binnen 24 Stunden die Unterhandlungen zu beendigen oder den Congreß zu verlassen; — die Schwedischen Bevollmächtigten glaub-
ten ihm, willigten auch in die Abtretung von Wiburg und am 10ten September, neuen
Styls, 1721 wurde zu Nystadt der Friede
zwischen Rußland und Schweden in 24 Artikeln, unter folgenden Hauptbedingungen geschlossen:

Schweden tritt an Rußland, Liefland,
Esthland, Ingermannland, einen Theil
von Carelien nebst der Landschaft Wiburg,
der Insel Oesel und allen andern von Curland

U 2

an bis Wiburg an der Süd- und Ostseite gelege-
nen Inseln ab (Artik. 3); erhält Finnland zu-
rück, zwey Millionen Thaler von Ruß-
land (Artik. 5) und die Freyheit, aus Riga,
Reval und Arensburg jährlich für 50,000 Rubel
Getreide zollfrey auszuführen (Art. 6.) Der
Czar will sich in die innern Angelegenheiten von
Schweden, besonders in die eingeführte neue
Regierungsform und Thronfolge nicht mischen,
kann den Titel der abgetretnen Provinzen führen
und die Einwohner derselben sollen ihre vorigen
Rechte und Religionsübungen behalten.

So endigte sich der Krieg, dessen Quelle so
wenig lauter, der so merkwürdig durch den Wechsel des Glücks und die auffallendsten Contraste,
so fruchtbar an außerordentlichen Scenen und
Begebenheiten, eine Gymnasiastik des Helden-
muths und der Militair-Talente und nicht weniger der Politik, und der längste Krieg war, der
in unserm Jahrhunderte ist geführt worden. Russen, Polen, Sachsen, Dänen, Norweger,
Preußen, Hannoveraner kämpften gegen eine Nation, dessen König ganz ohne Alliirte blieb, hundert tausende von Menschen wurden ein Opfer

des vielfachen Streits, Länder und Städte ge-
drückt, zerrüttet, verwüstet — und die Verhältnisse und ganze Lage und Gestalt des Europäischen Nordens verändert. Schweden wurde eine Beute seiner nähern und entferntern Nachbaren, die allerdings nicht so reichlich gewesen
seyn würde, wenn nicht der Held gefallen wäre,
der so thätig die Hauptrolle spielte. Es sank von
der Höhe der Macht und des Ansehns, zu der es
Gustav Adolph und seine Nachfolger im vorigen Jahrhunderte erhoben hatten, vermehrte
das innere Elend durch die Uebel der Verfassung,
die man einzuführen für gut fand, stärkte und
sicherte seine Nachbaren durch seine Schwäche,
Rußland stieg auf seinen Ruinen empor, —
Karl, überwältigt und vom Glücke verlassen,
blieb ein abendtheuerliches Wunder unter den Kö-
nigen, — und Peter erhielt den Beynamen des
Großen und den Kayser-Titel.

. Quellen und Hülfsmittel: Allgemeine Weltgeschichte
nach dem Plan W. Guthrie, J. Gray ꝛc., 16ten
Bdes 6te Abtheil. — Schwedische Geschichte — von
D. E. Wagner, Lpz. 1785. S. 702—832 — Pol-

nische Geschichte, von eben demselben, 14 Bd. 1 Abth.,
Lpz. 1775 Dänische Geschichte 16 Bd. 5 Abth. Leipz.
1783, S. 947 — 1116. — Allgemeine Welthistorie,
herausg. unter der Aufsicht von Semler, 29 u. 30ster
Th. S. 395 — 460; 138 — 151; 579 — 634. — außer
den schon im 1sten Th. S. 255 angeführten Werken
noch: L. A. Gebhardi's allgemeine Geschichte der
Königreiche Dänemark und Norwegen; — 32 u. 33
Bd. der allgem Welthist. Halle 1768 — 1770. 4. Im
Auszuge, Halle 1774. gr. 8. 2ter Bd. S. 572 — 639.
— Urkunden und Materialien zur nähern Kenntniß der
Gesch u. Staatsverf Nord. Reiche — (gesamml. von
Gr. v. H , herausgeg. vom Hrn Gaßpari) — 1r.
Th. (Hamb.) 1786 enthält die angeführten Schreiben
Friedrichs IV. — Materialien zur Gesch. u. Statist. der
Nord. Staaten, besonders Schwedens (herausg. von
T. H. Gadebusch) 1stes Stück, Berlin 1791. gr. 8.
S. 3 — 64 — Von Puffendorffs Einleit. in die Ge-
schichte von Schweden mit der Fortsetzung (von J. v.
Olenschlager) 2r. Th. Frkf. 1750. 8. — Sven La-
gerbrings Sammandrag af Swea Rikes Historia 2c.
Stokh. 1775; teutsch — (vom Hrn. Prof. Möller)
— (Greifsw. 1776; S. 216 — 293. — Canzlers
Mémoires pour servir à la connoissance — du Roy
de Suéde; 1776. Teutsch), Dresd. 1778. 1ster Th. gr.
8. S. 114 — 127. — J. J. Schmaußens Leben
u. Heldenthaten Caroli XII, 2r. Th. Halle 1720. 8.
— Dessen Einleitung zu der Staatswissenschaft 2c.
2ter Th. Lpz. 1760. gr. 8. S. 292 — 517; enthält die
Staatsschriften und Traktaten im Auszuge; diese wört-
lich in Fabri's Staatscanzley, in den Memoires de
Lamberti, in dem Corps Diplomatique &c. —
Theatrum Europaeum, Fol. Band 19 — 21. — Nach-

richten und Anekdoten zur Geschichte Karl XII. Greifsw.
1758. 8. — W. Theyls (Holländ. Gesandtschaftsse=
cretairs zu Constant.) Mémoires pour servir à l'histoire de Charles XII; à Leyd. 1722. 8. — Fr. P. v. Fa=
brice zuverläß. Gesch. Karls XII währ. seines Aufenth.
in der Türkey; Hamb. und Lpz. 1759. 8. — Des Graf.
Dadich Denkwürdigkeiten von Constantinop. in Gat=
terers allgem. histor. Biblioth. 12ter Th. S. 241. ff.
— Revolution de la Pologne, ou sur le retour du R.
August. II. (par Prewendowski), à Rotterd.
1710. 8. Schwedische Fama, vom J. 1711 — 1714.
24 Theile, 8. — Ausführl. Reisebeschreib. des Königs
Karoli XII; von einem Schwed. Officier beschrieb.,
Stralf. 1716. 8. — Histoire de Suede sous le regne de
Charles XII; par de Limiers, à Amst. 1721. 6 Th.
in 12. — Histoire interessée, ou relation du Nord au
commencement de ce siécle, à Hamb. 1756. 2 Vol. —
Histor. Nachricht von dem Nord. Kriege von C. T. F.
v. H. (Zschakwitz) Freystadt, 1715 u. 1716. 6 Th.
— Einleit. zu dem jetzig. Kriege im Norden, Frkf. u.
Lpz. 1710. 4. — H. D. Scheets Inlednu. till Fr. IV.
Kriegs=Hist. overs. Kbh. 1785. — A. Bußäus Hist.
Dag Register over Fried. IV. Levnet; Kbh. 1773.
Teutsch, 1775. — O. Mallings store og gode Hand=
linger af Danske, Norske og Holst; Kbh. 1777. 8.
Teutsch (von Abrahamson) Kopenh. u. Lpz. 1779.
2 Th. 8. — Leben u. Thaten des Dän. Vice=Admi=
rals P. Tordenschilds; 3 Th. Frkf. u. Lpz. 1753.
8. (aus dem Dän von C. P. Rothe. Das Original
ist zum 2ten mahle zu Viborg, 1772 gedruckt.) — J.
C. Vies Lovtale over Amiral Ped. Tordenskiold;
Vers. Kbh. 1770. 4. — Memoires concernant le Comte de Stenbock; à Frkf. 1745. 8. — Kongl. Rådets

och Fält-Marſkalkens, Grefwe Magni Stenbocks Leſwerne; (von S. Loenbom) Stockh. 1757 — 1765. 4. Th 4. — L. H. Schmids Verſuch einer Beſchreibung der Stadt Altona, 1747. 8. S. 67 ff. — Merkwürdig-keiten der Stadt Altona (von Prätorius) Altona, 1780 — Geſchichte des Schleswig-Holſt. Hofes unter Friedr. IV. ꝛc. 1774 — Chph. Schmidt Verſuch einer Einleitung in die Ruß. Geſchichte, Th. 2. S. 161 ff Riga, 1774. 8. — Deſſen Hiſtor. Miscellane-en, 1783, Th. 1. S. 46 ff. — J. F. Pfeffingers Hiſtorie des Braunſchw. Lüneb. Hauſes, 3ter Th. Hamb. 1734. S. 679 ff. — Leben und Thaten Friedr. Wil-helms; Hamb. u. Breßl. 1735. 8. S. 97 ff. — Ret-tung der Ehre und Unſchuld ꝛc. des Baron v. Görz (von C. F. v. Moſer) Hamb. 1776. — Die abgezog-ne Masque des Aaländiſchen Friedens-Congreſſes; Hamb. 4. 1720. — Schlüſſel zu dem Nyſtädtſchen Frieden; Nürnb. 1722. 8. — Reflexions ſur les talens militai-res et ſur le Caractére de Charles XII; (von Friedrich dem Großen) Lpz. 1786. 8 — Ueber Karls Tod: Schlözers Briefwechſel, H. III. 1777. S. 144 ff. — Büſchings wöchentl Nachricht. 38ſtes Stück. — Berliniſche Monatsſchrift, April, 1783 (der Aufſaß von Schummel) — Deutſches Muſeum, Julius 1784. — Wraxall's Reiſe durch das Nörd-liche Europa, teutſch. Lpz. 1775, S. 77 ff. — Coxe's Reiſe, 2ter Th. — Ferner die Reiſen von La Mot-traye, Paul Lucas ꝛc. die Biographien Peters des Großen ꝛc. ꝛc.

III.

Ein Kayser läßt seinen Sohn verurtheilen. Geschichte des unglücklichen Prinzen Alexei. Trauriges Schicksal seiner Gemahlinn, der Braunschweigischen Prinzessin Caroline Sophie.

Wenn der erste Consul der Römer, Brutus, seine beyden Söhne vor seinen eignen Augen enthaupten und dem Staate aufopfern ließ, so ist dieß eine Handlung, die uns mehr auffällt und unsre Empfindungen stärker rührt, als die gefühllosen Unternehmungen, als die nachmaligen Grausamkeiten der Barbaren auf dem Römischen Throne. Diese lassen sich mit ihren trüben Quellen immer eher denken. Die Unglücklichen, gegen die sie verübt wurden, standen doch in entfernteren Verhältnissen, waren, mit Ausnahme

einiger Neronischer Unmenschlichkeiten, wenn
gleich Unterthanen, nicht durch Bande des Bluts
verbunden. Da, wo diese Statt finden, die
Zärtlichkeit aufgehoben, die väterliche Liebe in die
entschlossenste Härte verwandelt zu sehen, ist der
Ausbruch einer Empfindung, die sich kein ge-
wöhnliches Herz erlaubt, die nur unter außerordentlichen Umständen Statt finden kann, und die
die Natur zur glücklichen Seltenheit gemacht hat.
Unfälle, plötzliche Trauer = Veränderungen auf
und um den Thronen sind keine seltne Merkwürdigkeiten der Geschichte. Man hat Prinzen,
Prinzessinnen, Könige gestürzt, vertrieben, enthauptet gesehen; aber seit dem 4ten und 16ten
Jahrhunderte, wo Kayser Constantin seinen Sohn Crispus und König Philipp II.
von Spanien den Prinzen Don Karlos aufopfern ließ, keine Trauer = Scene, wie die vom
Brutus. Ein in mehrern Stücken ähnlicher Vorgang war dem Anfange unsers Jahrhunderts vor-
behalten. Der Kayserliche Vater, der seinen
Sohn verurtheilen ließ, besaß mit Brutus einen gleichen und noch größern Eifer für das Wohl
und die Erhaltung des Staats, und eine gleiche

Strenge und Härte. Und eben dieser Monarch war empfindsam — und mehr wie das — in der Liebe, deren Unmäßigkeit ihm bekanntlich zu früh das Leben raubte.

Peter der Erste, Kayser von Rußland, der als Schöpfer eines neuen Staats und Volks mit so vielem Rechte den Beynamen des Grossen verdient, vermählte sich, wie er zur Regierung gekommen war, mit Ottokesa Federowna, einer Tochter des Russischen Bojaren Lapuchin. Aus dieser ersten Ehe wurde 1690 der Prinz Alexei, oder Alexis Petrowitz gebohren. Acht Jahre nachher traf die Mutter dieses Prinzen ein unglückliches Schicksal. Ihr Gemahl hatte sie in Verdacht, daß sie mit seiner Schwester Sophia an der Empörung Theil genommen, die 1698 die Strelitzen erregten, — und ließ sie in ein Kloster setzen. Peter war um die Zeit ganz mit der Reforme seines Reichs beschäftigt. Sein weit umfassender Geist, seine vielfache Thätigkeit, seine ersten Reisen und Kriegsbeschäftigungen mit den Türken hinderten ihn an den kleinern häuslichen Gegenstand, an die Erziehung des jungen Prinzen zu denken, den er schon wegen seiner verhaßten Mutter nicht sehr liebte.

Der Prinz wurde der Aufsicht von weiblichen Personen übergeben, von denen seine Bildung nicht zu erwarten war. Bald darauf wußten sich einige geistliche Personen das Geschäft seiner Erziehung und Unterweisung zu verschaffen. Der Czar Peter hatte schon große Reformen und Einschränkungen mit dem geistlichen Stande vorgenommen, und sich dadurch den Haß desselben zugezogen. Die Popen, die die Education des Prinzen besorgten, waren nicht frey vom Esprit de Corps. Anstatt die Talente desselben zu entwickeln, prägten sie ihm Vorurtheile ein, und erzogen ihn mit Jesuitischer Klugheit ganz nach ihren Grundsätzen. Sie brachten ihm selbst widrige Vorstellungen und Abneigung gegen seinen Vater bey, erbitterten ihn über das Schicksal seiner Mutter, und nannten die kirchlichen Verbesserungen Peters Ketzereyen. So wurde das junge Herz des Prinzen in seiner ersten Bildung verdorben, und erhielt Eindrücke, die zu vertilgen es nachmals zu spät war.

Peter sah die Fehler der Erziehung des Prinzen, und wollte sie verbessern. Die Geistlichen
wurden entfernt und M e n c z i k o w zum Oberhofmeister des Prinzen ernannt. Allein die pädago-
gische Sorge war bey diesem Staatsmanne nicht
die erste. Er besuchte den Prinzen selten, und
machte ihn durch seinen Stolz und durch sein har-
tes Benehmen abgeneigt gegen sich; und arbeitete
nachher selbst in allen Stücken dem Prinzen entgegen. Bey den Gesinnungen desselben, sah er
voraus, daß dessen künftige Thronbesteigung sein
eigner Sturz seyn würde. Peter liebte die Lief-
länderin C a t h a r i n a. Er hatte sie von M e n c-
z i k o w erhalten, und dieser suchte daher durch
diese sein Glück zu begründen. Ein Thron-Er-
be von i h r bot ihm bessere Aussichten dar, als
Alexis.

Dieser gieng in sein e i l f t e s Jahr, als er
mit seinem Oberhofmeister auch zugleich eine ganz
neue Erziehung erhielt. Peter ließ dazu am 3ten
Apr. 1703 seine Vorschrift aufsetzen. Nach derselben sollte der Unterricht des Prinzen jeden Morgen mit Lesung zweyer Kapitel aus der B i b e l
angefangen, und jeden Abend eben so beschlossen

werden. Mit der Franzöſiſchen Sprache
ſollten die Anfangsgründe der Geſchichte, Geo-
graphie, Mathematik, Geometrie nach Franzöſiſchen, oder ins Franzöſiſche überſezten Büchern
gelehrt, alle Poſttage die Franzöſiſchen Zeitungen, unter andern der Mercure hiſtorique zur
Unterhaltung geleſen, alle zwey Tage dem
Prinzen Materien zur Aufſetzung eines Brie-
fes gegeben, Fenelons Telemach tractirt
werden *). ꝛc.

Zu ſeinem Lehrer in den vornehmſten dieſer
Wiſſenſchaften erhielt er einen Deutſchen, Namens Neugebauer. Allein dieß war nicht der
Mann für einen Prinzen. Ungebildet in ſeinen
Sitten und pedantiſch, behandelte er ſeinen hohen Lehrling als einen gemeinen Schulknaben,
und brachte ihm mehr Ekel als Liebe zu den Wiſſenſchaften bey. Peter ſah das Verſehen ſeiner
Wahl, und ernannte zum Lehrer ſeines Sohns
den Baron von Huyßen. Dieß war ein

*) Relation von dem gegenwärtigen Zu-
ſtande des Moscowitiſchen Reichs, Frkf.
1705. 8. S. 108 ff.

Mann von vielen Fähigkeiten, von liebenswürdigen Sitten und Eigenschaften. Alexis erlernte
in kurzem die Deutsche Sprache, und zeigte viele Talente. Zum Unglück war aber der Grund
der Erziehung verdorben. Der Widerwille, den
der Prinz gegen mehrere Wissenschaften erlangt
hatte, war schon so tief eingewurzelt, daß die
Unterdrückung desselben unendliche Schwierigkeiten darbot. Das Lieblings-Studium des jungen Zöglings, wozu ihm die Geistlichen in den
ersten Jahren eine unauslöschliche Neigung bey-
gebracht hatten, war die Theologie. In seinem 15ten Jahre hatte er fünfmal die Bibel
im Russischen und einmal in der Luther-
schen Uebersetzung ganz durchgelesen. Dabey
besaß er so viele andre theologische Lectüre und
Kenntnisse, wie schwerlich ein Student der Theologie im Russischen Reiche. Die unermüdete
Sorgfalt des Baron Huyßen ließ indeß noch
gute Früchte der Erziehung erwarten. Allein
Menczikow sahe diese, und die Liebe, die Alexis von seinem Vater zu gewinnen schien, ungern. Er brachte es dahin, daß Huyßen als
Gesandter nach Wien, (wo er Menczikow 1706

die Erhebung in den Reichsfürstenstand verschafte, geschickt und so von der Erziehung vorerst entfernt wurde.

Der Prinz war nunmehr größtentheils sich selbst überlassen. Aus Abneigung, aus Mangel an nützlichen Beschäftigungen, verfiel er auf schlechte. Seine Leidenschaften wurden von bösen Gesellschaftern geschmeichelt. Man verleitete ihn zum Trunke und zu andern Ausschweifungen. Das bisherige Uebergewicht der natürlich guten Neigungen gieng bald in dem Taumel-Leben verlohren. Der Prinz wurde nachläßig, gefühllos gegen Ehre und Anstand, und vergaß die Würde der hohen Bestimmung, zu der er ersehen war.

Peter kränkte diese Ausartung seines Sohnes auf das empfindlichste. Ihn auf beßre Wege zu leiten, war aber schon zu spät. Peter konnte eine Nation bilden und umschaffen — aber nicht seinen Sohn. Die Strenge, die er bey ihm anwandte, that eine widrige Würkung. Der Prinz fürchtete ihn als Gebieter, liebte ihn aber nicht als Vater. Diese Furcht vor demselben war ihm

ihm schon in den frühesten Jahren eigen geworden. Wie weit sie gieng, zeigt unter andern folgender kleiner Vorgang. Peter war mit den Fort-
schritten, die Alexis im Zeichnen machte,
nicht zufrieden. Er wollte ihn deßhalb einmal
selbst zeichnen sehen; und um seine Gegenwart,
die mit Ausbrüchen des Zorns begleitet seyn
dürfte, zu vermeiden, schoß sich der Prinz eine Pistole gegen die Finger seiner rechten
Hand ab.

Noch ein andrer Umstand schildert nur zu sehr
die abgeneigten Verhältnisse zwischen Vater und
Sohn, und die Ursache, die dieser hatte, jenen
zu fürchten. Als sich Peter zum Beystande des
Königs August in Polen aufhielt, kam er einst
mit Menczikow zu einem Kloster Griechisch-
Unirter Mönche. Er begab sich in dasselbe, und
besahe die Merkwürdigkeiten. Unter den Reli-
quien und Gemählden befand sich auch das Bild
eines gewissen Heiligen, Namens Josaphat.
Peter fragte, was das für ein Heiliger sey. Unwillig darüber, daß er diesen großen Patron nicht
kenne, fiengen die fanatischen Mönche gelegentlich
an, auf die Rußische Religion zu schimpfen. Pe-

ter gab der Wache, die er bey sich hatte, Befehl, sie sogleich zu arretiren, ließ zwey derselben
im Kloster aufhängen und zu Pulver
brennen, damit aus den Gebeinen keine Reli-
quien gemacht würden, und schickte die übrigen
vier nach seiner Hauptstadt ins Gefängniß, um
von da nach Sibirien transportirt zu werden.
Bey seiner Rückkunft legte der Prinz Alexis —
sey es nun aus einer natürlichen Empfindung des
Mitleids, oder durch die Vorstellungen der
Geistlichkeit bewogen — eine Fürbitte für
diese Unglücklichen ein, wobey er zugleich den
Nachtheil erwähnte, den ein solches Verfahren
haben könnte. Erstaunt über die Vorstellungen,
die der junge Prinz machte, und entrüstet bey
dem Argwohne, daß sie die Popen dem Prinzen
eingeflößt, befahl Peter, vom Trunke erhitzt,
Menezikow, sogleich ein Gerüste zu errichten,
und in seiner Gegenwart seinem Sohne den
Kopf abschlagen zu lassen. Menezikow
mußte in der Stunde der Aufwallung gehorchen,
hatte indeß das Glück, den Prinzen zu retten.
Ein junger edler Dragoner, der demselben
glich, erbot sich, an dessen Stelle zu sterben, zog

die Kleidung des Prinzen an, und wurde in Gegenwart Peters, der betrunken in der Abenddäm-
merung, wo die Execution vor sich gieng, die
Verwechslung nicht merkte — enthauptet.
Am folgenden Tage entdeckte Menezikew das
glückliche Geheimniß, und Peter freute sich, liebte ihn desto mehr, und belohnte die Familie des
Unglücklichen, der sich freywillig zum Opfer seiner Erbitterung gemacht hatte.

Das Andenken an solche und andre harte Vorgänge, und die geflissentliche Anreitzung und Zu-
redung seiner unwürdigen Gesellschafter bestärkten
den Prinzen in der Abneigung gegen seinen Vater
immer mehr. Er fieng selbst an, sich unanständig über die verdienstvollen Reformen desselben zu
äußern, ließ sich verlauten, daß er künftig die
abgeschafften Einrichtungen und Gebräuche, besonders die geistlichen, wiederherstellen wolle.
Wurden Staatsfeste gefeyert, oder Freudensbezeugungen wegen erhaltner Siege angestellt, so
nahm er keinen Antheil daran. Diese eigensinni-
ge Unschicklichkeit zeigte er bey jeder Gelegenheit.
Die Großen haßten ihn, und er sie. Das Volk

X 2

hingegen sah ihn gern, weil seine Denkungsart
und sein Betragen zu den Neigungen desselben paßte.

Um ihn mit den Reichsangelegenheiten bekannt
zu machen, und durch Würde und Thätigkeit ihn
von seiner wüsten Lebensart abzuziehen, setzte Peter, wie er im Jahre 1710. gegen die Türken zu
Felde zog, Alexis zu seinem Stellvertreter,
zum interimistischen Chef der Regierung ein.
Nichts durfte indeß — was unter den Umständen
weislich gethan war — ohne die Vorschrift und
Einwilligung des Kayserlichen Vaters geschehen.
Diese Einschränkung gefiel aber dem Prinzen nicht.
Die Ehre dieser Schein = Autorität hatte zu wenig
Reiz für ihn. Es liefen viele Klagen und Beschwerden über die gemachten kirchlichen Einrichtungen ein. Man glaubte durch den jungen Re-
genten ihre Abhülfe erlangen zu können. Und
dieser hatte auch die Unvorsichtigkeit, Peter dar-
über nachdrückliche Vorstellungen zu machen;
Vorstellungen, deren Folgen für sein Leben hät-
ten gefährlich werden können, wenn der entrüstete
Vater in dem Aufwallen seines Grimmes seinem
Sohne näher gewesen wäre.

Peter versuchte noch ein neues Mittel, um
ihn von der Bahn der Unrühmlichkeit abzubringen, auf der er immer weitere Fortschritte machte. Er trug ihm an, sich zu vermählen; und
ein solcher Antrag war bey Peter Vorschrift und
Befehl. Alexis hatte schon öfter die Drohung
von ihm gehört, daß wenn er sich nicht würdiger
zum Throne machte, er von der Nachfolge auf
denselben ausgeschlossen werden sollte. Um
diesem Schicksale auszuweichen, fügte der Prinz
sich in eine Vermählung, zu der er selbst freylich
bey der angewohnten ausschweifenden Unregelmäßigkeit seines Lebens wenige Neigung hatte. Um
desto bedauernswerther war die Prinzessin,
die die künftige Gattinn eines solchen Gemahls
wurde.

Deutschland hat seit längrer Zeit die ehrenvolle Auszeichnung, daß aus seinen Fürstenhäusern die mehrsten und größten regierenden Familien von Europa entsproßen sind. Auch Peter wünschte zur Fortpflanzung seines Kayserlichen Geschlechts eine deutsche Prinzessin. Der
hohe Ruhm, den von jeher das Braunschweigsche Haus besaß und die großen Ver-

X 3

bindungen, die es auch damals hatte, bestimmten die Wahl für die Braunschweigsche
Prinzessin Caroline Christine Sophie,
eine Tochter des Herzogs Ludwig Rudolph,
eines Bruders des regierenden Fürsten Anton
Ulrich. Ihre Schwester die Prinzessin Elisa-
beth war die Gemahlinn Kayser Karls des
VI. *) Der ehemalige Hofmeister des Prinzen,

---

*) Diese wurde im Jahre 1708. vermählt, nachdem
sie vorher am 1sten May 1707 zu Bamberg die
Katholische Religion angenommen hatte;
eine Glaubensveränderung, die in unsern aufge-
klärten Zeiten nichts besonderes oder auffallendes
gehabt hätte. Damals aber schien dem fanatischen,
orthodoxen Eifer diese Sache so bedenklich, daß ein
langer bitterer Federkrieg darüber entstand. Der
staatskluge und erleuchtete Großvater der Prinzessin, der regierende Herzog Anton Ulrich von
Braunschweig, ließ, um die Denkungsart seines
Zeitalters zu menagiren, von 12 lutherischen Theologen, unter andern auch von dem berühmten
Christ. Thomasius, ein Gutachten über die Re-
ligionsveränderung einfordern. Ihre Darstellungen
waren aber fast alle gegen dieselbe. Die beyden
Hofprediger zu Braunschweig, Niekampf
und Knopf, bedrohten sogar den Herzog mit dem
Bindeschlüssel In dem Vermählungs Con-
trakte der Prinzessin Caroline, den der Baron

Baron von Huyßen wurde als Unterhändler nach Braunschweig geschickt, und die glänzende Aussicht des Kaiserthrons überwog die anderweitigen Bedenklichkeiten. Die Prinzeßin wurde also in einem 17jährigen Alter, am 25ſten Oktober 1711, mit dem Czarowitz in Gegenwart Peters zu Torgau in Sachſen bey der Königin von Polen vermählt, und hielt im folgenden Jahre mit ihm ihren feyerlichen Einzug in das neuerbaute Petersburg.

X 4

Huyßen am 1ſten Jun. 1711. mit dem Bevollmächtigten, dem Baron von Schleinitz schloß, wurde feſtgeſetzt, daß ſie mit ihrem Hofſtaat, die Lutheriſche Religion beybehalten könne. Der fanatiſchen Dummheit des damaligen Superintendenten Nitſch zu Braunſchweig gefielen dieſe Vermählungen ſo wenig, daß er öffentlich auf der Kanzel ſagte: „Meine Lieben, die eine von unſern Prinzeſſinnen (Eliſabeth) hat man dem Pabſtthum, die andre (Caroline) dem Heydenthum übergeben, und ich glaube, wenn der Teufel morgen die dritte verlangte, man würde ſie ihm gewiß nicht abſchlagen.„ — Das war im Anfange unſers Jahrhunderts! — S. Moſers patriotiſches Archiv für Deutſchland, II. Band, Mannh. u. Lpz. 1790, Auſſatz I.

Diese Vermählung, die wir hier zur vollstän-
digen Schilderung des Alexis erwähnen müßen,
wurde bald die unglücklichste, zu der man je diese
Prinzeßin hatte bestimmen können. Nie war eine
Ehe zwischen zwey ungleichern Personen geschlossen worden. Die liebenswürdigen Eigenschaften
Carolinens, ihr zärtliches, sanftes Betragen,
ihre besondre Schönheit, machten auf einen Prinzen keinen Eindruck, dessen Neigung schon zu un-
geordnet und verwildert waren. Selten in Gesellschaft mit ihr, vermied er gänzlich ihre Unterredung bey Zusammenkünften am Hofe. Er be-
gegnete ihr nicht nur unanständig; er mißhandel-
te sie; und ein gemeines, feiles Mädchen aus
Finnland, Namens Euphrosyne, wurde der
Gegenstand seiner ausschweifenden Liebe. Dabey
dauerten die Unmäßigkeiten mit seinen schwärme-
rischen Gesellschaftern fort. Alle diese Kränkun-
gen machten auf seine Gemahlinn einen um so
stärkern Eindruck, da ihr Herz nur edle Empfindungen hegte. Ihre Verwandtinn, die Prinzessin Juliane von Ostfrießland, die sie mit
sich nach Rußland genommen hatte, wurde die
Stütze ihrer unglücklichen Lage. Bey den zuneh-

menden Traueraussichten, verfiel sie in Schwermuth und wünschte ihren Leiden ein Ende. Die
Geburt eines Prinzen, von dem sie am 23sten
Oktober 1715 entbunden, und der nachmals unter dem Namen Peter der Zweyte Kayser
wurde, beförderte die Auflösung ihrer unglücklichen Verbindung. „Quält mich nicht länger,
sagte sie zu den Aerzten, die ihr noch Medicin geben wollten, ich wünsche nicht länger zu
leben, drückte unter Thränen die beyden
Pfänder ihrer unglücklichen Liebe an ihre Brust,
nahm von ihrem zahlreichen Braunschweigschen
Hofstaat, der sich um das Krankenbett versammelt hatte, Abschied; — und starb *) am
21sten November 1715 in dem blühenden Alter
von 21 Jahren. Das Schicksal dieser unglücklichen Prinzessin rührte alle, nur ihren ausgearte-

X 5

---

*) Das Französische Mährchen, daß die Prinzessin
nicht wirklich gestorben, sondern heimlich nach
Frankreich und von da nach Louisiana entflohen, wo sie einen Officier geheyrathet, ist
zu widersinnig, als daß es verdient angeführt und
widerlegt zu werden.

ten, gefühlloſen Gatten nicht. Wenige Tage vor
ihrem Ende, ſetzte ſie noch als eine Art von Te-
ſtament, eine Bittſchrift an den Czar Peter auf,
der ſie ſelbſt ſehr hochſchätzte, (und bey einer eignen Krankheit kurz vor ihrem Tode auf einem
Rollwagen ſich noch hatte zu ihr führen laſſen,)
worinn ſie unten am Ende ſagte: „Noch füge ich
hinzu, daß mir mein Tod nicht ſchwer
fällt. Das aber geht mir nahe, daß ich die
Welt jetzt verlaſſen muß, da Ew. Kayſerliche Majeſtät ſelbſt krank ſind; ein Umſtand, der verhindert, daß ich Ihnen nicht perſönlich für die vielen
Beweiſe Ihrer Liebe und Hochachtung danken
kann. Möge der Allmächtige Ihr Helfer und
Beſchützer ſeyn, und diejenigen Jahre zu Ihrem
Leben hinzuſetzen, die er von dem meinigen genommen hat. Ein gleiches wünſche ich Ihro
Majeſtät der Kayſerin. Mit Wiederholung des
Denenſelben für alle genoſſene Liebe und Gü-
te ſchuldigen Danks erſterbe ich Ew. Kayſerli-
chen Majeſtäten unterthänigſte und gehorſamſte
Tochter

Caroline Chriſtine Sophie.„

Am Tage nach der Beerdigung dieser liebenswürdigen Prinzessin, wurde Peter ein Sohn
von seiner zweyten Gemahlinn Catharina gebohren. Dieß gab ihm neue Hofnung wegen der
Thronfolge, und bestärkte seinen Unwillen gegen
den Alexis. Er erließ gleich darauf eine aus-
führliche Ermahnung und Erklärung an
denselben, worinn er unter andern sagte:

„— Sohn! Euch ist bekannt, welche Mühe
Uns unsre Siege gegen die Schweden gekostet
haben, und wie Wir endlich glücklich gegen sie
gewesen sind. Allein wenn Ich dieses Glück er-
wege und meine Augen auf den Nachfolger
werfe, der mir folgen soll, so empfindet meine
Seele den bittersten Kummer. Ich genieße
die gegenwärtige Glückseligkeit nicht,
wenn Ich mir die Zukunft vorstelle.
Saget nicht, daß ihr keine Gaben besäßet.
Ihr seyd an eurer Untüchtigkeit selbst Schuld.
Es fehlt euch an nichts, als an Neigung. Ich
habe vergebens gewünscht, daß ihr die Kriegskunst erlerntet. Ihr irret gar sehr, wenn ihr
glaubt, es sey hinlänglich für einen Fürsten,
wenn er gute Generals hat, die für ihn Krieg

führen. Nein! mein Sohn; die Augen der
Welt sind auf das Haupt eines Reichs gerichtet. Seyd ihr nicht selbst zur Regierung fä-
hig, so könnt ihr nur mit fremder Leute Augen
urtheilen. Man wird euch als einen jungen Vo-
gel ansehen, der den aufgesperrten Schnabel hin-
hält, und eben so leicht Gift als dienliche Nah-
rungsmittel annimmt. Wenn ein Regent auch
selbst kein Krieger ist, so muß er doch wenigstens
mit der Kriegskunst bekannt seyn. Der verstorbene König von Frankreich (Ludwig der 14te) z.
B. gieng nicht allemal selbst mit zu Felde; allein
er liebte den Krieg und wurde dadurch ein so gros-
ser Sieger. Doch nun auf meinen Hauptgegenstand zurückzukommen. Ich bin ein Mensch und
folglich muß Ich sterben. Wem soll ich die Sorge überlassen, dasjenige zu vollenden, was ich
durch Gottes Gnade angefangen, und das zu erhalten, was ich wieder erobert habe? Einem
Sohne, der wie der faule Knecht im Evan-
gelio, sein Talent in die Erde vergräbt? Der
heil. Paulus sagt, wer sein eignes
Haus nicht regieren kann, wie wird
der im Stande seyn, der Kirche Got-

tes vorzustehen? Eben das kann man von
euch sagen. Wisset hiemit also meine Entschlies-
sung. Bessert ihr euch nicht, so werde
ich euch von der Thronfolge aus-
schliessen. Denn, da ich mein Leben zum Besten meiner Unterthanen nicht schone, warum soll
ich denn zugeben, daß ein weibischer Prinz
den Thron besteige, der den Nutzen seiner Unterthanen seinen Vergnügungen aufopfern würde?
Ich will lieber einem Fremden die Krone überlassen, als meinem Sohne, wenn er derselben
unwürdig ist.„

Hierauf antwortete der Prinz einige Tage
darauf wesentlich dahin: „Wenn Ew. Majestät
entschlossen sind, mich in Hinsicht meiner Untüchtigkeit der Rußischen Thronfolge zu berauben, so
mag Ihr Wille geschehen. Ja, ich bitte
Sie selbst recht ernstlich darum; weil ich mich
selbst für untüchtig zur Regierung halte. Ich
will auch künftig keinen Anspruch auf die Krone
machen. Meine Kinder vertraue ich Ihren Händen an, und für mich selbst begehre ich nichts
mehr von Ihnen, als bloß meinen Unterhalt auf
Lebenslang.„

Peter war noch fortdauernd kränklich, und antwortete hierauf nicht gleich. Am 19ten Januar des folgenden Jahrs 1716 ſchrieb er endlich einen weitläuftigen Brief an den Prinzen, den er ſeine letzte Ermahnung nannte und wovon der merkwürdigſte Inhalt folgender war: „Auf die Vorſtellung, daß ihr eure Aufführung beſſern möchtet, habt ihr gar nicht geantwortet. Euer Stillſchweigen dient gleichſam ſtatt einer Erklärung, daß ihr euch nicht beſſern wollt. Hättet ihr ſelbſt auch noch Neigung, dieß zu thun, ſo würde doch eine verderbte Prieſterſchaft im Stande ſeyn, euch nach ihren Willen zu lenken und von euren Vorſätzen abzuhalten. Da die Geiſtlichen jetzt der Ehrenſtellen beraubt ſind, deren ſie ſich durch ihre unanſtändige Aufführung unwürdig gemacht haben, ſo ſetzen ſie ihr ganzes Vertrauen auf euch; und die Partheylichkeit, die ihr bereits für ſie blicken laßt, flößt ihnen die Hoffnung ein, daß ihr dereinſt eine Aenderung zu ihrem Beſten vornehmen werdet. Man kann überhaupt mit Grunde ſchließen, daß ihr, anſtatt meine Einrichtungen künftig fortzuſetzen, ſie vielmehr vernichten werdet. Wählet, bestrebet euch also, entweder euch des Throns würdig zu machen, oder erwählet das Mönchsleben. Ich erwarte eure Entschließung; und wenn sie mir kein Genüge thut, so will ich nicht mehr die geringste Achtung für euch haben, sondern euch wie einem gemeinen Missethäter begegnen.„

Der Prinz gab hierauf seine Entschließung in folgendem kurzen Billet:

„Allergnädigster Herr und Vater! Ich habe Ihren Brief erhalten. Meine Unpäßlichkeit hindert mich, Ihnen weitläuftiger zu schreiben. Ich bin aber geneigt, das Klosterleben zu erwählen, und erbitte mir hiezu Ihre gnädigste Einwilligung

Ew. Majestät

Diener und unwürdiger Sohn
Alexis.„

Peter ertheilte ihm aber vorerst diese Einwilligung nicht. Die Kriegsangelegenheiten mit Schweden veranlaßten ihn, im Anfange des Jahrs 1716 die Reise nach Meklenburg,

Kopenhagen ꝛc. zu unternehmen. Seine neue
Gemahlinn Catharina begleitete ihn auf derſelben. Um noch ein neues Mittel zur Lenderung
des Alexis anzuwenden, ertheilte er ihm den Befehl, zu ihm nach Kopenhagen zu reiſen, um
die Welt zu ſehen, und Theil an den auswärtigen
Geſchäften zu nehmen.

Dieſer Befehl beſtimmte das unglückliche
Schickſal des Prinzen. Ihn zu befolgen, war
wider alle ſeine Neigung; und ihn nicht zu befolgen und in Petersburg zu bleiben, war gefährlich für ihn. Es konnte den Kaiſer veranlaſſen,
ihn bey dieſer Gelegenheit die ganze Härte ſeines
Entſchluſſes fühlen zu laſſen. Unentſchloſſen und
verlegen gab alſo der Prinz dem leidigen Anſchla-
ge ſeiner geheimen Rathgeber nach — und der
war, ſich auſſer Landes zu flüchten und
in der Fremde verborgen, den einſtweiligen Tod
ſeines Vaters abzuwarten. Alles wurde geheim
gehalten. Unter dem Vorwande, nach Kopenhagen zu reiſen, erhielt der Prinz von dem Fürſten Menczikow 1000 Dukaten, und von den
Senatoren 20,000 Rubel. Hiezu wurden noch
7000 Rubel durch geheime Anleihe zuſammen gebracht.

bracht. Die Wahl des Orts, wohin der Prinz seine Zuflucht nehmen sollte, blieb nicht lange zweifelhaft. Kaiser Karl der VI. war, wie schon oben angeführt worden, mit einer Schwester seiner ehemaligen Gemahlinn vermählt, und ließ ihm daher am ehesten Schutz erwarten. Alexis trat also in Begleitung von ein paar Vertrauten und mit seinem Finnländischen Mädchen im Aug. 1716 seine Reise an. Da selbst einige seiner Begleiter nicht anders wußten, als daß sie nach Kopenhagen gehen würden, so entdeckte er ihnen unterweges, daß sie nach Wien wollten. Die Absicht der Reise sey, mit dem dasigen Hofe ein Bündniß gegen die Türken zu schließen; und damit diese keinen Argwohn schöpften, geschähe die Reise so ganz incognito.

Alexis kam glücklich zu Wien an. Die kritische Lage eines Anverwandten, eines künftigen Thron=Erben bewog auch den Kaiser, ihm Schutz und sichern Aufenthalt zu versprechen. Der Prinz blieb einige Zeit in Wien, und wurde darauf, aus Besorgniß, daß er entdeckt werden möchte, nach dem Schloße Ehrenburg in Tyrol geschickt.

Peter hatte ihn indeß vergebens zu Kopenhagen erwartet. Die endliche Nachricht von
seiner Flucht versetzte ihn in den äussersten Unwillen. Er war damals auf seiner Reise nach Holland begriffen. Wohin der Prinz geflüchtet sey,
hatte man ihm noch nicht berichten können. Daß
er nach Wien gegangen sey, war indeß die erste
und wahrscheinlichste Muthmaßung. Der Russische Resident daselbst erhielt also gleich Befehl,
den Aufenthalt des Prinzen zu erfahren zu suchen.
Alles war aber so geheim gehalten, daß dieser
keine genaue Nachricht bekommen konnte. Peter
schickte darauf von Amsterdam aus den damaligen Garde = Kapitain, nachmaligen berühmten
General Romanzow, nach Wien. Alexis war
zu mehrerer Sicherheit, und um nicht so nahe
zu seyn, nach Neapel gebracht worden, wo er
sich auf dem Castell St. Elmo, unter einem
fremden Namen, und unter dem Scheine eines
Gefangnen verborgen hielt. Romanzow erfuhr
dieß mit Gewißheit, und reisete zurück nach
Spaa im Lüttichschen, wo sich damals Peter
aufhielt. Dieser schickte ihn darauf in Begleitung
des geheimen Rath Grafen Tolstoy nach Wien

zurück, um die Auslieferung des Prinzen zu be=
wirken. Der Kaiserliche Hof hatte denselben of=
fenbar in Schutz genommen, und machte daher
erst Schwierigkeiten. Allein die nachdrücklichen
Vorstellungen der Russischen Abgesandten, die
unangenehmen Aussichten bey der fernern Zurück=
haltung des Prinzen, und die Hoffnung eines gu=
ten Ausgangs für ihn, bewogen endlich den Kai=
ser, in den Ersuch Peters zu willigen. Der Vi=
cekönig von Neapel wurde angewiesen, den Prin=
zen zur Rückkehr nach Rußland zu bewegen zu su=
chen — und nöthigen Falls zu zwingen. Tol=
stoy und Romanzow reiseten darauf selbst im
Monat September nach Neapel ab.

Daß Alexis sich gegen ihren Antrag sträuben
würde, war vorauszusehen. Die beyden Abge=
sandten bemühten sich vergebens, ihm den Willen
seines Vaters persönlich kund zu thun. Der Vi=
cekönig kam ihnen aber zu Hülfe, lud den Prinzen
zu sich und auch sie erschienen. Die vorläufige
nachdrückliche Erklärung des erstern und die Er=
öffnungen der letztern bestürzten ihn wie ein plötz=
licher Donner. Tolstoy übergab ihm von seinem
Vater einen Brief, der wesentlich also lautete:

Y 2

Lieber Sohn!

„Euer Ungehorſam und eure Verachtung meiner Befehle ſind in der ganzen Welt bekannt.
Jetz: habt ihr euern Ungehorſam aufs höchſte getrieben, indem ihr entflohen ſeyd, und euch noch
dazu als ein Verräther unter fremden Schutz
begeben habt. Dieſes iſt etwas unerhörtes,
nicht nur in unſrer Familie, ſondern auch ſogar
unter unſern Unterthanen von einiger Conſidera-
tion. Ich ſchreibe euch zum letzenmale und
berichte euch, daß ihr demjenigen zu folgen habt,
was euch die Herrn Tolſtoy und Romanzow
von meinem Willen ſagen werden. Iſt euch vor
mir bange, ſo verſichere ich und verſpreche bey
Gott und dem jüngſten Gerichte, daß ich euch
nicht beſtrafen, ſondern, wenn ihr euch meinem Willen durch Gehorſam und Rückkunft
unterwerfet, mehr als jemals lieben werde.
Thut ihr das aber nicht, ſo ertheile ich euch als
Vater den ewigen Fluch, und erkläre euch als
euer Oberherr für einen Verräther, mit Verſiche-
rung, daß ich ſchon Mittel ausfinden werde, euch
als einen ſolchen zu beſtrafen. Hätte ich übrigens wohl nöthig gehabt, euch freye Wahl zu

laſſen, wozu ihr euch entſchließen wolltet? Wenn
ich euch zwingen wollte, hätte ich nicht die Macht
dazu in Händen? Ich hätte ja nur befehlen
dürfen, ſo wäre es geſchehen. Spaa, den
10ten Julius 1717.

Peter.„

Durch das Verſprechen dieſes Schreibens wenig beruhigt, aber aller Auswege beraubt, mußte Alexis jetzt dem Schickſale entgegen gehen,
dem er bisher auszuweichen geſucht hatte. Nachdem er an Peter einen demüthigen Brief geſchrie-
ben, reiſte er mit Tolſtoy und Romanzow
ab, und kam am 11ten Februar 1718 zu Moscau an. Schon am 3ten deſſelben Monats hatte Peter ein ausführliches Manifeſt wegen deſſelben an ſeine Unterthanen erlaſſen. Am Tage
nach ſeiner Ankunft, erhielt der Prinz Befehl,
ſich nach einem Orte, einige Werſte von Moscau
vorerſt zu begeben. Man war vor dem Volke in
der Reſidenz, das ihn, wie die gemeinen Ruſſen
überhaupt liebte, beſorgt. Inzwiſchen traf man
die nöthigen Vorſichtsanſtalten. Die Garde-
Regimenter und das übrige Militair beſetzten

Y 3

das Schloß und die vornehmsten Plätze. Nach
diesen Vorbereitungen wurde der Prinz am 14ten
Febr. nach der Stadt geholt. Alle Minister,
Senatoren und die hohen Geistlichen waren ver=
sammelt. In dieser feyerlichen Versammlung er=
schien Alexis vor seinem Vater, fiel ihm zu
Füßen und bat um Gnade. Peter bewilligte sie
ihm, erklärte aber, daß er sich der Thronfol=
ge unwürdig gemacht, und derselben ent=
sagen müsse. Alexis war bereitwillig dazu,
und unterschrieb und beschwur die Entsagungs=
acte. Man glaubte, daß dieß die einzige Stra=
fe des Prinzen seyn würde. Peter aber gieng
weiter, und ließ ein gerichtliches Verhör
über ihn anstellen. Außer den bekannten Ver=
gehungen, beschuldigte man ihn noch schlechterer
Absichten und Entwürfe; und besonders, daß er
eine Empörung vorgehabt, und sich noch bey
Lebzeiten Peters, des Throns habe bemächtigen
wollen. Eine Beschuldigung, die schwerlich er=
wiesen wurde. Doch Alexis mußte gestehen,
mehr vielleicht, wie er konnte. Folter und
andre Martern wurden nicht sparsam gebraucht.
Das Finnische Mädchen, an die er seine Gü=

te verschwendet hatte, wurde jetzt Verrätherinn, Aussagerinn gegen ihn selbst, und erhielt dadurch Belohnungen. Nach vollendetem Verhör wurde ein Staatsgericht von 180 Personen, worunter 55 Geistliche waren, niedergesetzt, und am 16ten Junius eröffnet. Letztre suchten den Prinzen zu retten, lehnten einen förmlichen Ausspruch von sich ab, und beschlossen die Auszüge, die sie aus der Bibel gesammelt, und zur Norm vorgelegt hatten, mit den Worten: „Ew. Großczarische Majestät mögen nun thun, was in ihren Augen wohlgefällig ist. Wollen Sie den Gefallnen nach seinen Thaten bestrafen, so haben Sie die aus dem alten Testamente angeführten Exempel vor sich; wollen Sie aber Barmherzigkeit erzeigen, so leuchtet Ihnen das Exempel Jesu selbst vor, der den verlohrnen Sohn wieder annahm, als er auf bessere Wege zurückkehrte. Die weltlichen Richter hingegen erkannten den Prinzen am 24sten Junius (oder 4ten Julius unsers Styls) für todeswürdig. Dieser wurde darauf am folgenden Tage aus der Festung, worin er saß, vor das Blutgericht geführt, und ihm sein Todes-

Y 4

Urtheil verlesen. Am folgenden Morgen verfiel er in heftige Zuckungen, erhielt noch einen Besuch von seinem Vater, und starb des Abends im Gefängnisse. Viele Personen, die man wegen der ihm beschuldigten Entwürfe mit in Verdacht hatte und brachte, wurden so wie die Gefährten seiner Flucht unter den schrecklichsten Martern hingerichtet.

Von dem plötzlichen Tode des Prinzen gab Peter in einem Manifeste, das er erließ, die plötzliche Bestürzung und Todes‑angst desselben an. Die Nachrichten über seine Todesart sind die verschiedensten und widerspre‑chendsten. Nach einigen starb er an Gift oder an Verblutung durch einen Aderlaß, nach andern an den Folgen der Knuten‑Hiebe seines eignen Va‑ters. So viel ist gewiß, daß der Prinz keines natürlichen Todes gestorben; und, nach der glaubwürdigsten Angabe, war der General Weide das Werkzeug seiner Enthauptung.

———

Allgemeine Weltgeschichte nach Gu‑thrie und Gray. Ruß. Geschichte von D.

E. Wagner. — Allgemeine Welthistorie, 29ster Th. Halle 1765. — Büschings Magazin, 3r und 15r Th. — Dessen wöchentliche Nachrichten, 7ten Jahrg. 14tes St. 1779. — Coxe's Reisen, 1ster Th. Zürich, 1785. S. 416 ff. — Tozens Don Carlos und Alexei, Luines und Buckingham, ein Versuch in verglichenen Lebensbeschreibungen. Greifsw. 1776. 8.

IV.

Der Kronprinz von Preußen — nachmalige König Friedrich der Große — in Gefahr von seinem Vater verurtheilt zu werden.

Unter keinen Regenten dieses Jahrhunderts fand sich in mancher Hinsicht (das häusliche Leben hatte allerdings den abstechendsten Contrast) mehr Aehnlichkeit, als zwischen Peter dem Grossen und Friedrich Wilhelm, Könige von Preußen. Beyde besaßen eine Geistesstärke, eine Energie des Charakters, wie man sie selten auf Thronen sicht. Peter diente als Schiffsgeselle zu Sardam, hieß einen seiner ersten Policey-Directoren, der ihn einst begleitete, aus dem Wagen steigen, wie sie zu einer schlecht befestigten Brücke kamen, und ertheilte ihm auf der

Stelle mit seinem Stocke eine förmliche Corpo=
rals=Züchtigung und strafte so nicht selten mit
eigner hohen Hand. Ein gleiches that Frie=
drich Wilhelm. Peter arbeitete in einer Ei=
senfabrik bey Moskau, ließ sich wie ein Geselle
nach Verdienst bezahlen und kaufte sich ein paar
Schuhe — statt der alten, die versohlt und sehr
unkayserlich waren. Und Friedrich Wil=
helm spazierte in einem alten blauen Kleide mit
kupfernen Knöpfen herum, und ließ sie wieder an=
setzen, wenn er ein neues Kleid sich anschaffte. *)
Beyde großen Monarchen arbeiteten rastlos für
den Staat. Peter schuf und bildete den seini=
gen und Friedrich Wilhelm ordnete seine
Monarchie und die Stützen derselben. Staats=
wohl und Erhaltung der gemachten Reformen war
das unverrückte, hohe Ziel beyder Regenten, dem
sie alle ihre Bemühungen widmeten, dem sie alles,

---

*) Ich kenne zu Berlin, — sagt der Abt Denina
in seinem Essai sur la vie & le regne de Fréderic II.
à Berlin 1788, S. 8. die Tochter eines Kauf=
manns, bey welchem König Friedrich Wil=
helm öfters speisete. Kam ein Gericht vor, das
seine Gemahlinn liebte, so schickte er's derselben
von der Tafel zu.

selbst was ihrem väterlichen Herzen am theuersten
seyn mußte — aufzuopfern kein Bedenken trugen.
So ließ Peter seinen Sohn, seinen Thronerben
zur Erhaltung seiner eignen Größe und Verdienste
verurtheilen, und Friedrich Wilhelm war
einige Zeit entschlossen, etwas ähnliches zu thun.
Der Wiener Hof rettete glücklicher Weise einen
Prinzen mit, der für ihn nachmals ein so furcht-
barer Feind ward. Der unglückliche Alexis,
der als ein Schwager des Kaysers weit eher thätigen Schutz von demselben erwarten konnte, hatte kein so günstiges Schicksal.

Es ist bekannt, daß Friedrich als Kronprinz das nicht versprach, was er als König wurde. Nie sah man einen Sohn, der so ganz ungleich seinem Vater war. Während Friedrich
Wilhelm den Abendseegen las, flötete und dichtete
sein Sohn. Der Vater liebte große Soldaten
und der Sohn große Gelehrte und schöne Geister.
Jener lebte bürgerlich, dachte auf die Vermehrung seiner Finanzen, dieser auf die Vermehrung
seiner wissenschaftlichen Kenntnisse, — gieng ge-
putzt, liebte Witz, lustige Gesellschaft, Freyheit
im Denken, galantes, feines Benehmen, und be-

zeigte wenig Neigung zu Regierungsarbeiten, zu denen man ihn mechanisch anführen wollte. Anstatt Acten und Berichte zu lesen, las er im Ketzer Voltaire. Dieß machte ihm seinen Vater bald abgeneigt und erzürnt.

Er hatte die Absicht, die Thronfolge auf seinen zweyten Sohn, den Prinzen August Wilhelm zu bringen, der sich überhaupt mehr zu seinen Neigungen und Absichten fügte.

Prinz Friedrich, der väterlichen Härte überdrüßig und für die üblen Aussichten besorgt, faßte — nachdem er von einer Reise, die er mit dem Könige nach dem Rhein gemacht hatte, zurückgekehrt war — im Julius 1730 den Entschluß, davon zu fliehen. Wohin die Reise gehen sollte, war noch unausgemacht, wahrscheinlich aber nach England, dessen König Georg II der Oncle Friedrichs war. Man borgte einiges Geld zusammen. Zwey liebenswürdige junge Officiere, Keith und der Lieutenant beym Regiment Gens d'Armes, Katt, nahmen an dem Entwurfe Antheil, und wollten ihn auf seiner Flucht begleiten. Tag und Stunde zur Abreise waren bestimmt. Allein der Vater erfuhr alles. Friedrich wurde arretirt. Der König glaubte, wie es auch wirklich der Fall war, daß seine Tochter, die Prinzessin Wilhelmine, die nachmals an den Marggrafen von Bayreuth vermählt wurde, um das Flucht-Complott wisse; — und in der Aufwallung seines Unwillens und bey seinem promten Justizeifer, ergriff er die Prinzessin, um sie aus dem Fenster zu werfen. Zum Glücke hielt sie seine Gemahlinn, die zusprang, noch bey den Kleidern zurück. Die Prinzessin bekam indeß eine Contusion, die sie Zeitlebens behielt.

Kaum war Friedrich in Arrest nach Cüstrin gebracht, so wurde eine Justiz-Commission niedergesetzt, die sein Flucht-Verbrechen richten sollte. Sie bestand aus 30 Personen, an deren Spitze der Feldmarschall von Grumbkow war. Friedrich wurde vor dieselbe geführt. Man drang in ihn, die Mitschuldigen seines Vorhabens anzugeben. In der Hoffnung, daß sie sich durch die Flucht schon gerettet haben würden, nannte er Katt und Keith. Letzterer hatte das Glück durch eine kurze Voreilung den Soldaten, die

ihm nachgeschickt wurden, zu entkommen, und
nach Holland zu entfliehen; — Katt aber wurde in gefängliche Haft gebracht. Der König
hatte ihm, wie er auf dem Schlosse ihm vorgestellt wurde, das Ordenskreuz, das er trug, ab-
gerissen, und darauf mit einem Fußstoß aus dem
Zimmer gewiesen.

Das Schicksal, das Katt zu drohen schien,
erregte allgemeines Mitleiden. Man hoffte noch
eine günstige Wendung desselben. Sein Großvater war der (1734 gestorbene) General-Feld-
marschall und Gouverneur zu Berlin, Graf
von Wartensleben und sein Vater, der
Generallieutenant von Katt *) ein Officier,
der die Gnade des Königs in einem vorzüglichen
Grade besaß. Alles verwandte sich für den Unglücklichen. Die Commission sprach selbst zum
Besten seines Schicksals. Aber vergebens. Der

*) Wurde 1736 zum General von der Cavallerie, und
nachdem Friedrich zur Regierung gekommen
war, im Junius 1740 zum Generalfeldmar-
schall ernannt und in den Grafenstand erhoben; starb den 30ten May 1741.

König erließ unterm 1ten November folgende Ver-
urtheilungs = Sentenz:

„Se. Königl. Majestät sind zwar nicht gewohnt, die Kriegsrechte zu schärfen, sondern vielmehr, wo es möglich, zu mindern; dieser Katt ist
aber nicht nur in meinen Diensten bey der Armee,
sondern auch bey der Guarde Gens d'Armes, und
da bey der ganzen Armee meine Officiere mir ge-
treu und hold seyn müssen, so muß solches um so
viel mehr geschehen, von den Officiers von solchen
Regimentern, indem bey solchen ein großer Unterschied ist, denn sie immediatement Sr. Königl.
Majest. und Dero Königl. Hause attachirt seyn,
Schaden und Nachtheil zu verhüten, vermöge seines Eides. Da aber dieser Katt mit dem künftigen Thronfolger tramirt, zur Desertion mit fremden Ministern und Gesandten allemal durch einander gestecket, und er nicht davor gesetzt
worden, mit dem Kronprinzen zu com-
plotiren; als contraire es Sr. Königl. Maj.
und dem Herrn General Feldmarschall von Natz-
mer hätte angeben sollen; so wissen Se. Königl.
Maj. nicht, was vor kahle Raisons das
Kriegsrecht genommen, und ihm das

Le-

Leben nicht abgesprochen hätte. Se.
Königl. Maj. werden auf die Art Sich auf keinen
Officier noch Diener, die in Eid und Pflicht stehen, verlaffen können. Es würden aber alsdenn
alle Thäter den Pratext nehmen, wie es Katten
wäre ergangen, und weil der so leicht und gut
durchkommen wäre, Ihnen dergleichen geschehen
müßte. Se. Königl. Maj. find in Dero Jugend
auch durch die Schule geloffen, und haben das lateinische Sprüchwort gelernt: *Fiat
justitia & pereat mundus!* Also wollen
Sie hiermit von Recht und Rechtswegen, daß
Katt, ob er schon nach den Rechten verdient gehabt, wegen des begangnen Crimen Laesae Ma-
jeftatis mit glühenden Zangen zerrissen und
aufgehenkt zu werden, er dennoch nur in Consi-
deration seiner Familie, mit dem Schwerdt vom
Leben zum Tode gebracht werden solle. Wenn
das Kriegsrecht dem Katte die Sentence publicirt, soll ihm gesagt werden, daß es Sr.
Königl. Majeft. leid thäte, es aber
beffer sey, daß er bliebe, als daß die
Justice aus der Welt käme."

Wufterhausen, den 1ten Nov. 1730.

Eine Supplik, *) die Katt d ein Könige übergeben ließ, blieb eben so fruchtlos. Er wurde
darauf am 4ten Nov. 1730 nach Cüstrin, wo
Friedrich auf der Citadelle saß, abgeführt. Un-

---

*) Sie lautete also: „Nicht mich zu rechtfertigen,
nicht meine bisherige Aufführung zu entschuldigen,
noch durch viele Rechtsgründe meine Unschuld zu
bezeigen, nein, sondern die wahre Reue und Leid
Ew. Königl. Maj beleidigt zu haben, verpflichtet mich, mich in aller Unterthänigkeit Denenselben
zu den Füßen zu legen. Meiner Jugend Irrthum,
Schwachheit, Unbedachtsamkeit, mein nicht
Böses meynender Sinn, mein durch
Liebe und Mitleiden eingenommenes
Herz, ein eitler Wahn der Jugend, der keine verborgne Stücke im Schilde geführt, sind es,
mein König! die demüthigst um Gnade, Erbarmen, Mitleiden, Barmherzigkeit und Erhörung
bitten und flehen. Gott als der König und Herr
aller Herren, läßt Gnade vor Recht ergehen, und
bringet durch Erbarmen und Gnade den auf irri-
gem Wege gehenden Sünder und Missethäter wiederum zu seiner Pflicht. Also, mein König! Sie,
als ein Gott auf Erden, lassen mi rdoch dieselbe
Gnade, als einem gegen Ew. Königl. Maj. miß-
handelnden Sünder und Missethäter zufließen.
Die Hoffnung der Wiedererholung schonet noch des
verdorreten Baums, und erhält ihn von der Gluth
des Feuers. Warum soll denn mein Baum, der
schon wiederum neue Sprossen neuer Treue und

terweges setzte er noch einen Brief an seinen Va-
ter, und am Abend vor seinem Tode einige
Freundschaftsbriefe, Erinnerungen und Trost-
Aufmunterungen an den Kronprinzen auf. Das
Schicksal, das seinem unglücklichen Freunde be-
vorstand, war diesem in seinem Gefängnisse un-

Unterthänigkeit zeiget, nicht Gnade vor Ewr.
Königl. Maj. finden? Warum soll er sich schon in
seiner Blüthe neigen? und nicht noch vorher Ewr.
Königl. Maj. und der ganzen Welt zeigen, was
Gnade und Barmherzigkeit für unverfälschte Treue
und Gehorsam wirken. Ich habe gefehlt, mein
König! ich erkenne es mit treuem Herzen; also
verzeihen Sie es dem redlichen Gestoher, und ge-
währen mir, was auch Gott dem größten Sünder
nicht versagt. Manasse vermehrte ja, so gottlos
er war, die Zahl seiner Fürsten; Saul konnte
nicht so sehr in Ungehorsam verfallen, und David
nach Unrecht dürsten, als aufrichtig hernach ihre
Bekehrung war. So viele Tropfen Blut in meinen Adern fließen, so viele sollen es Zeugen seyn
der neuen Treue und Gehorsams, die Dero Gnad
und Huld wirket. Gottes Gnad und Liebe läßt
mich auch seiner Gnade hoffen, so verzweifle auch
nicht der, darum flehe und bitte, als

   Ewr. ꝛc.

   ungehorsam gewesener, nunmehro aber
   durch Reu und Leid zu seiner Pflicht ge-
   triebener Vasall und Unterthan

        Katt.

Z 2

bekannt .Wie am 6ten Nov. die Executionsstun-
de für Katt bestimmt war, trat ein Officier mit
vier Grenadieren herein. Der Prinz glaubte,
zum Tode geführt zu werden. Allein er wurde zum
Fenster geführt, um mit eignen Augen die Enthaupt-
tung des Freundes mit anzusehen, den die ent-
schlossene Treue gegen ihn unschuldig machte.
Als er den Scharfrichter und das bevorstehende
Ende des Katts sah streckte er die Hände gegen
denselben aus, weinete, — fiel in Ohnmacht.

Diese tragische Scene verstärkte die Besorgnisse,
die man allgemein wegen des Kronprinzen hatte. *) Die Untersuchung gegen ihn wurde von

*) Kronprinz Friedrich wurde in seinem Verhaf-
te, der anfangs sehr hart war, ganz mismüthig
und verzweifelnd. Um weitern Annehmlichkei-
ten auszuweichen, war er auf eine Zeitlang selbst
geneigt, in den Lieblings-Wunsch seines Vaters
zu willigen und mit Ausbedingung einer Pension,
die Thronfolge seinem Bruder, August Wilhelm, freywillig abzutreten. Er entdeckte seinen Vorsatz dem Präsidenten von Mün-
chow, der ihm die Härte seines Gefängnisses heimlich erleichterte. Dieser aber widerrieth den Anschlag der Verzweiflung, der so viele Größe würde untergraben haben. S. Charakter Friedrichs II von D. A. F. Büsching, Halle
1788, S. 111.

der Commission wie gegen einen Staatsverbre-
cher förmlich fortgesetzt. Die Frage des Rechts der
Verurtheilung mochte so zweifelhaft seyn, wie sie
wollte. Dem erzürnten Vater schien seine souve-
raine Autorität über seinen Sohn hinlänglich
Zum Glücke unsers Jahrhunderts kam das
schreckliche Vorhaben nicht zur Ausführung.
Mehrere Verwandte und andere Höfe, besonders
der Englische und Schwedische, *) interessirten sich für das Schicksal des Prinzen. Die
Antwort Friedrich Wilhelms war, daß keiner

Z 3

*) Der König Friedrich von Schweden, erließ
unter andern folgendes Schreiben an den Preußi-
schen Monarchen:

Mein Herr Bruder!

„Da Ich erfahren, daß der Kronprinz das Unglück gehabt hat, Ewr. Majest. mißfällig zu werden, und Ihre Ungnade sich zuzuziehen, so kann
Ich nicht unterlassen, Ihnen mein tiefes Bedauren
darüber zu erkennen zu geben. Ich mache mir
die traurigste Vorstellung über die Lage, worinn
Sie Sich als König und als Vater befinden und
nehme an einem so unerwarteten Ereigniß mit aller
der Empfindung mitleidigen Antheil, die die Bande des Bluts erregen. Aber eben diese Empfindung überzeugt mich auch, daß Ewr. Majestät

sich in seine Familien-Angelegenheiten zu mischen
hätte. Der Wiener Hof legte sich auch zu seiner Rettung stark ins Mittel. Er ließ durch seinen Gesandten zu Berlin, den Grafen von Se-
ckendorf, dem Könige vorstellen, daß die Sache keine bloße Familien-Angelegenheit, sondern
eine Sache des Reichs sey, daß ein Branden-
burgischer Prinz, als ein Prinz des Reichs,
nicht anders als auf dem Reichstage gerichtet werden könne. Einige Mitglieder der Com-

> Mir erlauben werden, zu bemerken, daß, da Sie
> unter den großen Verbindlichkeiten als König
> und Vater zu wählen haben, Sie die größte und
> schönste Gelegenheit finden, Ihren Entschluß
> zu bestimmen, wenn Sie Ihrem Ruhme
> und Ihrem Herzen Gehör geben wol-
> len. Ihre Königl. Familie, Ihre Unterthanen
> und die Protestanten in ganz Europa erwarten dieß
> von Ihrer angebohrnen Güte, flehen Sie darum an,
> und meine zärtliche, aufrichtige Freundschaft gegen
> Sie und Ihr ganzes Haus, läßt Mich dieses eif-
> rigst und mit der größten Ungeduld wünschen; wo-
> bey Ich verbleibe
>
>   Ewr. Majestät
> Stockholm,   guter Bruder, Freund u. Nachbar,
> den 25sten August   **Friedrich.**"
>   1738.

miſſion thaten indeß den Ausſpruch, daß der
Prinz todeswürdig ſey; die Mehrheit aber
beſtimmte als die angemeſſenſte Strafe einige
Zeit gefänglichen Arreſtes.

Durch die Vorſtellungen der Höfe, noch
mehr aber durch die Bitten und Thränen ſeiner
Gemahlinn erweicht, gab endlich der König ſei=
ne Erbitterung und die Beſchlüſſe ſeiner Härte
auf und Friedrich erhielt die Strafe, daß er zu
Cüſtrin bleiben, und bey der Domainen=Kam=
mer arbeiten mußte. Vorher aber hatte er förm=
liche Buße thun müſſen. Der Feldprediger Mül=
ler, der Katt zu ſeinem Ende vorbereitet hatte,
mußte auf Befehl des Königs, zu ihm gehen,
um ihn zu bekehren. Der Prinz zeigte ſich auch
ſo, wie man es gewünſcht hatte. Zuletzt mußte
er vor der Commiſſion einen förmlichen Beſſe=
rungs = und Gehorſams=Eid ſchwören;
wobey ihm der Vater bedeuten ließ: „daß,
wenn er wieder umſchlüge und auf ſei=
ne alten Sprünge komme, er die Suc=
ceſſion der Krone und Chur, nach den
Umſtänden wohl gar das Leben, ver=
liehren ſolle.„

Z 4

Als im folgenden Jahre 1731 die Prinzeßin Sophie Wilhelmine mit dem Erbprinzen Wilhelm von Bayreuth am 20sten Novemb. vermählt wurde, erhielt Friedrich die Erlaubniß, wieder am Hofe zu erscheinen. Die Freude des Festes sollte durch seine Befreyung vermehrt werden. Seine Abreise von Cüstrin wurde geheim gehalten. Eine Kammerfrau wußte allein von der Rückkunft und hatte die Erlaubniß erhalten, der Königin einige Hoffnung dazu zu machen. Plötzlich erschien der Prinz in der Versammlung. Ach mein Fritz, rief die Königin, wie sie ihn ansichtig wurde, die einzigen Worte, die sie in der Betäubung der Freude von sich geben konnte. „Fritz, „Fritz, auf ein andermal kommst Du nicht so gut davon, war die Warnung, die darauf der König dem Prinzen gab, den er für untüchtig zum Regieren hielt, und der nachdem einer der größten der Regenten wurde, die je ein Volk beherrscht haben.

V.

Die Bürger einer Stadt besiegen und vertreiben eine Kayserliche Armee. Merkwürdige Freyheits-Empörung zu Genua am Ende des Jahrs 1746.

Im vorigen Jahrhunderte verbot Ludwig der vierzehnte den Genuesern, die Algierer zu unterstützen und für Spanien Kriegsschiffe zu bauen. Der Handels - und Freyheitsgeist der Genueser widersetzte sich. Eine französische Flotte bombardirte darauf die Stadt und drohete ihr einen völligen Ruin. Die Bomben thaten Würkung. Man war bereit zu jedweder Satisfaction. Und Ludwig verlangte, daß der Doge der Republik mit 4 Senatoren nach Versailles kommen und um Vergebung bitten sollte. Nach der Constitution der Italienischen Frey-

Z 5

staaten dürfen bekanntlich die Dogen mit Verlust ihrer Würde nie verreisen oder sich entfernen. Ludwig machte die Uebertretung dieses Gesetzes nothwendig und im Jahre 1685 sah Europa zum erstenmahle einen Dogen außerhalb Italien.

Der Senat von Genua kam aufs neue in diesem Jahrhunderte in Gefahr einer solchen Demüthigung. Sie war schon durch eine Capitulations = Bedingung bestimmt. Allein die Großmuth der Kayserin Theresia erließ sie.

Unter den Mächten, die nach dem Tode Carls des VIten (im Jahre 1740) über die Erbstaaten dieser Prinzessin herfielen, war auch Spanien. Es machte Ansprüche auf Mayland, das es zu einem Etablissement für den jüngern Prinzen Don Philipp bestimmt hatte. Der Krieg wurde im Jahre 1741 erklärt. Drey Jahre darauf kündigte auch Frankreich Oesterreich den Frieden auf. Es schickte eine Armee nach Italien, die in Verbindung mit den Spanischen Truppen agirte. Hierzu kamen nachmals noch Truppen von Neapel, das damals der spanische Prinz, Don Carlos, regierte.

Dieser Uebermacht wurde es Anfangs nicht
schwer, Siege und Eroberungen zu erlangen.
Auch der König von Sardinien war mit
Länder=Ansprüchen gegen die junge Kayserin
aufgetreten. Um die Anzahl der Feinde in Italien nicht zu vermehren, suchte man diese Ansprüche zu befriedigen. In einem Traktate, der
am 18ten September 1743 zu Worms geschlossen war, wurden dem Könige von Sardinien
verschiedene Landdistricte überlassen und ihm auch
die Stadt Finale, die Kayser Carl der VIte
im Jahre 1713 für eine Million 200,000 Piaster
an Genua verkauft hatte, abgetreten. Nach
diesen Verwilligungen trat Sardinien auf die
Seite Oesterreichs. Die Truppen dieser letzten
Macht waren indeß durch ihre gleichzeitigen Kriege in den Niederlanden und in Schlesien
zu getheilt und zerstreuet, als daß man in Verbindung allein mit Sardinien den überlegnen
dreyen Feinden in Italien die Spitze bieten
konnte.

Der Traktat von Worms war für die Genueser ein Gegenstand der unwilligsten Erbitterung. Zwar sollte ihnen die Kaufsumme für

Finale vergütet werden. Allein die Einnahme und Beybehaltung dieses See=Orts von Sardinien drohte ihrer Handlung Abnahme und Ruin. Sie vergaßen darüber ihre Schwäche und bedenkliche Lage. Die Siege der drey vereinigten Mächte wider Oesterreich, die schönen Aussichten eines vortheilhaften Ausgangs, die Eifersucht wider Sardinien, und die Einladungen des Spanischen und Französischen Hofes, reitzten den Senat zu Genua, sich mit diesen zu verbinden. Er unterstützte sie mit Truppen, mit Freyheit der Durchmärsche und Zufuhren.

Die glücklichen Aussichten dauerten fort, und wurden zunehmend glänzender. Die vereinigte Armee der Bourbonischen Mächte, die sich gegen 70 bis 80,000 Mann belief, schlug und vertrieb im Jahre 1745 die Oesterreicher und Sardinier und bemeisterte sich fast der ganzen Lombardey. Parma, Piacenza und Mayland empfingen den Infanten Don Phillipp als Sieger. Allein das Glück schläferte, wie ein unsterblicher Schriftsteller sagt, die Sieger Italiens unter dem Schatten ihrer Lorbeeren ein. Die Citadellen

zu Mayland und Alexandria hatten sich
noch nicht ergeben, und diese mußten sie zur Sicherung ihrer Eroberungen besitzen. Ein wenig Anstrengung würde sie ihnen unterworfen haben. Allein sie wurden müde, grade zu der Zeit, wie sie
nur noch einige Schritte zu machen hatten, um
den Preis ihres Wettlaufs davon zu tragen.

Das Jahr 1745 war für sie und die Genueser glücklich und schmeichelhaft gewesen. Eine
glückliche Begebenheit am Ende desselben wurde
eine unerwartete Quelle des Unglücks für sie.
Am 25sten December kam zu. Dresden der
Friede zwischen Friedrich und Theresia zu
Stande. Nunmehr konnte diese gegen ihre Italienischen Feinde nachdrücklicher agiren. Gleich
im folgenden Jahre wurde eine Armee von 30,000
Mann nach Italien geschickt, die Graf Brown,
Fürst Lichtenstein, und General Botta kom-
mandirten. Die Triumphe der Bourbonischen
Truppen wurden nun jetzt in Niederlagen verwandelt. Die Oesterreicher und Sardinier nahmen die
mehrsten eroberten Städte wieder ein. Fürst
Lichtenstein schlug am 16ten Junius die Franzosen und Spanier mit einem Verluste von 16000

Mann. Diese mußten fliehen. Auf ihrer Flucht erlitten sie am 10ten August noch eine neue Einbuße bey Rottofredo; und von der vereinigten großen Armee, die im Jahre vorher das Schrecken von Italien war, sah man jetzt nur einen kleinen flüchtigen Ueberrest.

Die Nachricht von diesen unglücklichen Vorfällen verbreitete Schrecken und Bestürzung zu Genua. Die Krieger, von denen man Schutz und Glück erwartet hatte, suchten jetzt selbst Schutz und Rettung. Der Infant Don Philipp kam zu Genua an, ohne Hoffnung und ohne Aussicht. Indeß war am 9ten Julius, der König von Spanien, Phillipp der V. gestorben. Sein Nachfolger Ferdinand gab sogleich den Befehl zum Rückmarsche der übrigen Spanischen Truppen. Sie zogen sich auch größtentheils längst der Genuesischen nach der Französischen Küste zurück.

Durch diese abgehende Unterstützung wurde die Verlegenheit zu Genua noch größer. Man hatte vorher — da die Aussichten glänzend waren — die Weisheit des Senats gepriesen; und nun tadelte man in bittern Satyren die Unweis-

heit deſſelben. Der patriotiſche Enthuſiasmus
der jüngern Senatoren hatte den Ausſchlag zur
Theilnahme an dem Kriege gegeben. Man ſchlug
daher an den Pallaſt des D o g e folgende B u ch -
ſt a b e n an: S. S. S. R. R. R. I. I. I. F. F. F.
und fügte bald darauf folgende Erklärung bey:
Senum Sapientia Spreta, Iuvenum Imperitia In-
ſoleſcente, Regnum Reipublicae Ruit, Ferro,
Flamma, Fame *). Allein Satyren und Epigram-
men und beſſere Rathſchläge halfen jetzt nicht.
Die Oeſterreicher waren ſchon ins Genueſiſche
vorgedrungen, hatten die Gränzfeſtungen eingenommen und droheten Verwüſtung der Haupt-
ſtadt.

Wie die S p a r t a n e r einſtens bey dem Vordringen der P e r ſ i ſ c h e n Uebermacht ihr Vertrauen auf T h e r m o p y l ä ſetzten, ſo war jetzt
die einzige Hoffnung der Genueſer die ſogenannte
Bocchetta. Dies iſt eine Reihe von Felſen

*) Die Verachtung der Weisheit der alten, und die
    übermüthige, herrſchende Unerfahrenheit der jun-
    gen Senatoren, ſtürzt jetzt die Republik ins Un-
    glück, bedroht ſie mit Schwerdt, Feuer und Hun-
    gersnoth.

und Bergen, durch welche ein enger Weg nach
Genua führet. Man hatte diesen Paß mit Bat=
terien und Redouten vermehrt und 2000 Mann
zur Gegenwehr dahin geschickt. In der Nähe
standen Französische und einige zurückgebliebne
Spanische Truppen. Allein wie bey den S p a r =
t a n e r n erlag auch der G e n u e s i s c h e Helden=
muth der Uebermacht. Graf B r o w n, dem ei=
nige Banditen und Spionen zum Auffinden der
besten Wege über die Gebürgskette behülflich
waren, bemächtigte sich am 1sten September
1746 der Schußmauer der Genueser, der B o c c =
h e t t a, die 5 Stunden lang aufs bravste ver=
theidigt worden war.

Widersetzung war nunmehr zu G e n u a frucht=
lose Kühnheit. Graf B r o w n lagerte sich in
der Nähe der Stadt. Das Volk fieng an unru=
hig zu werden. Der Senat schickte darauf De=
putirte an den Grafen Brown. Ihre Anfrage
war so unerwartet, als die Antwort energisch.
Man verlangte vorläufig von dem Grafen zu wis=
sen, ob er als F e i n d oder F r e u n d käme, da
die Republik mit der Kayserin, seiner Souve=
raine, keinen Krieg führte. B r o w n antworte=
te:

„man käme Eroberungen zu machen;"
und versprach auf eine nochmalige Vorstellung,
für die Stadt Sorge zu tragen, und zur Verhü-
tung aller Unordnung die Thore derselben besetzen zu lassen. Der Republikanische Stolz und
Freyheitsgeist fand sich durch dies letztere Vorhaben gereizt und gekränkt. Die Deputirten
antworteten, daß es die Gesetze und Statuten
der Republik nicht erlaubten, die Thore von
fremden Truppen besetzen zu lassen. „Ey was
Statuten, versetzte Graf Brown; ich
komme jetzt, euch Statuten und Gesetze zu geben."

Dies geschah auch einige Tage darauf. Am
6ten September wurde eine Capitulation
geschlossen, die für die Genueser eben so hart als
demüthigend war. Es wurde in derselben bestimmt, daß die Kayserlichen Truppen die Thore der Stadt besetzen, die ganze Genuesische
Besatzung sich zu Kriegsgefangnen
ergeben, die gesammte Artillerie ausgeliefert, keine Englische Kriegsschiffe in den Hafen gelassen,
die zurückgebliebenen Spanischen und Französischen Truppen angezeigt, ohne Rücksicht auf die

anderweitigen Contributionen, vorläufig 50000 Genuinen zur Belohnung, der Kayserlichen Truppen gezahlt, und 6 Senatoren mit dem Doge an ihrer Spitze nach Wien gesandt werden sollten, um Verzeihung des Vergehens der Republik zu bitten.

Diese letztre Demüthigung erließ, wie schon oben angeführt, die Großmuth der Kayserin Theresia. Desto härter aber wurden die Finanz-Operationen. Der Kayserliche Ober-Kriegskommissair, Graf von Chotek, wurde der furchtbarste Mann zu Genua. Zwey Tage nach der Capitulaton befahl er dem Senate, binnen 14 Tagen 3 Millionen Genuinen in die Kayserliche Kriegskasse zu liefern. Für die erste Million war der peremptorische Termin auf 48 Stunden bestimmt. Diese mußte geliefert werden, und auch für die andern Summen folgte statt Erlassung, Erhöhung derselben. Der Druck der Verlegenheit stieg aufs äußerste. Um den Kredit der St. Georgsbank, von der ein Haupttheil des Wohlstandes von Genua abhängt, und deren Schicksal fast ganz Europa interessirte, zu erhalten, schickten der Doge, die reichsten Senatoren und Einwohner, ihr Silbergeschirr in die Münze. Von der Bank selbst mußte dem Marquis von Botta, der indeß das Commando in der Stadt übernommen, und das Kayserliche Wappen an seinen Pallast hatte anschlagen lassen, ein Verzeichniß von allen den darin befindlichen Kapitalien übergeben werden. Es standen Oesterreichische Juweelen darin versetzt. Man mußte sie ausliefern. So wurden auch mehrere Verschreibungen wegen angeliehener Summen vernichtet. Ueberhaupt litt die Genuesische Bank eine Erschütterung, deren nachtheilige Folgen sich auf eine lange Reihe von Jahren erstreckten.

Der Wiener Hof war von seinem lucrativen Systeme nicht abzubringen. Die Genueser ersuchten daher um fremde Fürsprache und Verwendung. Sie schickten Memoires an die Höfe zu London, Haag u. s. w. Auch wandte sich der Senat an den Pabst, und ersuchte um die Confirmation einer außerordentlichen Taxe, die man den Geistlichen im Gebiete der Republik auflegen wollte. Allein der heilige

Aa 2

Vater gab dazu seine Einstimmung nicht. Dagegen schlug er ein Hülfsmittel der Religion vor. Er erlaubte ein Jubiläum zur Erbittung des göttlichen Beystandes zu halten.

Die Noth der Genueser wurde inzwischen bey den harten Kayserlichen Drangsalen immer größer. Am 30sten November erließ der Graf Chotek wegen der Rückstände der auferlegten 3 Millionen Contributionen die harte Erklärung, daß sie binnen 24 Stunden entweder baar oder durch sogleich zahlbare Assignationen auf die St. Georgsbank entrichtet werden müßten. Dazu wurde befohlen, noch eine Million zum Unterhalte der Kayserlichen Truppen, die in zerstreueten Abtheilungen die Winterquartiere bezogen hatten, zu zahlen.

Das Volk zu Genua war mit der anfänglichen Demüthigung des Senats zum Theil nicht übel zufrieden gewesen. Verschiedene Senatoren, deren unbedachtsame Politik die Ursache dieser unglücklichen Folgen war, hatten sich dem Unwillen desselben durch die Flucht entzogen. Das Uebermaaß der Oesterreichischen Erpressungen reizte aber bald den patriotischen Unwillen des

Volks, und es erfolgten Scenen, deren Möglich=
keit der sorglose Stolz der Kayserlichen nicht ge=
glaubt, nicht geträumt hatte.

Graf Botta verfuhr mit dem Nachdrucke
Kayserlicher Macht. Die Kette seiner Gewalt=
samkeiten wurde immer größer. Er verlangte,
daß man ihm alle Traktaten und geheimen
Verhandlungen der Republik, besonders
mit ihren Alliirten, ausliefern und offenbaren
sollte. Mit einer rühmlichen Standhaftigkeit
antwortete ihm der Senat: „Er möge dro=
hen und seine Drohungen ins Werk
setzen; aber nie würde man ein Verrä=
ther des Vaterlandes und dessen Ge=
heimnisse werden.„

Zu gleicher Zeit hatte der Marquis von
Botta das Arsenal besetzen lassen. Er erklär=
te das darin befindliche Geschütz für Kayserliches
Eigenthum. Graf Brown war nach der Pro=
vence gegen die Franzosen vorgerückt, und bedurf=
te mehrerer Artillerie. Botta entschloß sich, sie
ihm von Genua zuzuschicken. Am 5ten Decem=
ber wurde daher ein Transport Kanonen aus dem

Zeughauſe nach dem Hafen abgeführt. Die Weg=
führung dieſer Kanonen erbitterte die Genueſer.
Sie ſahen ſie als die drohendſte Gefahr, als die
Vernichtung ihrer Freyheit an. Das Feuer ih=
rer patriotiſchen Erbitterung bedurfte nur eines
Ausbruchs. Eine Unbedachtſamkeit gab bald
Gelegenheit dazu: Ein paar Stockſchläge
brachten das ganze Volk in Wuth, und
retteten Genua.

Man hatte ſchon an erwähntem Tage eine be=
trächtliche Anzahl Kanonen nach der Vorſtadt
St. Lazaro zum Hafen gebracht. Man war
im Begriff, auch einige Mörſer dahinzuführen.
Unglücklicher Weiſe brach beym Wegführen das
Rad von der Lavette eines Mörſers. In=
dem die Kanoniers beſchäftigt waren, den Mör=
ſer wieder aufzubringen, lief das Volk neugierig
zuſammen. Es häufte und drängte ſich immer
mehr, und hinderte die Arbeiter. Ein Kayſerli=
cher Officier hieß dieſe müßige Zuſchauer wegge=
hen, drohte mit dem Stocke und ſchlug ei=
nen Genueſer, der neben ihm ſtand. Dieſer
Schlag traf das ganze verſammelte Volk. Es

riß das Pflaster auf und drang mit solcher Wuth
an, daß die Kaiserlichen den Mörser verlassen
mußten, und sich nach dem nahe gelegenen St.
Thomas=Thore retirirten. Es kamen dar=
auf 600 Arbeiter mit einem verstärkten Komman=
do. Kaum aber erschienen diese bey dem Mörser,
so erschien auch das Volk wieder und in größerer
Menge. Es warf Steine, gab Feuer und die
Kayserlichen mußten weichen. Nun drang es ge=
gen das Thomas = Thor. Dieses war inzwi=
schen stärker besetzt worden. Am folgenden Tage
kamen auch einige Bataillons von außen zu Hül=
fe, die in Begleitung einiger Artillerie in die
Stadt vorrückten, und das Volk zerstreueten.
General Botta gab zugleich dem in der Nähe
stehenden Hauptcorps Befehl, sich in Bereit=
schaft zu halten, rief die Truppen, die schon
auf dem Marsche nach der Provence waren,
zurück, und besetzte einige Bastionen, von de=
ren man die Hauptstraßen der Stadt bestreichen
konnte.

Diese letzte Maaßregel machte auf das wü=
thende Volk wenigen Eindruck. Es versammelte

sich am 7ten Decemb. wieder, führte einige Ar=
tillerie = Stücke auf, und rückte unter einem
Vordache von Weintonnen und großen Fäs=
fern vor, die es vor sich herrollte. Von beyden
Seiten wurde geschossen, gefochten, aber nichts
entschieden. Am 8ten Dec. erhielten die Oester=
reicher eine beträchtliche Verstärkung von außen.
Man ersuchte um einen Waffenstillstand. Prinz
Doria, ein ädler Genueser von der entschlossen=
sten Vaterlandsliebe, war der Unterhändler des=
selben. General Botta hatte die unbedachtsame
Güte, ihn auf 36 Stunden zu bewilligen. Die=
se Zwischenzeit nutzten die Genueser aufs thätig=
ste. Es wurden Eilboten nach allen Theilen
des Landes geschickt, um die Einwohner zur Frey=
heit zu ermuntern, und gegen die Oesterreicher
aufzubringen. Der Revolutionsgeist der Haupt=
stadt verbreitete sich auch gleich wie ein elektrischer
Schlag durch die ganze Provinz. Die Bauern
rotteten sich zusammen, hielten die herbey gerufe=
nen Oesterreicher vom Vorrücken ab und suchten
sie einzuschließen. In der Stadt selbst war alles
von dem Muthe der Verzweiflung beseelt. Man
ließ die Galeeren = Sklaven los, um sie zu

Gehülfen des Kampfes zu haben. Die noch an-
wesenden Französischen und Spanischen
Officiers wurden die Anführer des Volks.

General Botta 'ertrug nicht länger das Zu-
sammenlaufen und Rüsten desselben. Er ließ am
10ten die Mörser einer Bastion gegen die Stadt
richten. Diese wirkten. Man schickte einen be-
redten Jesuiten ab, um Bedenkzeit zu bitten;
und Botta bewilligte sie. Indeß hatte sich das
Volk in so gute Verfassung gesetzt, und mit so
vieler Artillerie versehen, daß sich Botta noch am
selbigen Tage entschloß, eine Kapitulation
einzugehen. Durch dieselbe wurden dem Volke 2
Thore eingeräumt. Kaum verließen die
Kayserlichen diese, so wurde aus dem Arsenale,
von dem Molo, auf den Straßen und aus den
Fenstern das schrecklichste Feuer auf sie gemacht.
Der Kampf wurde allgemein und sehr blutig.
Ein Bataillon von Palfy unterlag fast ganz der
Wuth der Genueser. Sie machten 72 Offi-
ciere zu Gefangenen, eroberten selbst die
Artillerie der Kayserlichen, und Botta eilte
die Stadt zu verlassen, die er drey Monate

mit solcher Machtvollkommenheit inne gehabt
hatte.

Der Rest seiner Truppen stand eine Stunde
von der Stadt zu St. Pierre d'Arena. Er
verband sich mit diesen, und beschloß sogleich, damit er nicht eingeschlossen, und in eine noch ge-
fährlichere Lage versetzt würde, den völligen Abmarsch. Dieser wurde am 11ten December des
Nachts angetreten. Man war besonders für die
Genuesischen Schätze, die die Kriegskasse enthielt,
besorgt. Man hatte nicht Maulthiere genug zur
Fortschaffung derselben. Es wurden daher 500
Soldaten, jeder mit 500 Genuinen bepackt.
Man war so glücklich, die Bocchetta mit ge-
ringem Verluste zu passiren. Die ganze Armee
diente den reichen Maulthieren zum Schutze. Die Genuesischen Bauern, die allenthalben zerstreuet, auflauerten, bemächtigten sich
indeß 5 dieser Geldträger. Nach einem 4tägi-
gen Marsche kam die fliehende Armee, ——
mit Schätzen — und mit Schande beladen,
an der Gränze des Genuesischen Staats, zu
Nori an.

In den befreyeten Mauern zu Genua herrsch-
ten nun Jubel und Freudensfeste. Der Mör-
fer, der die erste Veranlassung zum Aufstande
gegeben, wurde im Triumphe unter militairischer Bürger-Escorte durch die Stadt geführt,
und über das St. Thomas-Thor eine Inschrift zum Andenken der glorreichen Befreyung
gesetzt.

Eine verlohrne Schlacht konnte zu Wien
nicht solche Empfindungen erregen, als diese unwürdige Vertreibung durch Bürger und Bauern. Maria Theresia, aufs äußerste entrüstet, befahl sogleich dem Genuesischen Gesandten, Marchese Spinola, Wien zu verlassen,
und die Truppen in der Lombardey zusammen zu
ziehen, um mit gesammter Macht die rebellische
Stadt zu unterdrücken. Der Englische Hof
legte sich inzwischen ins Mittel und bewog sie zu
gelindern Gesinnungen. Der Senat von Genua hatte die Freyheits-Empörung aufs thätigste begünstigt, aber immer den öffentlichen
Schein seiner Mitwirkung vermieden. Die
Kayserin verlangte vorläufig Auslieferung der
Officiere und der Artillerie-Stücke, und als

rückständige Contribution und zur Ersetzung der von ihren Truppen gemachten Beute 12 Millionen Gulden.

Am mehrsten beschämt und am eifrigsten bemüht, Tadel durch neue Ehre zu ersetzen, war General Botta. Unterm 7ten Januar 1747 erließ er ein Ausschreiben an die Genueser, worin er denen, die sich freywillig ergeben würden, Schutz und Sicherheit, und den Widerspenstigen Strafe und Rache drohte. Um diesen Drohungen Nachdruck zu geben, rüstete und verstärkte er sich mit aller Anstrengung.

Noch thätiger war man zu Genua, um den schönen Preis zu sichern, den man mit so glücklicher Mühe errungen hatte. Man verbesserte die Festungswerke, führte neue Batterien auf, vermehrte die Artillerie auf den Wällen, besetzte die Bocchetta, ließ noch mehrere Gefangne los, errichtete Grenadier=Kompagnien, die mit Oesterreichischen Husarenmützen und Säbeln versehen wurden, bot alles zur Vertheidigung des Vaterlandes auf, und schon im Januar rechnete man, Stadt und Land zusammen genommen, auf

50 bis 60000 Mann, die sich den Oesterreichern
zu widersetzen bereit waren.

Diese und ihr Anführer Botta waren von
Rache beseelt, und eilten sie zu befriedigen.
Schon am 14ten Januar erschienen sie vor der
Bocchetta, nahmen sie ein, verlohren sie am
15ten durch einen desperaten Angriff der Genueser
wieder, erneuerten am folgenden Tage den Kampf
und waren glückliche Wiedereroberer. Sie rückten darauf weiter nach Genua vor, aber unter
vielen Schwierigkeiten. Die Sturmglocken
wurden im ganzen Lande gezogen — und allenthalben hatten die Bauern die Kühnheit, sich einem
disciplinirten Feinde zu widersetzen.

Das Schicksal von Genua stand indeß in neuer
und größrer Gefahr. Allein die ermunternde
Hoffnung einer auswärtigen Unterstützung vermin-
derte dieselbe. Die Oesterreicher und Sardinier
hatten sich aus der Provence zurückgezogen, und
der Anführer der Französischen Truppen, Marschall von Belleisle machte sich bereit, wieder
in Italien vorzudringen, und den Genuesern
zu Hülfe zu kommen.

Inzwischen war zu Wien das Mißvergnügen über den General Botta stärker und die Hoffnung zu ihm geringer worden. Er wurde am Ende des Januars zurückberufen, und der Graf von Schulenburg an seine Statt ernannt. Dieser kam am 7ten Februar zu Nori an, erließ ein verstärktes Ermahnungs-Manifest an die Genueser und sammelte Kräfte zu einem totalen Angriff. Er ersuchte den König von Sardinien um Unterstützung an Mannschaft und Artillerie. Allein sein Gesuch fand nicht die gewünschte Erfüllung. Der König war im Jahre vorher von der Unternehmung wider Genua ausgeschlossen worden und wollte nun die vermehrten Gefahren nicht theilen. Graf Brown stand mit einem Korps d'Armée in der Lombardey. Schulenburg suchte sich durch ihn zu verstärken. Allein Brown weigerte sich als ein älterer unter einem jüngern Generale zu stehen und zu agiren. So fielen eine Zeitlang nichts als kleine Scharmützel vor. Die Uneinigkeit gab den Genuesern Zeit sich zu verstärken und in bessern Vertheidigungszustand zu setzen. Die Erbitterung und Eifersucht des Versailler gegen den Wiener Hof war zu groß, als daß er

die Republik der drohenden Uebermacht Oester-
reichs Preis geben sollte. Wirklich erhielten die
Genueser schon in den Monaten Februar und März
Unterstützung an Kriegsbedürfnissen und besonders
an Französischen Officieren und Artilleristen.
Die Transporte waren nicht unbeträchtlich; allein
ein ansehnlicher Theil derselben wurde von den
Englischen Kriegsschiffen genommen, die im
Mittelländischen Meere und vor dem Hafen von
Genua kreuzten. Diese kleinen Französischen
Succurse belebten den Muth der Republicaner
aufs neue. Ihre Hoffnung wurde Zuversicht,
ihr Entschluß unerschütterliche Standhaftigkeit. Sie versahen die Wälle mit mehr als
300 Kanonen und schufen die herumliegenden
Berge und Posten zu Schanzen und Festungen um.

Graf von Schulenburg ließ ihnen fortdauernd hierzu Zeit. Er wollte nichts wagen.
Eine überlegne Macht sollte ihm einen sichern
Sieg verschaffen. Ungarische, Böhmische,
Teutsche und Italienische Truppen vermehrten seine Armee. Er hatte eine Artillerie
von einigen 30 Mörsern und gegen 100 Kanonen.

Die Fortschaffung derselben war wegen der gebürg=
reichen Gegenden mit vielen Schwierigkeiten ver=
bunden. Er ließ also einen großen Theil derselben
einschiffen und unter Bedeckung Englischer Kriegs=
schiffe in die Nähe von Genua bringen.

Am 11ten April 1747 trat er darauf von Novi
den Marsch mit seiner Armee in 6 Colonnen
gegen Genua an. Die schwächern Republicaner
mußten der Fluth ihrer Feinde weichen; machten
ihnen indeß öfters ihr Vordringen streitig. Man
sah die größten Beyspiele von erbittertem Heroiß=
mus und verzweifelnder Freyheitswuth. Unter
andern gelangte ein großes Oesterreichisches
Corps zu einem Landgute. Die Soldaten,
die sich in ruhiger Unerwartung näherten, wur=
den mit einem Hagel von Kugeln empfangen.
Man hatte das Palais des Landguts in eine be=
festigte Burg umgeschaffen. Die Genueser und
Spanier, die es besetzt hielten, wehrten sich mit
solcher Tollkühnheit, daß man sie erst durch die
Würkungen des groben Geschützes zur Uebergabe
nöthigen konnte. Gegen Ende des Aprils kam
man inzwischen Genua näher. Um nochmals den

Weg

Weg der Güte zu versuchen, schickte man einen
Obersten mit einem Tambour zu einem benachbarten Genuesischen Posten. Kaum wurden
die Genueser — mit den Kriegsgebräuchen unbekannt, — die Oesterreichische Montur ansichtig,
so gaben sie Feuer. Die Franzosen, die bey ihnen waren, belehrten sie indeß eines bessern.
Man ließ den Kayserlichen Officier sich nähern,
nahm seine Declaration an — und erklärte gleich
darauf, daß die Stadt nicht Willens sey, sich den
Oesterreichischen Waffen zu unterwerfen.

Schulenburg beschloß nun, seine ganze
Gewalt zu gebrauchen. Seine Drohungen und
Anstalten schreckten aber nicht die Genueser. Am
letzten Tage des Aprils langte mit einem Französischen Kriegsschiffe der Herzog von Boufflers
in ihrer Hauptstadt an, der die Französischen
Truppen en Chef anführen und das ganze Ver-
theidigungs-Werk dirigiren sollte. Er wurde
mit Jubel und Feyerlichkeit empfangen, und hielt
an den Doge und Senat eine Anrede, die den
Patriotismus aufs stärkste belebte. „Durch-
lauchtigster Fürst und ädle Herren, sagte er

unter andern in dieser Rede, der mächtigste Mo=
narch von Europa hat mir aufgetragen, ihnen zu
eröffnen, daß er entschlossen sey, es koste ihm,
was es wolle, der unglücklichen Republik ihren
vorigen Glanz und ihre Independenz wieder zu
verschaffen. Man will sie in die tiefste Sclaverey
stürzen. Sie haben das kostbarste Gut, ihre
Freyheit, aufs rühmlichste erhalten. Sie sind mit
der Revolution dem Beystande ihrer Alliirten zu=
vorgekommen. Die Republik hat sich zu dem
Ruhme des alten Roms emporgeschwungen.
Ihr Senat besitzt das Verdienst des Römischen
Senats, dessen Weisheit die Stadt vor der na=
hen Uebermacht Hannibals rettete. Verlieh=
ren Sie den wahren Nutzen ihres Vaterlandes
nie aus den Augen. Auf der einen Seite droht
Schande und Sclaverey; auf der andern ruft
Ehre und Freyheit. Diese zu erhalten sey fort=
dauernd ihr eifriges Bestreben. Die Augenblicke
sind kostbar; lassen Sie uns dieselben benutzen.
Ein einziger Geist muß uns beleben. Würdigen
Sie mich ihres Zutrauens. Zeigen Sie mir die
Gefahr. Sie dafür zu bewahren, wird meine
Ehre und Stolz seyn." Der Doge, Marchese

Brignole antwortete hierauf in den schmeichel-
haftesten Ausdrücken.

Die Folgen der guten Disposition des Herzogs von Boufflers wurden bald sichtbar.
Die Genueser behielten in mehrern Scharmützeln
und Angriffen die Oberhand. Indeß hatten sich
die Oesterreicher fast aller kleinen Städte im Lande bemächtigt. Der König von Sardinien
unterstützte nun auch thätig ihre Unternehmungen.
Unter Vermittlung des Englischen Hofes hatte
Theresia am 3ten May 1737 eine neue Convention mit ihm geschlossen. Es waren ihm darin
die schon vorher in dem Wormser Tractate stipu-
lirten Genuesischen Landdistricte garantiret und
ihm auch eine Theilnahme an der Beute von Contributionen, Artillerie u. s. w. die man von den
Genuesern zu bekommen mit Sicherheit hoffte,
versprochen worden. Es stießen demnach in der
Mitte des Mays 15 Bataillons Sardinischer
Truppen mit einer guten Artillerie versehen,
zu den Oesterreichern. Der Anführer derselben
war der Graf della Rocca.

Graf von Schulenburg stand in der Nähe
der Stadt und beschloß nun mit vereinter Macht

Bb 2

durch die herumliegenden festen Berge und Schlöſ-
ſer ſich den Zugang zu derſelben zu forciren. Eine Hauptſchwierigkeit machte der ſtark befeſtigte
Berg-Poſten an dem Fluſſe Biſagno, der die
Oſtſeite der Stadt bedeckte und die Engliſchen
Kriegsſchiffe verhinderte, den Hafen völlig zu
ſperren und die Franzöſiſch-Spaniſchen Zufuhren
zu verhindern. Am 12ten Junius machte Schulenburg mit einem ſtarken Corps einen Angriff
auf dieſen Poſten. Die Genueſer wehrten ſich
mit deſperater Kühnheit, machten die Schanzen
Stunden lang ſtreitig, von denen endlich die
Oeſterreicher den größten Theil einnahmen. Sie
erhielten durch ihren mühſamen Sieg, was ſie gewünſcht, Communication mit der See und der
Engliſchen Flotte — und Genua war nunmehr zu
Lande eingeſchloſſen.

Die Lage war jezt die kritiſchſte und drohendſte. Allein je größer die Gefahr, deſto nachdrücklicher die Anſtrengung und der Muth der
Verzweiflung. Die Vorſtellung der Scenen, die
Rache und andre gereizte Leidenſchaften bey einer
Uebergabe veranlaſſen würden und die Vernichtung oder wenigſtens interimiſtiſche Entführung

des heiligen Kleinods der Freyheit, erfüllte alles
mit patriotischer Wuth. Wie in der Hauptstadt
dachte man, wenn gleich größtentheils besiegt,
auf dem Lande. Die Oesterreicher hatten, wie
man leicht denken kann, nicht als freundliche Gäste, sondern als Krieger verfahren. Wo es daher nur die Gelegenheit erlaubte, befriedigten die
Bauern ihre Erbitterung und Rachsucht. Von
gleichen Grundsätzen belebt, fochten die Genuesischen Bürger-Soldaten. Die Oesterreicher wollten sich nach der Eroberung von Bisagno noch
des nahen Stadt-Vorpostens Madonna del
Monte bemächtigen, wurden aber zu wie-
derholten malen mit beträchtlichem Verluste zu-
rückgeschlagen. Kurz nach diesen Siegen erlitten die Genueser einen wichtigen Verlust an
dem Herzog von Boufflers, der an den Blattern starb.

Die Tapferkeit des kleinen, wenigstens unre-
gulirten Haufens, schien indeß der geordneten
Uebermacht bald unterliegen zu müssen. Allein
die thätige Unterstützung Ludwigs XV krönte
die Freyheits-Unternehmung der Genueser. Der
Marschall von Belleisle rückte mit einer Fran-

zösischen Armee gegen Savoyen vor. Diese Be=
wegung brachte alles in Bewegung. Der Graf
della Rocca erhielt im Anfange des Julius Be=
fehl, sogleich mit seinen Truppen aufzubrechen
und nach Savoyen zu marschiren. Graf von
Schulenburg, dem diese Trennung nachtheilig
war, beschloß nunmehr auch, da ihn die Schwie=
rigkeiten der Eroberung abschreckten und seine Ar=
mee sehr geschwächt worden war, die Bloquade
von Genua aufzuheben. Er fieng an am 5ten
Julius seine Truppen zurück zu ziehen, und be=
gab sich nach Wien.

Die Kayserin Theresia war über diese will=
führliche Aufgebung eines Unternehmens, das so
vielen Aufwand gekostet hatte, dessen glückliche
Ausführung die Ehrliebe so sehr reizte, Anfangs
äußerst unzufrieden. Sie befahl die Belagerung
wieder zu unternehmen. Allein die Französischen
Bewegungen gegen Italien veränderten die Ope=
rationen. Es war rathsamer, auf die Verthei=
digung eigner Länder, als auf die Bezwingung
einer fremden Stadt bedacht zu seyn. Die Trup=
pen mußten größtentheils vorerst nach Piemont
aufbrechen. Die englischen Schiffe, die den Ha=

fen von Genua gesperrt hielten, zogen sich nun
auch zurück; und vor Ende des Julius 1747 sah
sich Genua von der drohenden Macht dreyer
Europäischen Staaten befreyet. Der
Herzog von Richelieu, der bald darauf ankam, das Commando über die Französischen
Truppen an die Stelle des verstorbenen Herzogs
von Boufflers zu übernehmen, fand nunmehr
eine friedliche Kriegsdirection.

Die glorreiche Erhaltung der Freyheit machte nun zu Genua die Uebel und Drangsale vergessen, die man erlitten hatte. Man illuminirte,
hielt Processionen, sang Te Deum und ließ 4000
Messen für die Seelen der getödteten braven
Mitbürger lesen. Der Achener Friede, dem
Genua am 28sten October 1747 durch förmliche
Unterzeichnung beytrat, sicherte darauf dieser Republik den Besitz von Finale, um dessen Besitz sich
also Sardinien vergebens bemüht hatte.

———————

Histoire de la dernière revolution de Genes,
à Geneve, 1758. 2 Voll. in 8. — Genealo-
gisch-Historische Nachrichten von den

Bb 4

allerneuesten Begebenheiten :c. 101ster, 106ster, 111ter und 113ter Theil, Leipzig 1747. — Histoire des revolutions de Genes, dépuis son etablissement jusqu'à la conclusion de paix en 1748, à Par. 1750. 3 Voll. — Fr. D. Häberlins historisch = politische Nachricht von der Republik Genua, Hannov. 1747. — Guerra di Genova, dell' Abbate G. Meccati, Nap. 1751. 3 Voll. 8.

———————

VI.

Lebensbeschreibungen merkwürdiger Männer unsers Jahrhunderts.

Voltaire.

Nächst **Luther** ist wohl kein Gelehrter gewesen, der auf die Denkungsart seines Jahrhunderts im allgemeinen einen so großen Einfluß gehabt, sie in so mancher Hinsicht verändert, die Gränzen der Denkfreyheit und Aufklärung so sehr erweitert hat, und in der Geschichte seines Zeitalters dadurch so merkwürdig geworden ist, als das **Französische Genie**, dessen vornehmste biographische Merkwürdigkeiten hier mitgetheilt werden.

Voltaire, — oder, wie ursprünglich sein Familien-Name war — **Franz Maria Arouet,** wurde am 20sten Februar 1694 zu Chate-

Bb 5

nay gebohren, und weil seine schwächliche Constitution Besorgnisse erregte, erst am 22sten November desselben Jahrs zu Paris getauft. Sein
Vater war daselbst Tresorier bey der Rechenkam-
mer, und seine Mutter von adlicher Abkunft aus
Poitou. Wißbegierde, muntere Einfälle und Ge-
nieäußerungen zeichneten früh den Knaben aus.
Sein Vater schickte ihn auf das Jesuiter-
Collegium. Hier fieng er als Jüngling schon
an, sich über gelehrte, wie über Religionssachen,
sehr frey auszudrücken. Einer seiner Lehrer, der
Pater le Joy, machte daher das Prognosticon,
daß er einst der Anführer der Deisten
in Frankreich seyn würde. Indem er erst
einige Zeit auf die Schule gegangen war, wurde
er schon der Gegenstand des öffentlichen Ge-
sprächs. Einige Verse, die er in einem Alter
von 11 Jahren, im Jahre 1705 zu Ehren des
Dauphins für einen alten Officier machte,
der dadurch eine Pension erhielt, erwarben dem
jungen Genie eine ehrenvolle Bekanntheit zu Paris und Versailles.

Ninon de Lenclos, ein Frauenzimmer,
deren Name auch außerhalb Frankreich so bekannt

geworden, und die damals zu Paris so viel Aufsehen durch ihre Schönheit, durch ihre witzige
und gelehrte Unterhaltung machte, war eine
Freundinn der Mutter Voltaires. Sie ließ
ihren Sohn öfters zu sich kommen, gewann ihn
lieb und vermachte ihm in ihrem Testamente 1000
Livres zu Ankaufung von Büchern. Das angenehmste Geschenk, das einem jungen Menschen
gemacht werden konnte, dessen ganze Leidenschaft
Wißbegierde war.

Indeß endigte Voltaire im Jahre 1710 seine Schulstudien. Sein Vater drang in ihn, daß
er sich nunmehr zu einem Stande, zu einer gewissen Bestimmung entschließen sollte. Ich will
nichts anders, als ein Gelehrter werden, war seine Erklärung. „Das ist, erwiederte voller Unwillen der Vater, der Stand
eines Menschen, der für die Gesellschaft unnütz, seinen Eltern zur Last
und in Gefahr ist, dereinst vor Hunger zu sterben. Solche Anreden und die dringenden Vorstellungen seiner Familie bewogen ihn
endlich zum Studium der Jurisprudenz. Er
hörte zu Paris Vorlesungen darüber. Allein die

Reize der schönen Wissenschaften ließen ihn die Subtilitäten der Rechte vergessen. Anstatt den Codex zu studiren, studirte er Virgil und Horaz, Racine und Corneille. Er sollte ein Advocat werden, und wurde ein schöner Geist, ein witziger Dichter.

In dieser Qualität wurde er den Großen bekannt. Man stritt sich um seine Gesellschaft. Er wurde dem Prinzen von Conti und dem Herzoge von Vendome vorgestellt, beyde Herren von großem Verstande, und die die Unterhaltung mit Gelehrten liebten. Voltaire, kaum 20 Jahre alt, glänzte in den Versammlungen, die sie hielten. Er wurde der Vertraute der Prinzen genannt.

Als Hr. Arouet seinen Sohn mit Prinzen, mit alten Philosophen umgehen sah, hielt er ihn für verlohren. Noch hatte er sich keinen Stand gewählt. Um ihn desto eher dazu zu bewegen, wollte er ihm die Stelle eines Raths beym Parlamente kaufen. Er ließ ihm diese Stelle durch einen Freund antragen, der alle seine Beredsamkeit aufbot und ihm besonders die Achtung

und das Ansehen vorstellte, welches mit einer solchen Würde verbunden wäre. „Sagen Sie
meinem Vater, versetzte Voltaire, daß ich
kein Ansehen haben will, was man
kaufen kann; ich will mir selbst ein
Ansehen erwerben, das mir nichts kosten soll.„

Er versuchte dieß beym Theater. Der Ruhm,
den Crebillon einerndtete, reizte seine Ehrliebe. Er verfertigte im 18ten Jahre den Oedip,
eine Tragödie, ganz im Geschmacke der Griechen.
Es kamen Chöre darin vor, aber keine Rolle von
Verliebten. Dieß letzte machte die Acteurs abgeneigt. Sie wollten das Stück nicht aufführen;
und Voltaire wollte es nicht ändern. Er wählte
nun einen andern Weg des Ruhms. Er bewarb
sich um den Preis, den die Französische Akademie auf den besten Versuch der Poesie gesetzt hatte. Seine Hofnung schlug abermals fehl. Ein
Freund von ihm wurde gekrönt. Unwillig bey
dem Gefühle des Werths seines Gedichts, machte Voltaire eine Satyre auf la Motte, den
Preisvertheiler der Akademie. Sein Vater, der

widrige Folgen davon besorgte, drohte ihm nun, ihn aus dem Hause zu jagen.

In dieser Verlegenheit nahm sich der Marquis von Chateauneuf, ein Freund der Ninon de Lenclos, Voltairens an. Er war zum Ambassadeur bey der Republik Holland ernannt und nahm ihn als Pagen mit nach dem Haag. Hier glaubte dieser seine Freyheit, ohne Rücksicht benutzen zu können. Er verliebte sich in die Tochter einer Frau du Noyer, die als Schriftstellerin berüchtigt und eine eifrige Protestantin war. Der Umgang des jungen Katholiken mit ihrer Tochter, gefiel ihr nicht. Sie beschwerte sich darüber bey dem Marquis von Chateauneuf. Um sich nicht zu compromitti- ren und um Unannehmlichkeiten zu vermeiden, sah sich dieser genöthigt, seinen Pagen nach Pa- ris zurück zu schicken.

Voltaire ahndete seinen üblen Empfang da- selbst im Voraus. Sein Vater hatte sich die Concession bewürkt, ihn arretiren, oder nach den Westindischen Inseln schicken zu können. Dieß zeigte von seiner Erbitterung. Auch mit

seinem älteſten Sohne, der ſich in die damaligen
Janſeniſtiſchen Streitigkeiten eingelaſſen hatte,
war er unzufrieden. „Ich habe zwey Nar-
ren zu Söhnen, ſagte er einſt, der eine
iſt ein Narr in Proſa, der andre in
Verſen.„ Um der erſten Hitze des väterlichen
Zorns auszuweichen, hielt ſich Voltaire längre
Zeit verborgen. Ein Billet bewürkte ihm endlich
Vergebung. „Ich bin bereit, beſter Vater, ſchrieb er unter andern darin, nach Ame-
rica zu gehen, und da bey Brodt und
Waſſer zu leben, wenn Sie mir nur
noch vor meiner Abreiſe erlauben,
Ihre Knie umfaſſen zu können.„ Aber
die Hauptbedingung bey der Vergebung war, daß
er ſich einem Stande widmen ſollte. Er kam zu
einem Procurator. Es gefiel ihm aber ſein Studium nicht lange. Ein Herr von Caumartin,
der den Hrn. Arouet kannte, bewog denſelben im
Jahre 1715, ihn mit nach St. Auge gehen zu
laſſen, wo er ſich zu einer beſtimmten Lebensart
entſchließen wollte. Allein Voltaire fand da eine
Bibliothek, und vergaß ſein Verſprechen wieder.
Der alte Hr. von Caumartin, der in ſeiner

Jugend noch Heinrich den IVten und seinen würdigen Minister, Sülly, gekannt hatte, brachte Voltaire durch seine lebhaften Unterredungen einen Enthusiasmus gegen diese beyden großen Männer bey, der zufälliger Weise bald die schönsten Früchte trug.

Indeß starb Ludwig der Vierzehnte. Voltaire begab sich nach Paris, um die Hofveränderungen und Leichenfeyerlichkeiten zu sehen. Der Monarch, der über ein halb Jahrhundert das Schrecken und die Bewunderung von Europa gewesen, der von seinem Volke vergöttert worden war, wurde nun verflucht und sein Andenken geschändet. Es erschien eine Menge bittrer Schriften, unter andern auch ein kleines Lästergedicht, das sich mit den Worten endigte: „Ich habe das lange Elend gesehen und bin noch nicht 20 Jahre alt.„ Dieß war ungefähr das Alter von Voltaire. Man hielt ihn für den Verfasser, ergriff ihn, und setzte ihn, im Anfange des Jahrs 1716 — in die Bastille.

In diesem berüchtigten Gefängnisse — das einst war — schmachtete er anderthalb Jahr.

In

Indeß wurde auch der Kerker sein Parnaß.
Seine Einbildungskraft war noch von den enthu-
siastischen Erzählungen des alten Hrn. von Caumartin über Heinrich den IVten belebt. Er
entwarf und bearbeitete den Plan zu dem Helden-
gedichte, das allein seinen Namen unsterblich
machte — zu der Henriade.

Alle Bitten, alle Verwendungen, ihm die
Freyheit wieder zu verschaffen, waren vergebens.
Indeß gab sich der Verfasser des oberwähnten Gedichts, den sein Gewissen beunruhigte, selbst an;
und Voltaire war frey. Der damalige Regent
von Frankreich, der Herzog von Orleans, ließ
ihn sogleich zu sich kommen, und empfieng ihn
sehr gnädig. Wollen Eur. K. Hoheit
künftig für meinen Unterhalt sorgen,
sagte Voltaire zu ihm, so wird es mir sehr
angenehm seyn; aber ich bitte unter-
thänigst, nicht weiter mein Logis zu
besorgen.

Die Großen, mit denen Voltaire vorher um-
gegangen war, sahen ihn mit neuem Vergnügen
wieder. Auch der Herzog von Bethune gewann

ihn lieb und nahm ihn mit sich nach seinem
Schlosse Sully. Liebe zum Ruhme führte Vol=
tairn bald nach Paris zurück. Er hatte seinen
Oedip verändert, einen Verliebten darin aufge=
stellt und das Stück erhielt den ungewöhnlichsten
Beyfall. Alle gratulirten Voltaire. Auch der
alte Fontenelle machte ihm ein Compliment,
mit dem Zusatze, „das Stück hätte nur zu
viel Feuer.„ „Um dieß zu mässigen,
versetzte Voltaire, will ich künftig Ihre
Pastorales lesen.„

Aber mitten im Genusse des Beyfalls und der
Ehre, erhob sich von neuem die Verläumdung
wider Voltaire. Es erschienen die Philippiques,
ein schändliches, äußerst heftiges Gedicht wider
den Regenten, den Herzog von Orleans. Ein
unbekannter Gelehrter war der Verfasser desselben.
Der Ruhm schadete Voltairen. Man glaubte,
daß nur er es verfaßt haben könnte. Er hatte
von dem Regenten schon eine Pension erhalten;
und dieser war, bey seiner unberichtigten Ueber=
zeugung so großmüthig, ihn bloß von Paris zu
exiliren.

Verschiedene Große boten Voltaire ihre Schlös-
ser zur Retraite an; er zog das zu Sully vor,
und begab sich nachdem auf erhaltene Einladung
nach dem Lustschlosse des Marschalls von Villars. Dieser unsterbliche Französische Kriegs-
held gewann ihn aufs äußerste lieb u..d blieb Zeit
Lebens sein Freund. Im Jahre 1722 trug die
Frau von Rupelmonde Voltaire eine Reise
nach Holland an. Er unternahm sie, und gieng
nach Brüssel, um daselbst seinen unglücklichen
Landsmann, den berühmten Odendichter, Johann Baptist Rousseau, kennen zu lernen,
der sich daselbst aufhielt und im Jahre 1712 wegen einiger satyrischen Gedichte aus Frankreich
verbannt worden war. Beyde sahen sich mit
außerordentlicher Freude. Voltaire nannte Rousseau seinen Herrn, seinen Richter und gab
ihm seine Henriade zum Durchlesen. Nachmals
lasen sie sich einige Gedichte vor. Rousseau
machte Kritiken über Voltaire und recitirte darauf
seine Ode an die Nachwelt, Ode à la Posterité.
„Diese Ode — glaube ich, wird schwerlich je an ihre Addresse gelangen,„ ur-
theilte mit satyrischem Tone Voltaire, und

Rousseau war auf immer sein Feind und der Krieg zwischen ihnen dauerte über 20 Jahre.

Auf seiner Rückreise nach Paris bekam Voltaire die Blattern. Er dachte nachdem mit Ernst an seine Henriade. Er unterwarf sie den Urtheilen des berühmten Präsidenten Hainault und anderer Freunde, las die Gesänge vor, notirte ihre Bemerkungen und Kritiken; dieser Kritiken und mikrologischen Censuren aber wurden so viele, daß Voltaire einstens unwillig zum Kamine eilte, um — wie Virgil es mit seiner Aeneide befahl — die Henriade zu verbrennen. Der Präsident Hainault stand geschwind auf, entriß sie dem Feuer, wobey er seine Manschetten verbrannte. „Ihr Gedicht, sagte er zu Voltaire, gleicht dem Helden (Heinrich IV.), den Sie darin feyern. Ohnerachtet seiner Fehler war er ein großer König und der Beste der Menschen.„

Voltaire wollte sein Gedicht noch viel verbessern. Allein es erschien gedruckt, ehe er es dem Drucke übergeben hatte. Ein gewissenloser Gelehrter, Namens Desfontaines hatte sich

das Manuscript zu verschaffen gewußt und ließ es
aus Gewinnsucht zweymal drucken. Voltaire
schäumte vor Unwillen. Allein der Beyfall, den
es fand, besänftigte ihn wieder. Er vergab Des=
fontaines, befreyete diesen Menschen, der wegen
eines schändlichen Verbrechens nachmals arretirt
wurde, durch seine Verwendung, aus dem Ge=
fängnisse, und dieser Undankbare machte nachdem
wieder Satyren auf seinen Wohlthäter, und wur=
de der Anhänger seines Feindes Rousseau.

Aber Voltaire hatte bald neue Widrigkeiten zu
bestehen. Der Chevalier von Rohan speisete
einstens bey dem Herzoge von Sully, bey dem
auch Voltaire war. Dieser widersprach ersterem
in einigen Sachen. „Wer ist der junge
Mensch, fragt der Chevalier, der da so laut
redet?„ „Hr. Chevalier, versetzt Voltaire,
es ist ein Mann, der keinen langen
Namen nach sich schleppt, aber der
denjenigen in Ehren zu halten weiß,
den er führt.„ Man verläßt die Tafel. Ei=
nige Tage darauf wird Voltaire, wie er wieder
bey dem Herzog von Sully ist, unter einem ge=
wissen Vorwande herausgelockt, und von den Be=

dienten des Chevalier Rohan — durchgeprü-
gelt. Er bittet Sully um Beystand; dieser
bleibt kaltsinnig; er verläßt ihn, will sich nun
selbst rächen, lernt das Fechten und geht darauf im Französischen Schauspielhause in die Loge
des Chevalier Rohan, und fordert ihn heraus.
Dieser nimmt das Cartel an, bestimmt die Zeit
zum Duell auf den folgenden Tag, und — aus
demselben wird nichts.   Voltaire hatte ein beißen-
des Epigram auf die Maitresse des Herzogs von
Sully gemacht; dieses kommt aus, und er wird
aufs neue (1725) in die Bastille gesetzt. Indeß genoß er dießmal mehrere Freyheit. Er hatte täglich einen Freund zum Speisegesellschafter,
erhielt Bücher, lernte Englisch und wurde nach
einem halben Jahre wieder in Freyheit gesetzt.

Er entschloß sich nun, nach England zu gehen, um sich weitern Cabalen und Verfolgungen
zu entziehen.   Sein Ruhm und seine ausgezeichneten Eigenschaften verschafften ihm eine günstige
Aufnahme. Er suchte zuerst die Bekanntschaft
von Pope, den er als Dichter besonders schätzte.   Pope sprach gebrochen das Französische und
Voltaire gebrochen das Englische. Ihre ersten

Unterredungen waren daher wenig unterhaltend. Voltaire begab sich nach einem kleinen Land= orte, um erst besser die Sprache der Nation zu lernen.

Sein Aufenthalt in England wurde bald vor= theilhaft für seinen Ruhm, und seine Glücksum= stände. Im Jahre 1726 ließ er seine H e n r i a d e zu London drucken. Er fand eine Menge von Subscribenten und außerordentlichen Beyfall. G e o r g d e r I. und die Englischen Großen ehrten den kühnen Sänger, den man zu Paris hatte ein= kerkern lassen. Seine Epopee wurde Anfangs mehr von den Britten, als von seinen Landsleu= ten geschätzt.

Nach einem 3jährigen Aufenthalte in England, der durch genossene Ehre, Achtung und Freyheit der glücklichste und angenehmste gewesen war, kehrte er im Jahre 1728 nach P a r i s zurück. Er hatte einen großen König in Versen verewigt, und unternahm nun, einen der außerordentlich= sten Helden in Prosa zu schildern. Er schrieb die Geschichte K a r l s d e s Z w ö l f t e n, ein Werk, das bey den Freunden diplomatisch historischer

Genauigkeit so vielen Tadel als bey den Liebha-
bern einer schönen, unterhaltenden Geschichtsdar-
stellung Beyfall fand. Die Henriade hatte Voltairen mehr eingebracht. Indeß war er wegen
seines Unterhalts nicht besorgt. Er besaß schon
ein, wenn nicht großes, doch ansehnliches und
hinlängliches Vermögen. Im Jahre 1716 hatte
er das väterliche Haus verlassen. Die Pension,
die er bald darauf von dem Herzoge von Orleans
erhielt, und der Ertrag seines Oedips, im Jahre 1719, setzten ihn schon in Stand, für sich leben zu können. Im Jahre 1723 kaufte er sich eine Leibrente von 2000 Livres. Bald darauf bewilligte ihm die Gemahlinn Ludwigs des XV.
ein Jahrgehalt aus ihrer Privatkasse. 1728 starb
sein Vater; er erbte ein beträchtliches, gewann
im folgenden von der Lotterie zu Paris, und vermehrte noch als Kaufmann, sein Vermögen. In
England, wo die ersten und vornehmsten Personen an Handelssachen Theil nehmen, hatte er
diese Neigung zu merkantilischen Spekulationen
bekommen. Unter dem Namen du Moulin
handelte der spekulierende Dichter, nach Afrika,
Cadix ꝛc. mit glücklichem Erfolge. Im Jahre

1730 ließ er seine neue Tragödie Brutus aufführen. Sie fand wenigen Beyfall. Als Voltaire aus dem Schauspielhause zurück kam, und
erfuhr, daß ein Schiff, auf seine Rechnung geladen, welches auch den Namen Brutus führte, und das er verunglückt glaubte, wohl behalten zu Marseille angekommen sey. „Nun dann,
sagte er zu seinem Faktor, da der Brutus
der Barbarey glücklich erhalten worden, so tröste ich mich über den wenigen Beyfall, den der Brutus des alten Roms erhalten hat. Es kommt
vielleicht die Zeit, wo man ihm Gerechtigkeit wiederfahren läßt,,

Im Jahre 1731 gab er philosophische Briefe
(lettres philosophiques) heraus. Die Geistlichkeit hielt sie für die Religion gefährlich, und
brachte es dahin, daß sie durch den Henker
verbrannt wurden. — Die Strafbesorgnis-
se, die Voltaire ausstand, hielten ihn vorläufig
ab, weiter über religiöse Gegenstände zu schreiben. Er verfaßte dramatische Schriften. Sein
unruhiger Geist und seine freye Denkungsart versetzten ihn aber bald darauf (im Jahre 1735) in

eine neue kritische Lage. In vielen Broschüren hatte man ihm das Genie eines epischen Dichters abgesprochen. Dieß reitzte seine Ehrgierde. Er schrieb ein neues episches Stück, die berüchtigte Pucelle d'Orleans. Er wurde als Verfasser bekannt. Der damalige Siegelbewahrer drohete ihm, und hatte schon den Befehl ausgefertigt, ihn zu arretiren. Er entfloh 1736 nach dem Schloße Cirey, an der Gränze von Champagne, wohin ihn die Marquise von Chatelet, seine Freundinn, die sich ganz mit den Wissenschaften beschäftigte, eingeladen hatte.

Hier lebte Voltaire im Schooße der Musen und ländlicher Ruhe. Um den Beyfall zu genießen, den ein neu von ihm verfertigtes Stück, die Alzire fand, begab er sich wieder nach Paris. Allein seine Gegenwart erweckte den Neid. Man schwärzte ihn aufs neue bey dem Siegelbewahrer, und bey dem Cardinal Fleury an, und Voltaire eilte nach seinem Asyl, nach Cirey zurück. Um sich allen Nachforschungen zu entziehen, ließ er in die Zeitungen setzen, daß er nach England gegangen wäre. Alle Briefe von ihm, waren von

Cambridge datirt. Die Regierung wurde getäuscht, oder stellte sich wenigstens, es zu seyn.

Mitten unter den Besorgnissen und Widrigkeiten, die ihm droheten, hatte Voltaire die Freude, im August 1736 einen sehr schmeichelhaften Brief von dem damaligen Kronprinzen, nachmaligen Könige von Preussen, Friedrich dem Großen, zu erhalten. Friedrich nannte sich darin seinen ergebensten Freund, ein Ausdruck, der keine bloße Kompliments-Formel war, sondern wahre Ergebenheit und Freundschaft ausdrückte. Die Correspondenz zwischen Friedrich und Voltaire wurde bald nachher vertraute, persönliche Bekanntschaft.

Inzwischen lebte Voltaire zu Cirey in glücklicher Stille und Verborgenheit. Die Gesellschaft seiner Freundinn, der Marquise von Chatelet, diente ihm statt eines gelehrten Cirkels. Sie verstand das Latein, wie Madame Dacier, wußte die besten Stellen aus den römischen Dichtern auswendig, war mit dem Cicero wohl bekannt, und liebte besonders das Studium der Mathematik und Metaphysik.

Voltaire wurde ihr Lehrer im Englischen und Ita=
lienischen. Johann Bernouilli, Mauper=
tuis und Algarotti besuchten diese philosophi=
schen Einsiedler. Voltaire hatte das Unglück,
durch Banquerott= und Malversationen über
64000 Livres von seinem Vermögen zu verliehren.
Allein das stöhrte seine Ruhe nicht. Seine Kla=
gen endigten sich mit einem bon mot, und er fuhr
fort, wie er auch schon vorher gethan hatte, dürf=
tige Gelehrte thätig zu unterstützen.

Nach einem 5jährigen Aufenthalte zu Cirey,
bewog ein wichtiger Geldprozeß mit einem Brüße=
ler Handelshause die Marquise von Chatelet,
im Jahre 1740 nach Brüssel zu reisen. Vol=
taire begleitete sie unter dem Namen eines Gra=
fen von Revol; und gewann für sie den Pro=
zeß. Wie er eben im Begriff war, wieder nach
Frankreich abzureisen, starb der König Frie=
drich Wilhelm von Preußen, und Friedrich
bestieg nunmehr den Thron.

Er hatte Voltairen mehrmals vorher verspro=
chen, daß er ihm solide Beweise seiner Freund=
schaft geben würde, sobald er König wäre.

Gleich nach seiner Thronbesteigung schickte er ei=
nen außerordentlichen Gesandten nach Frankreich.
Dieser passirte durch Brüssel und ließ Voltai=
ren sagen, daß er sogleich zu ihm kommen möch=
te, um ein kostbares Geschenk, das er vom Kö=
nige mitgebracht hätte, in Empfang zu nehmen.
„Laufen Sie geschwinde, sagte die Mar=
quise von Chatelet, man schickt Ihnen ge=
wiß die Kron=Diamanten.„   Und Vol=
taire erhielt statt des soliden ein flüssi=
ges Freundschafts=Geschenk — ein Fäßchen
alten Weins aus dem Keller des vorigen
Königs.

Friedrich besuchte seine Westphälischen Staa=
ten und hatte Voltaire versprochen, ihn incognito
zu Brüssel zu besuchen. Allein er wurde zu
Meuse, einem Schlosse bey Cleves mit einem
Fieber befallen. Voltaire kam nun zu ihm, traf
ihn gerade, wie er das Fieber hatte, und fieng
seine Bekanntschaft damit an, daß er ihm den
Puls fühlte. Nachher verrichtete er das Ge=
schäft eines Staatsministers bey dem jungen
Monarchen. Friedrich machte Ansprüche auf die
Baronie Herstall im Lüttichschen. Voltaire

verfertigte ein Manifest — das — durch 2000 Mann Truppen, die es überbrachten, den kräftigsten Erfolg hatte, und die Lütticher zur Erlegung von 60,000 Rthlr. nöthigte.

Friedrich trug darauf Voltairen an, an seinen Hof zu kommen. Allein Voltaire zog das Glück der Freundschaft dem Glanze der Ehre vor. Er entschloß sich, mit der Marquise von Chatelet wieder nach Frankreich zu gehen. Indeß besuchte er den König noch im Monat Oktober 1740, reisete aber bald wieder nach Paris zurück.

Im August 1742 ließ Voltaire seine neue Tragödie Mahomet zu Lille in Flandern aufführen. Während eines Zwischenakts wurde ihm ein Brief von dem Könige von Preußen gebracht, der ihm seinen Sieg bey Molwitz meldete. Voltaire erhob sich aus seiner Loge, und las den Brief öffentlich vor. Man applaudirte den König von Preußen, und zugleich Mahomet und seinen Verfasser. „Die Tragödie von Molwitz, sagte bey der Gelegenheit Voltaire, hat meiner Tragödie Mahomet Beyfall verschafft.„ Im folgenden Jahre ließ er das Trauerspiel Merope zu Paris aufführen. Es fand ungemeines Lob. Die Zuschauer wollten den Verfasser sehen. Man holte Voltairen her und führte ihn in die Loge der Marschallinn von Villars. Sogleich erhob sich eine Stimme aus dem Parterre: „Madame la duchesse, embrassez Voltaire; — umarmen Sie, Madame, Voltaire.„ Die Stimmen wurden so allgemein, daß die Herzoginn den Wunsch des Publikums befriedigte, und im Namen desselben Voltairen einen Kuß gab.

Ludwig der XV. war zu Metz krank geworden. Die Feinde seiner damaligen Maitresse, der Frau von Chateauroux, benutzten diese Zeit, um sie zu stürzen. Der Erzbischof von Soißons Fiß James, erster königl. Beichtvater, wollte Ludwig bekehren und erklärte, daß er ihm weder die Absolution, noch das Abendmahl ertheilen würde, wenn er nicht die Frau von Chateauroux entliesse. Dieß geschah. Ludwig wurde besser, und sah sich nun nach einer andern Freundinn um. Die Wahl fiel auf die Tochter eines Landmanns, auf die Mamsell Poißon, die nachmals an den Unterpächter Normand, der das Gut Etiole besaß, verheyrathet war. Sie war eine der schönsten Personen in Frankreich, und gleich liebenswürdig durch angenehme Sitten als durch ausgezeichnete Talente. Der König hatte sie auf der Jagd gesehen, gewann sie lieb, nahm sie an seinen Hof, und erhob sie bald zu einer Marquise von Pompadour. Diese geniereiche Frau verdankte ihre Bildung und ihren feinern Geschmack großentheils Voltaire. Er hatte sich zu Etiole in ihrer Gesellschaft längre Zeit mit der Marquise von Chatelet aufgehalten. Und sie war nicht undankbar gegen ihn.

Was Voltaire durch alle seine schriftstellerischen und politischen Verdienste nicht hatte erhalten können, erhielt er nunmehr durch die Marquise von Pompadour. Er wurde endlich 1746 Mitglied der Französischen Akademie, Historiograph von Frankreich und wirklicher Kammerherr bey Hofe. In eben dem Jahre nahm ihn auch die Akademie zu Bologna zu ihrem Mitgliede auf.

Des Hoflebens müde, gieng Voltaire nach Cirey zurück, wo er mit der Marquise von

Cha:

Chatelet in vergnügter Eingezogenheit lebte. Cirey, an der Gränze von Lothringen, war nicht
weit von Luneville entfernt, wo der Schwie-
gervater Ludwigs des XV., Stanislaus
Leßczinsky, seinen kleinen Hof hatte. Dieser
gute König vergaß daselbst im Schooße der
Freundschaft und der Wissenschaften den polnischen Thron, den er verlohren hatte. Sein
Beichtvater, der Jesuit Menou und die Marquise von Boufflers machten besonders seine Gesellschaft und seine Unterhaltung aus.

Letztere lud die Marquise von Chatelet und
Voltaire, die sie zu Paris persönlich kennen
gelernt hatte, nach Luneville ein. Stanislaus war ihre Gesellschaft so angenehm, als ihnen sein stiller, angenehmer Hof. Statt der Eti-
quette herrschte an demselben freundschaftliche Ver-
traulichkeit. Voltaire fand Freyheit, Ruhe,
Vergnügen. Allein das Glück, was er genoß,
wurde unerwartet durch einen Trauerfall unter-
brochen. Die Marquise von Chatelet, deren
Zärtlichkeit und Freundschaft ihn seit 20 Jahren
beglückt hatte, starb nach einer plötzlichen Krankheit. Ihr Verlust betrübte Voltairen aufs äus-

serste. Der gute, ädle Stanislaus besuchte ihn, tröstete ihn, und bat ihn, an seinem Hofe zu bleiben. Allein Luneville, wo er über ein Jahr glücklich verlebt, gefiel Voltairen, ohne seine Freundinn, nun nicht mehr. Er kehrte, um seinen Kummer zu vergessen, im Oktober 1749 nach Paris zurück.

Verschiedene Große hatten daselbst Theater errichtet. Auch Voltaire legte eine eigne Bühne an, und bildete einen der größten Schauspieler, den Frankreich gehabt hat. Dieß war le Kain, der Sohn eines Goldschmieds. Voltaire stellte seine Neigung erst scharf auf die Probe, bot ihm 10,000 Livr. an, wenn er die Profession seines Vaters lernen wollte, schilderte ihm die Hindernisse, die er zu besiegen, die Kabalen und Unannehmlichkeiten, die er in seinem neuen Stande zu erwarten hätte. Aber nichts machte einen zurückschreckenden Eindruck. Le Kain wollte Schauspieler werden, war dazu gebohren, und Voltaire gab ihm Unterweisungen.

Aber der neue Aufenthalt Voltaires in Paris dauerte nicht lange. Er hatte einen König ver-

laſſen — und wurde nun zu einem andern gerufen.
Friedrich hatte ihn ſchon öfter zu ſich nach
Potsdam geladen — und von Voltairen zur
Antwort erhalten, daß er ſich von ſeiner Freundinn, der Marquiſe von Châtelet nicht tren-
ne. Kaum war dieſe geſtorben, ſo erneuerte
Friedrich, um ſeine Poeſien und andre ſchrift-
ſtelleriſchen Werke zu verbeſſern, ſeine Anſprüche
auf ſeine perſönliche Geſellſchaft. „Jetzt bin
ich der älteſte ihrer Freunde, ſchrieb er
an ihn, und Sie können ihr Verſprechen nicht länger unerfüllt laſſen.„
Voltaire, der ſeine Freyheit mit den goldnen Ket-
ten des Hofzwangs zu vertauſchen Bedenken trug,
ſuchte allerley Vorwände auf, dem ſchmeichelhaf-
ten Antrage auszuweichen. Das rauhere Kli-
ma zu Berlin, ſchrieb er, würde ſeiner Geſund-
heit nachtheilig ſeyn. Um dieſe Beſorgniß zu widerlegen, wurden ihm zwey Melonen zugeſchickt,
die im Monate Junius in dem Garten zu Potsdam gereift waren. Man verſprach ihm 16000
Livr. Reiſegeld. Aber Voltaire bedachte ſich noch
immer. Ein kleiner Umſtand, der ſeine Ruhm-
liebe reizte, ſiegte endlich über alle andre Erwä-

gungen. Ein junger gelehrter Franzose, d'Arnaud, hatte an den König von Preußen eine
poetische Zuschrift gerichtet. Friedrich fällte die
Meynung darüber, daß Arnaud eine aufge=
hende, und Voltaire eine untergehende
Sonne sey. Diese Aeußerung wurde Voltaire
hinterbracht. „D'Arnaud im Aufgehen,
rief er mit ergrimmter Ehrliebe aus, indem er im
Hemde aus dem Bette sprang; Voltaire im
Untergehen! Friedrich mag und kann
über Regierungs = Sachen urtheilen,
aber nicht über mich. Ja! ich will ge=
hen, ich will zeigen, daß ich noch nicht
untergehe.„

Voltaire ersuchte den Hof um Erlaubniß in's
Preußische gehen zu dürfen, erhielt sie, machte
sich aber durch seine Entfernung denselben auf im=
mer abgeneigt, reisete über Holland, erhielt zu
Cleves königliche Bedienung und kam im Ju=
nius 1750 zu Potsdam an.

Ein Prinz konnte zu Potsdam mit mehrerer
Pracht, aber nicht mit so vieler Sehnsucht und
Freude empfangen werden, als Voltaire. Er

wurde auf dem Schloße zu Potsdam — in den Zimmern, die der Marschall von Sachsen vorher bewohnt hatte, logirt, erhielt königliche Equipage und Bedienung, und speisete gewöhnlich des Abends mit Friedrich. Algarotti, Maupertuis, d'Argens, la Mettrie ꝛc. waren mehrentheils von der Gesellschaft. Bey keinen königlichen Soupers herrschte so viel Freyheit, Witz und Laune. Voltaire corrigirte die Werke und Poesien des Königs, hatte außerdem keine bestimmte Geschäfte, keine Cour zu machen, und lebte so frey als angenehm. Friedrich schenkte ihm den Kammerherrn = Schlüssel, das Kreuz des Ordens pour le Merite, und setzte ihm überdem ein Jahrgehalt von 20000 Livres aus. Voltaire genoß nichts als Gnade und Freundschaft. In einem Augenblicke des aufwallenden Freundschafts = Enthusiasmus küßte ihm selbst Friedrich die Hand.

Allein dieß goldne Zeitalter dauerte kaum ein Jahr. Ein odieuser Prozeß, den Voltaire mit einem Juden zu Berlin führte, verursachte zuerst einige Sensation. Maupertuis, Präsident der Berliner Akademie, war längst dem neuen

Günstling nicht gut. Er wollte der erste, und dieser nicht der zweyte seyn. Voltaire hatte ihn, wie er in die Französische Akademie aufgenommen wurde, unter die großen Gelehrten zu zählen, in seiner Antrittsrede vergessen, oder mit Bedacht unterlassen. Dazu kamen andre Neider. La Mettrie, der Vorleser des Königs, sagte demselben, daß man über die Gnade und Auszeichnung, die Voltaire genösse, sehr eifersüchtig wäre. „Das macht nichts, versetzte Friedrich, man drückt die Orange, und wirft sie weg, wenn man den Saft heraus gesogen hat.„ So erzählt wenigstens Voltaire diese Aeußerung; und kaum hatte er sie erfahren, so nahm er seine Maaßregeln darnach.

Indeß wurde Voltaire bald wieder der Liebling Friedrichs. Maupertuis, der sich zu rächen suchte, verbreitete, daß er die Verse des Königs tadle und schlecht finde. Voltaire, dem dies empfindlich war, machte sich bey Gelegenheit eines gelehrten Streits, den Maupertuis mit dem Prof. König im Haag führte, über seinen Gegner und über seine Meinung lustig. Friedrich liebte Voltaire, wollte aber zugleich den Präsi-

denten seiner Akademie nicht öffentlich lächerlich
sehen. Unter andern hatte Voltaire unter dem
Titel Akakia eine Schrift verfertigt, worin er
bitter über Maupertuis satyrisirte. Friedrich
kannte sie, hatte aber ihren Druck verboten; Vol=
taire ließ sie in Holland drucken — und Friedrich
darauf durch den Scharfrichter unter den Augen
Voltairs zu Berlin verbrennen. Wechselseitige
Erbitterung trat nun an die Stelle der Freund=
schaft. Voltaire besuchte den König, sagte, wie
er aus dem Zimmer desselben heraus ist, zu seinem
Bedienten: Nimm mir diese unwürdige Zeichen
der Sklaverey ab; — und hieng darauf den
Kammerherrn=Schlüssel und den Orden an die
Thüre des Königs.

Friedrich gab sich darauf alle Mühe, Voltai=
ren zu behalten — und dieser, sich zu entfernen.
Er schickte ihm seine Ehrenzeichen zurück, und Vol=
taire stellte sich wieder beym König ein. Mit der
Akakia in der Hand, sagte er: „sehen Sie da,
Sire, das unglückliche Buch, das mich um Ihre
Freundschaft gebracht hat!„ eilt zum Kamine,
will es verbrennen, Friedrich reißt es aus dem
Feuer, verbrennt seine Manschetten — und die

beyden Philosophen lachen am Ende, und umarmen sich.

Um sich den Gefahren und ungewissen Aussichten seiner Lage zu entziehen, bat Voltaire den
König, nach Lothringen reisen zu können, um
das Bad zu Plombieres zu gebrauchen. Friedrich gab ihm diese Erlaubniß. Er besuchte die
Herzogin von Sachsen-Gotha und den Landgrafen von Hessen-Cassel. Unterdessen waren ein
paar satyrische Schriften gegen Friedrich erschienen. Voltaire, der sich auch auf seiner Reise un-
vorsichtig geäußert hatte, hielt sich damals (im
Junius 1753) zu Frankfurt am Mayn auf. Der
Preussische Resident daselbst erhielt Befehl, ihn
zu arretiren. Dieß geschah. Man bewachte ihn
und seine Nichte, Madame Denis, die ihm entgegen gereiset war, mit einem Kommando Soldaten. Er mußte den Kammerherrn-Schlüssel, den
Orden und die poetischen Manuscripte des Königs
ausliefern, jeden Tag die Wache und andre Anstalten mit 140 Rthlr. bezahlen, und erhielt darauf nach einmonatlicher Zurückhaltung seine Freyheit wieder.

Nach dieser Gothisch - Vandalischen Geschichte, wie Voltaire sie nennt, begab er sich nach
Lothringen, und besuchte den König Stanislaus zu Luneville. Von da reisete er
nach Lyon. Nirgends fand er solche enthusiasti-
sche Anhängigkeit und Bewunderung als hier.
Man führte seine Schauspiele auf, umringte ihn
auf den Straßen, und sprach von nichts, als von
ihm. Um seine Gesundheit zu stärken, wollte er
nach Savoyen reisen, das Bad zu Aix zu gebrauchen, wurde aber unterwegs zu Genf davon ab-
gerathen. Er beschloß, sich in der Nähe dieser
Stadt niederzulassen, und kaufte ein Gut, das
les Delices genannt wurde. Es verdiente diesen
Namen bey seiner romantischen Lage und bey den
Kunstverschönerungen, die angebracht wurden.
Man war auf dem Lande, und sahe alle Vergnügungen der Stadt, Bälle, Komödien, Festins re.
Madame Denis machte die Honneurs. Aus allen Ländern kamen Reisende, den originellsten
Schriftsteller Frankreichs zu besuchen.

Einem großen Theil der Genfer war diese Nähe Voltaires angenehm. Geschmack, feine
Wissenschaft und Aufklärung verbreiteten sich von

Delices in ihre Vaterstadt. Die orthodoxen Ei-
ferer, die Priester und ihre Anhänger hingegen
schimpften auf den Französischen Einwandrer und
befürchteten ihre Bürger-Republik in eine Republik von Philosophen und Freygeistern verwandelt
zu sehen.

Um die damalige Zeit fieng der bekannte Jean
Jaques Rousseau an, gegen die bürgerlichen
Einrichtungen zu schreiben. Er behauptete, daß
der denkende Mensch ein erniedrigtes Thier sey,
daß man keine Wissenschaften lernen müsse, um
ein glücklicher Mensch zu seyn. Dieser paradoxe
Satz, oder vielmehr diese Sottise hatte das Unglück, von der Akademie zu Dijon *) Beyfall
zu erhalten. Roußeau schickte auch seine Abhandlung an Voltaire. Dieser dankte ihm in einem
schmeichelhaften Briefe, worin er unter andern
sagte, „daß noch Keiner so vielen Verstand gezeigt hätte, die Menschen zu
Thieren machen zu wollen, und daß,

---

*) Die Akademie daselbst hatte 1750 die Preisfrage
ausgestellt: Si le retablissement des sciences et des
arts a contribué à epurer les moeurs.

wenn er seine Abhandlung läse, ihm
die Lust ankäme, auf Vieren zu krie=
chen., Allein Rousseau verstand dieses Kom=
pliment übel, und haßte auf immer Voltaire.

Rousseau gab bald darauf seinen Emil her=
aus. Dieses Werk, welches in Holland, mit
den Privilegien der Generalstaaten erschien, wur=
de; von dem Pariser Parlamente verbrannt, und
dessen Verfasser — der im Genfer Gebiete lebte
— mit gefänglicher Haft bedroht. Unter diesen
widrigen Aussichten bot Voltaire Rousseau eine
Freystatt an. Allein dieser antwortete in folgen=
dem philosophisch bizarren Briefe: „Ich kann
Sie nicht ausstehen, mein Herr, weil
Sie meine Republik durch Ihre Ko=
mödien verderben., — „Mein Freund
Jean Jacques ist kränker, wie ich
glaubte,, war das Urtheil, was Voltaire dar=
auf äußerte.

Wo wahre Hochschätzung und Zuneigung
Statt findet, dauert Verunwilligung und Erbit=
terung — nicht lange. So wars der Fall mit
Friedrich. Die verdeckte Abreise Voltaires, die

zwistigen Scenen mit ihm, und der tragisch = ko=
mische Akt zu Frankfurt wurden bald vergessen.
Er versöhnte sich mit seinem gelehrten Lieblinge,
setzte nach dem siebenjährigen Kriege den Brief=
wechsel mit ihm fort und machte ihn fortdauernd
zum Vertrauten seiner poetischen Arbeiten. Vol=
taire lebte indeß seit 1754 bis 1761 in glücklicher
Ruhe auf seinem Landsitze, eine Ruhe, die er
fortdauernd den Musen und mit unter seinen Pariser Widersachern widmete, die er mit lachender,
bitterer Satyre bekämpfte.

In Paris lebte damals noch eine Enkelinn
von Corneille, ein junges Mädchen von den
besten Eigenschaften, aber von allem Vermögen
entblößt. Sie hatte sich durch Korbmachen zu er=
halten gesucht. Ihre Lage wurde immer trauriger.
Voltaire erfuhr dieß. „Ein alter Soldat
des großen Corneille, sagte er, muß die
Enkelinn seines Generals nicht ver=
lassen,, — nahm das Mädchen zu sich, ließ sie
erziehen, und stattete sie aus.

Unterdeß nahm zu Genf die Gährung der
Meinungen und Grundsätze, die die benachbarten

beyden Philosophen veranlaßten, immer mehr
zu. Der Eifer Rousseaus gegen alle Schauspiele und öffentliche Vergnügungen hatte die
Köpfe erhitzt — und die Geistlichen erhitzten sie
noch mehr. Das Volk wollte weder Theater,
noch Bälle und schöngeistrischen Witz. Voltaire wollte sich dem Fanatismus des Volks
nicht aussezen, verließ seinen Landsitz zu Delices, und kaufte im Jahre 1762 das Schloß
zu Ferney, an der Gränze des Genfer und des
Französischen Gebiets, in der Landschaft Ger.

Er hatte damals 140,000 Livres jährlicher
Einkünfte. Die erste Veränderung, die er in
seinem Dorf-Territorio vornahm, war, daß
er statt der alten verfallnen, eine neue prächti-
ge Kirche bauen ließ. Sie erhielt die simple
Inscription: Deo erexit Voltaire. Voltaire hat-
te diese Verbesserung eigenmächtig machen lassen.
Der Erzbischof von Annecy, zu dessen Diöcese
Ferney gehörte, beschwerte sich bitter darüber.
„Aus welchem Grunde beschweren Sie sich da-
rüber, antwortete Voltaire? Ihr und mein
Gott hatte eine Scheune zur Woh-

uung, und ich habe ihn in einem an=
ständigen Tempel logirt. Das Chri=
stus-Bild war von wurmstichigen Hol=
ze, und ich habe eines wie ein Kay=
serbild vergolten lassen."

Nahe unter den Fenstern seines Zimmers hatte sich Voltaire halb außer, halb innerhalb der
Kirche sein Grabmahl in Gestalt einer zugespitzten
Säule errichten lassen, um sich an das Ende seiner Tage zu erinnern. Der Weg zu demselben
war übrigens auch zu Fernen mit Blumen be-
streut. Alle Vergnügungen, alle Annehmlichkei-
ten des Lebens, Komödien, Spiele, Gesellschaften fanden sich daselbst vereinigt. Prinzen, Gelehrte, Kriegsmänner, alle Reisende von Stande und Kenntniß beeiferten sich Voltaire zu sehen.
Mehrere warteten Tage lang zu Fernen auf die
Audienz des Philosophen, und öfters vergebens.
So giengs unter andern dem berühmten, erst im
vorletzten Jahre verstorbenen Französischen Gelehrten, Guibert. Nachdem er sich fünf Tage
zu Fernen aufgehalten, ohne Voltaire sprechen zu
können, reisete er unwillig ab, und schickte indeß folgende Verse an ihn:

Je comptais en ces lieux voir le Dieu du genie,

L'entendre, lui parler, et m'inſtruire en tout

        point;

Mais c'eſt comme Jeſus en ſon Euchariſtie,

On le mange, on le boit, et on ne le voit point.

Das Compliment dieſer Zeilen würkte mehr als alles vorige Anmelden. Guibert wurde zurückgerufen; und aufs beſte empfangen.

Eine witzige, feine Aeußerung bey Reiſenden würkte überhaupt mehr auf die Ehrliebe des Ferneyer Philoſophen, als alle Vorſtellungen und Bezeugungen von Bewunderungen. Im Jahre 1770 wollte der Schwede Biörnſtähl ihm ſeine Aufwartung machen. Voltaire hatte das Fieber, dachte den Fremden nicht vor ſich zu laſſen, ließ ihm indeß ſüße Getränke zur Erfriſchung anbieten. „Alle Süßigkeiten würden ihm herbe ſeyn, ließ Biörnſtähl zurück ſagen, wenn er nicht die Ehre hätte, den Hrn. von Voltaire zu ſprechen;" — und Voltaire vergaß ſein Fieber und unterhielt ſich lange mit dem Fremden.

Wir haben schon oben verschiedene Handlungen der Menschenliebe Voltair's angeführt. Nie entbrannte die Neigung zu derselben stärker, als wenn er die Unschuld von Religionshaß und Fanatismus unterdrückt sah. Kein Criminalproceß ist berüchtigter geworden, als der, welcher im Jahre 1762 zu Toulouse entschieden wurde. Das dasige Parlament verurtheilte den bekannten Calas, einen Greis von 68 Jahren, dessen Leben durch Frömmigkeit und Rechtschaffenheit ausgezeichnet gewesen war — auf die Beschuldigung, daß er einen seiner Söhne umgebracht, — zum Tode. Das Collegium seiner Richter bestand aus Katholiken, und Calas war ein Protestant. Nach seiner Hinrichtung kam seine Wittwe nach Genf. Voltaire erfuhr die Ungerechtigkeiten, die Umstände des Processes, machte sie bekannt, schickte die unglückliche Wittwe nach Paris, um den König um Gerechtigkeit zu bitten; der Proceß wurde revidirt, und der hingerichtete Calas für unschuldig befunden. Die verlassene Wittwe erhielt darauf durch die Verwendung Voltaires Unterstützung von vielen Menschenfreunden.

Vol=

Voltaire gab darauf mehrere Schriften wider den Aberglauben, Fanatismus und den Ketzergeist heraus, unter andern sein Dictionaire philosophique. Dieß aber schien dem Pariser Parlamente so irreligiös, daß es dasselbe verbrennen ließ. Der Bischof von Annecy, dessen wir schon oben erwähnt, beschuldigte den Verfasser, daß er nicht an Jesus Christus glaube. Um dieß zu widerlegen, beichtete Voltaire vor einem Capuziner, legte sein Glaubensbekenntniß ab, und ließ es von mehrern Zeugen unterschreiben.

Allein dieser fromme Actus überzeugte seine geistlichen Gegner nicht. Sie eiferten und klagten fortdauernd gegen ihn. Ein Geistlicher zu Paris faßte dagegen den Gedanken, Voltairen eine Statue zu errichten. Die Zahl seiner Anhänger und Verehrer realisirte bald diesen Anschlag. Es waren lauter Französische Gelehrte, die zu diesem Denkmahle subscribirten. Personen von andern Ständen und Ausländer die sich in Menge meldeten, wurden ausgeschlossen. Nur allein Friedrich der Große erhielt Zutritt. Er ließ anfragen, wie hoch er subscribiren könnte. „Ihr Namen, Sire, antwortete ihm Alembert im Namen der Gesellschaft, und ein Thaler sind hinreichend." Der berühmte Künstler Pigal verfertigte darauf die Statue, die aufs feyerlichste eingeweihet und im Jahre 1770 mit der simpeln Aufschrift errichtet wurde: Statue érigée à Voltaire vivant, par les hommes de lettres ses compatriotes: — Statue Voltairen bey seinem Lebzeiten von den Gelehrten, seinen Landsleuten errichtet. *).

*) Ein gewisser Doctor Ribballier hatte bey seinem persönlichen Hasse und orthodoxen Eifer als Gegenstück zu dieser Aufschrift folgende Inscription entworfen:

En tibi dignum lapide Voltarium,	Sieh hier den steinswerthen Voltaire.
Qui	Groß
In Poesi Magnus,	war er in der Dichtkunst,
In Historia parvus,	Klein in der Geschichte,
In Philosophia minimus,	Noch kleiner in der Philosophie,
In Religione nullus;	Gar nichts in der Religion;
Cujus	Scharfsichtig
Ingenium acre	Von Verstande,
Judicium praeceps,	Flach im Urtheilen,
Improbitas summa;	Ruchlos im Leben,
Cui	Beliebt bey den Damen,
Arrisere Mulierculae,	Gepriesen von Kleinwissern,
Plausere scioli,	Geachtet von den Weltmenschen,
Favere prophani;	

Kurz vorher, war Ludwig der XVte fast im Begriff gewesen, Voltairen wegen seines Dictionaire philosophique arretiren zu lassen. Wie man jetzt ihm sagte, daß man Voltairen eine Bildsäule errichtete, antwortete eben der König: „Er verdient sie;" und befahl, daß ihm seine Pension, die seit 14 Jahren zurückgehalten worden, künftig prompt ausbezahlt werden sollte.

In Genf waren die Unruhen der Glaubens-Fehden aufs höchste gestiegen. Man eiferte, man kämpfte und man erschoß sich für Calvin oder für Rousseau. Viele Künstler verließen bey dieser Unsicherheit und gefährlichen Unordnung die Stadt. Voltaire lud sie zu sich, bot ihnen Unterstützung an, baute Häuser für sie, und das kleine Ferney, das vorher ein elendes Dorf von ungefehr 40 armen und gedrückten Bauern war,

Quem	Ihm,
Irrisorem hominum Deumque	Dem Spötter der Menschen und Götter
Senatus, populusque	Hat der Senat und das Volk
Atheo-Physicus	Der Atheisten und Naturalisten
Aere corraso	Durch eine Collecte
Statua donavit.	Diese Statue errichten lassen.

Ee 2

wurde jetzt der zahlreiche Wohnsitz von wohlha=
benden Pflügern und Künstlern. Hätte Voltai=
re noch einige Zeit länger gelebt, so würde sich
Ferney selbst zu einer blühenden Stadt erhoben
haben.

Voltaire nahm sich fortdauernd besonders der
Unglücklichen an, die von der Justiz verfolgt oder
unterdrückt wurden. Im Jahre 1774 kam ein
Bauer zu ihm, der einen Proceß beym Parla=
ment zu Besancon verlohren hatte, der ihn ganz
ruinirte. Er wollte gegen die Sentenz appelli=
ren. Voltaire ließ die Acten untersuchen und
fand, daß dieß mit Erfolg geschehen könne. In=
deß hohlte er 3 Beutel, jeden mit 1000 Livres her
und gab sie dem weinenden Bauer, indem er sag=
te: „Da habt ihr einen Ersatz für die Ungerech=
tigkeit der Justiz. Ein neuer Proceß würde euch
noch mehr ruiniren. Wenn ihr vernünftig seyd,
so klagt nicht weiter; laßt euch in meinem Dor=
fe nieder. Ich will weiter für euch sorgen.“

Die ehrenvollste Auszeichnung, die Voltai=
re genoß, war die Hochschätzung, die vertrau=
te Ergebenheit, die er von den beyden größten

Genies auf den Thronen Europas, von der Kayserinn Catharine und Friedrich dem Großen erfuhr. Erstere hatte, wie sie noch Großfürstinn war, seine Schriften mit so vielem Vergnügen, als Nutzen gelesen. Und sie ehrte als Monarchinn dankbar das Verdienst. Sie schickte gelegentlich den Fürsten Kostlovski nach Ferney, der dem Philosophen einen Brief von ihr, ihre Instruction zur Entwerfung eines neuen Gesetzbuches, kostbare Pelzwerke, ihr Portrait, 20 große Diamanten und eine elfenbeinerne Dose überbrachte, die sie selbst verfertigt hatte. Dieses letztre Geschenk erwiederte Voltaire mit einem Armbande, das er selbst strickte. Sein Briefwechsel mit der erhabenen Monarchinn dauerte bis an sein Ende.

Friedrich ehrte ihn auf eine andre, aber eben so schmeichelhafte Weise. Er überschickte ihm seine Statue, aus schönen Porcelain verfertigt, mit der eigenhändig verfertigten Aufschrift: Viro immortali, dem unsterblichen Manne. Und Voltaire antwortete darauf: „Sire, Sie haben mir ein Gut in Ihrem Ge-

biete geschenkt." Wie einige Zeit darauf
Reisende die neue Statue betrachteten, und we=
gen der Unterschrift Voltaire Complimente mach=
ten, so sagte er: „Das ist gerade die Un=
terschrift dessen, der sie mir geschickt
hat."

Im Jahre 1777 kam Kayser Joseph II
auf seinen Reisen nahe vor Ferney vorbey.
Seine Begleiter suchten ihn auf den dasigen gro=
ßen Mann aufmerksam zu machen. „Fahret fort,"
versetzte aber der Kayser; und besuchte Voltaire
nicht. Die Rücksicht gegen seine Mutter, deren
Gesinnungen mit den Grundsätzen des Französi=
schen Philosophen nicht harmonirten, hielten ihn
von diesem Besuche ab. Haller genoß die Eh=
re desselben.

Die Vorbeyreise des Kaysers war allerdings
der Ehrliebe Voltairens empfindlich. Allein sie
erhielt bald ein neues, reicheres Opfer. Vol=
taire hatte seit beynahe 30 Jahren Paris nicht
gesehen. Er schickte im Jahre 1777 zwey neue
Tragoedien dahin. Die Acteurs konnten mit sich
in der Vertheilung der Rollen nicht eins werden.
Die Aufführung des Stücks wurde verzögert.

Dieß machte ihn ungeduldig. Seine Freunde hatten ihn öfters nach der Hauptstadt eingeladen. Er selbst wünschte, sich noch einmahl daselbst bewundert zu sehen. Er entschloß sich — in seinem 84sten Jahre zu der Reise dahin, und trat sie mitten im härtesten Winter 1778 an. Er suchte sich unter Weges allen Ehrenbezeugungen zu entziehen. Sie unterblieben aber doch nicht. Unter andern fuhren nicht die Postillione, sondern die Postmeister selbst seinen Wagen. Einer derselben war aber zu alt und kümmerlich, als daß er noch reiten konnte. Er empfahl aber den Reisenden der Sorgfalt des ersten Postillions, indem er hinzusetzte: „Bedenke, was das für eine Ehre ist, einen so großen Mann zu fahren. Es giebt in Europa zehn Könige, aber in der Welt nur einen einzigen Voltaire." Und Voltaire erschien ganz unerwartet zu Paris, am 10ten Februar 1778.

Seine Ankunft wurde ein Fest der Freude für den ersten und größten Theil der Stadt. Die Könige von Dänemark und von Schweden, und der Kayser, die einige Zeit vorher da ge-

wesen waren, hatten kein solches Aufsehen, keine solche Neugierde erregt. Man sprach von
nichts als von Voltaire. Die Französische A ka-
demie ernannte eine Deputation ihn zu bewill-
kommen. Statt der sonst gewöhnlichen zwey,
wurden drey Deputirte ernannt, an deren Spitze
sich der Prinz von Beauveau befand. Ein
großer Theil der Mitglieder der Akademie vermehrte das Gefolge. Auch die Französischen
Schauspieler statteten ihm ihre Huldigung ab.
Die Mamsell Clairon hielt kniend eine Anrede
an ihn. „Meine Herren, erwiederte Voltaire darauf, ich lebe allein durch sie und
für Sie." Mit diesen Gesellschaften machten
ihm auch Prinzen, Minister, Damen, Gelehrte
ihre Aufwartung. *).

*) Es fehlt freylich auch nicht an lustigen Einfällen
und epigrammatischen Satyren von den Anti-Vol-
tairianern. Unter andern erschien ein Avis impor-
tant pendant la tenue de la foire de St. Germain,
welche Ankündigung dem Publikum folgendes bekannt machte:

Le Sieur Villette, dit Marquis,
   Au public donne avis,
Qui'l possede pans sa boutique
Un animal plaisant, unique,

Unter andern besuchte ihn auch der im vorigen Jahre zu Philadelphia verstorbene ehrwürdige Franklin, der sich damals als bevollmächtigter Minister der Nordamerikanischen Staaten zu Paris aufhielt. Er hatte seinen Enkel, indem er die Visite machte, bey sich. „Mein Sohn, sagte er zu diesem, falle auf die Kniee vor diesem großen Mann.“ Der Jüngling that dieß, und bat um seinen Seegen. Voltaire legte die Hand auf seinen Kopf, und segnete ihn mit den beyden Worten: Gott und Freyheit.

Ee 5

> Arrivè recemment
> De Geneve en voiture;
> Vrai Phénomene de la nature,
> Cadavre, squelette ambulant.
> Tantot il parle comme un Dieu,
> Tantot il jure comme un Diable.

Hr. Villette, Marquis (bey ihm logirte Voltaire) genannt, zeigt dem Publico an, daß er in seiner Bude ein possierliches, in seiner Art einziges Thier hat, das ganz fürzlich von Genf angekommen. Es ist eine wahre Wundererscheinung der Natur, ein herumwanderndes Skelet; bald spricht es wie ein Gott, bald flucht es wie ein Teufel ꝛc.

Indeß wurde Voltaire von der beschwerlichen Reise, und von der unruhigen Bewegung, in die der Pariser Enthusiasmus ihn versetzte, unpäßlich. Allein dieß störte seine Munterkeit nicht. Er wollte eines seiner Stücke aufführen sehen, und ließ deshalb die Acteurs und Actricen zu sich kommen, und einige Scenen probiren. Bey einer dieser Uebungen griff er sich selbst so stark an, daß ihm ein Gefäß in der Brust sprang. Man wurde besorgt für sein Leben. Ein junger Abbé eilte herbey, um ihn zu beichten. Voltaire empfieng ihn mit kaltsinniger Höflichkeit, nahm indeß, um seiner voreiligen Dienstfertigkeit nicht weiter ausgesetzt zu seyn, den Abbé Gautier zu seinem Beichtvater an. Dieser kniete zuerst vor ihm nieder. Voltaire hob ihn mit Höflichkeit auf, und sagte, daß er, wie es in den ersten Zeiten der christlichen Kirche gebräuchlich gewesen, öffentlich beichten wolle.

Der gute Abbé nahm darüber Anstand, foderte von dem Philosophen sein Glaubensbekenntniß, welches Voltaire auch nach völlig katholischer Norm ablegte. Allein damit war der Erzbischof von Paris noch nicht zufrieden. Er schrieb dem Abbé selbst ein Glaubensbekenntniß vor, das Voltaire gerichtlich unterzeichnen laſſen ſollte. Dieſes fieng mit den Worten an: „Ich beken= ne, daß ich auf eine boshafte Weiſe die Gottheit Jeſu Chriſti geläſtert habe." Kaum hatte Voltaire dieſen Anfang geleſen, ſo entließ er den Abbé Gautier, indem er ſagte: „Das mag für heute genug ſeyn! Laſ= ſen Sie uns die Scene nicht noch blutiger ma= chen!" — Dieſe Worte hatten Bezug auf ſein Blut= ſpeyen. Im Publico glaubte man inzwiſchen, daß Voltaire würklich gebeichtet habe.

Die Irene war ſchon ſechsmal aufgeführt worden, und immer hatte das Publicum beſon= ders gewünſcht, den Verfaſſer ſelbſt bey der Auf= führung gegenwärtig zu ſehen. Seine Krank= heit hatte etwas nachgelaſſen. Voltaire ent= ſchloß ſich alſo, dem allgemeinen Wunſche Ge= hör zu geben.

Kaum erſchien er in der Loge, ſo erhoben ſich alle Zuſchauer. Ein allgemeines Freuden= und Bewillkommungsgeklatſche. Bald darauf rief eine Stimme: Man ſetze ihm eine Kro=

ne auf! Tausend Stimmen wiederhohlten die=
se Worte. Der Schauspieler Brifard gehorch=
te denselben. Die Schauspielerinn, Madame
Vestris hielt dabey folgende Anrede:

Aux Yeux de Paris enchanté,
Reçois en ce jour un hommage,
Que confirmez d'age en age
La févere pofterité.

Non Tu n'a pas befoin d'atteindre au noir rivage,
Pour jouir des honneurs de l'immortalité.

Voltaire recois la couronne
Que l'on vient de Te préfenter;
Il eft beau de la meriter,
Quand c'eft la France, qui la donne.

Die Bescheidenheit des Philosophen weiger=
te sich lange gegen die Ehre — die ganz neu und
ungesehen war. Allein von allen Seiten rief
man: Es ist das Publikum, welches
die Krone giebt. Die Freudensbezeugungen
dauerten unausgesetzt vier Stunden fort, und wur=
den in hundertley Ausdrücken bezeugt. Es lebe
Herr von Voltaire! Es lebe der Fran=
zösische Sophocles! Es lebe unser

Homer! riefen die einen; und andre: Es lebe der Philosoph, der die Welt Denken
gelehrt! Es lebe der Vertheidiger von
Calas! u. s. w.

So weit die Beyfallsbezeugung des Publi-
cums. Die Schauspieler selbst huldigten ihm
gleichfalls auf eine schmeichelhafte Weise. Wie
nach dem Ende des Stücks der Vorhang aufgezogen wurde, sah man in der Mitte des Thea-
ters die Büste Voltairens, von Caffieri ge-
meißelt. Um dieselbe stellten sich in Seitencir-
keln die Schauspieler und Schauspielerinnen, alle
mit Lorbeerkränzen versehen. Eine der Actricen hielt darauf eine Anrede an Voltairen, darauf gieng jeder der Schauspieler und Schauspielerinnen zu der Statue, neigte sich vor derselben,
und setzte ihr einen Lorbeerkranz auf; und beym
Aufsetzen jedes Kranzes riefen die Zuschauer:
Es ist das Publicum, das ihn aufsetzt.
Und dieses Publicum war nicht das gemeine
Volk. Das Schauspielhaus war voll von Prinzen, Ministern, Ambassadeurs, Ducs, Pairs,
von angesehenen Damen und den ersten Gelehrten,
die zusammen den Ton angaben. Tausendfaches

Jubelgeschrey begleitete noch beym Rückfahren
Voltaire — und wie er vor dem Hotel des Marquis von Billette aus dem Wagen gehoben wurde, wandte er sich zu der Menge der Umstehen-
den, dankte ihnen für die erwiesene Ehre, unter
deren Last — wie er sagte — er erliegen würde.
Siebenzig Jahre, die Voltaire angewandt hatte, die Menschen zu vergnügen, und aufzuklä-
ren, rechtfertigten den Enthusiasmus, den die
muntern Pariser an diesem Krönungstage bezeigten.

Voltaire sehnte sich indeß nach Fernen,
und die Einwohnerschaft daselbst nach ihrem Ge-
bietsherrn zurück. Da seine Bauern erfuhren,
daß er krank war, so erboten sie sich, nach Paris zu kommen, und ihn in einer Sänfte nach
Fernen zu bringen. Allein Voltaire änderte vorerst auf Bitten seiner Freunde seinen Entschluß
und kaufte sich ein prächtiges Hotel in Paris.
Aber die Herstellung seiner Kränklichkeit, die er
hoffte, erfolgte nicht. Rastlos und thätig, wie
er noch in seinem hohen Alter war, that er der
Französischen Akademie den Vorschlag, ein
neues Wörterbuch der Französischen Sprache,

nach den bestimmtesten Regeln und den Bedeu-
tungen der Wörter zu verfertigen. Er selbst übernahm den Buchstaben A.

Uebermäßiges Arbeiten und der starke Gebrauch des Caffees, den er sich angewöhnt
hatte, raubten ihm unterdeß fast gänzlich den
Schlaf. Man rieth ihm, Opium zu gebrauchen; allein eine zu starke Dosis, die er aus Unvorsichtigkeit bekam, stürzten ihn in eine Schlaf-
sucht, die bald tödtlich wurde.

In seiner Betäubung meldete man ihm, daß
der Graf von Lally-Tolendal — dieser in
unsern Zeiten in der Geschichte der Französischen
Nationalversammlung so rühmlich bekannt ge-
wordne Nationaldeputirte, die Cassation des Ur-
theils erhalten habe, wodurch sein Vater, der
General Lally, der im siebenjährigen Kriege
in Ostindien unglücklich gewesen war, den
Voltaire gekannt und vertheidigt hatte, unter
Ludwig dem XVten, auf dem Schaffot hingerichtet worden war. Diese frohe Nachricht riß den
sterbenden Philosophen auf einen Augenblick aus
seiner Betäubung. Er schrieb an den Grafen
von Lally-Tolendal: Ich sehe, der König

ist gerecht, und ich sterbe zufrieden.
Dieß war das lezte Billet, welches er dictirte.

Voltaire befand sich schon außer Besinnung,
als der Pfarrer von St. Sulpice und der Abbé
Gautier zu ihm kamen. Der unzeitige Eifer,
den diese beyden Geistlichen zeigten, verdient erwähnt zu werden. Der Pfarrer nähert sich dem
Bette des Sterbenden, und fragt ihn, ob er die
Gottheit Jesu Christi glaube. Voltaire
ist zu betäubt, als daß er die Frage versteht.
Man sagt ihm darauf, daß der Abbé Gautier,
sein Beichtvater, da sey. „Der Abbé Gautier, mein Beichtvater? antwortete er,
mit schwacher Besinnung, machen Sie ihm
mein Compliment." Der Pfarrer von St.
Sulpice fährt nach dieser Antwort dennoch fort,
den Kranken mit seinen Untersuchungen zu quä-
len. Er wiederhohlt die obige Frage, und Voltaire giebt ihm in seinem betäubten Zustande eine
befremdende Antwort; — und starb bald darauf
mit Ruhe und Gelassenheit, am 31sten May 1778.
Mit ihm starben im gleichen und im vorhergehen-
den Jahre die größten und merkwürdigsten Gelehrten Europas, Rousseau, Haller, Linne.

Der

Der junge Pfarrer von St. Sulpice drohete, Voltairen als einen Kezer nicht begraben,
oder wenn man ihn zwänge, ihn des Nachts
wieder ausgraben zu lassen. Um alles Aufsehen
und die Widersezung von Fanatikern zu vermeiden, ließen die Freunde des Verstorbenen seinen
Leichnam einbalsamiren, ihn des Nachts in einer Postchaise nach der Abtey Sellieres bringen und in der dortigen Kirche begraben. Der
Bischof von Troyes, unter dessen Diöcese die
Abtey steht, schickte sogleich, wie kaum die Sache ruchtbar wurde, einen Befehl ab, Voltaire
nicht zu begraben; allein, wie der Befehl ankam, war es schon zu spät. Sein Leichnam
wurde nachdem nach Romilly gebracht, und von
da am 11ten Julius des vorigen Jahres, zufolge eines Decrets der Nationalversammlung in
feyerlicher Procession nach Paris geführt und
in der Kirche der heil. Genofeva beygesezt.
So veränderten sich die Zeiten, die Meinungen
und Sitten.

Die Nachricht von dem Tode Voltairs war
für das ganze aufgeklärte Europa eine Trauer-
nachricht. Die ersten und vorzüglichsten Akade-

nuen erneuerten feyerlich sein Andenken. Auch Friedrich der Große verfaßte eine öffentliche Lobrede auf ihn, die vor allen ausgezeichnet war.

Auch aus dem, was in dieser biographischen Darstellung enthalten ist, wird man in den Hauptstücken schon den großen Mann haben kennen lernen, der der Coloß der Französischen Litteratur und einer der merkwürdigsten Männer unsers Jahrhunderts war. Seine litterarischen Verdienste sind eben so vielfach und verschieden, als seine persönlichen und moralischen Eigenschaften beurtheilt und bestimmt werden. An Schönheit und Glanze des Ausdrucks übertraf er alle seine Landsleute, an Reichhaltigkeit des Witzes alle Gelehrte, die je gewesen sind. Als Dramatischer Dichter war er der erste und vollkommenste unter den Franzosen. Seine Tragödien stehen im Ganzen den Racineschen nach, übertreffen sie aber bey weitem in Schilderung des Herzens und der Leidenschaften. Voltaire brachte nur interessante Gemählde auf die Bühne; und war in mannigfaltiger Darstellung unerschöpflich und über alle erhaben. Ueberhaupt

hat Voltaire, sagt Haller (in den Göttg.
gel. Anzeig. 1768. S. 424.) der ihn in andern Stücken so scharf beurtheilte, und mißbil-
ligte — das schönste Colorit, das die Französische Bühne kennt. Er ist zärtlich und ausgemahlt
wie Racine, erhaben wie Corneille und
philosophischer als beyde. Im gefühlvol-
len und starken Ausdruck der Beredsamkeit hatte Rousseau den Vorrang, im Fache
des Witzes und der Einbildungskraft Voltaire.
Im Lustspiele stand er Moliere nach. Aber
desto glänzender ist er in der Gattung von Poesie, die die Franzosen Pieces fugitives nennen.
Als Prosaiker hat er noch nicht seines gleichen gehabt. Er wurde ein Original, das man
nachahmte, aber nicht erreichte. Als Philosoph
war er der Aufklärer seines Jahrhunderts. Ein
Vers aus der Henriade, den man im Jahre
1769 zur Inschrift einer Medaille auf ihn machte, drückt am besten sein Lob aus: Il ôte aux
nations le bandeau de l'erreur: Er nimmt den
Nationen die Bande der Irrthümer ab.

Nun noch etwas von der persönlichen Bildung und der gelehrten Lebensart des Philosophen. Biörnstähl, der ihn im Jahre 1770

besuchte, entwirft folgendes Bild von ihm:
„Voltaire ist etwas lang, sehr schmal, ma-
ger und ziemlich bleich, hat eine hohe Stirn mit
vielen und großen Runzeln, große schwarze
Augen, einen großen und ziemlich breiten Mund,
eine große Nase, ein großes Kinn — und was
wäre nicht groß an ihm? Er sieht satyrisch aus.
Wenn er lacht, zieht er seinen breiten Mund zusammen, und sieht alsdenn gut aus. Er geht
etwas krumm, thut aber lange Schritte. Er
hat ein gutes Gesicht, und braucht keine Brillen,
obgleich er gegenwärtig schon in seinem 77sten
Jahre ist. Er arbeitet und schreibt beständig,
oft ganze Nächte. Wenn er im Bette liegt und
ihm etwas einfällt, so klingelt er seinem Secretair, in welcher Stunde des Nachts es seyn
mag, und dictirt ihm. Voltaire ist in Gesellschaft sehr angenehm, überaus höflich, ein voll-
kommner Hofmann; aber fällt ihm etwas ein,
es sey bey Tische oder in Gesellschaft; so geht
er gleich in sein Zimmer und schreibts auf, und
kommt dann ganz munter wieder.“

Ueber keinen Schriftsteller des Jahrhunderts
ist sowohl in kritischer als biographischer Hinsicht mehr geschrieben worden, als über Vol-

taire. Hier nur die Anführung folgender
Schriften: La vie de Voltaire, par M*** (Mer-
cier), à Geneve 1786 gr. 8 — Memoires de
Voltaire, écrits par Lui-Même, 8. — Voltaire,
recueil des particularités curieuses de sa vie et de
sa mort; Porrentruy, 12. 1782. — Histoire lit-
teraire de M. de Voltaire par Mr. le Marquis de
Luchet, 6 Vol. 8. Cassel 1780. — Eloge im-
partial des oeuvres de Voltaire, par Linguet,
8. Londres 1783. — Mr. de Voltaire, peint par
lui-même 1770. — Tableau philosophique de
l'esprit de M. de Voltaire, 1771. — Voltaire
der Reformator, Bern 1774. — Eloge de Voltaire, lû à l'académie roy. des sc. à Berl. 1778.
12. — Examen des ouvrages de Mr. de Voltaire, par Mr. Linguet, Bruxelles 1788. 8. —
Abbregé de la vie de Mr. Voltaire (par J. B. Rousseau) 1740. — J. J. Biörnståhls Briefe auf
seinen ausländischen Reisen ꝛc. Leipzig und Rost.
1780. — Leben Voltairs, von dem Mar-
quis von Condorcet, aus dem Französischen,
mit Anmerkungen und Zusätzen (von D. H. Stöver) Berlin, 1791. u. s. w.

VII.
Lebensgeschichte des Freyherrn von Haller.

— — Whofe Mind
Contains a world, and feems for all things fram'd.

Eine
Welt umfaßte sein Geist; er scheint für alles erschaffen.

ist das Motto eines Englischen Dichters, wel=
chen der Hr. Ritter Zimmermann sehr charate=
ristisch auf seinen Landsmann anwendet, der un=
ter den vielen großen Gelehrten der Schweitz,
mit Conrad Geßner, der größte, und mit
Leibnitz das erste Universal=Genie unsers und
vieler Jahrhunderte war. Voltaire und Hal=
ler wanderten beyde zum Tempel der Unsterblich=
keit; aber auf einem ganz verschiednen Wege.
Der Contrast zwischen ihnen war so groß, wie
die Charakterverschiedenheit eines Schweizers
gegen einen Franzosen. Bey Voltaire Witz

und Anmuth; bey Haller Kräfte und Würde;
jener oberflächig in manchem; dieser gründlich
in allem; jener ein Aufklärer für die Welt, dieser
mehr für das Reich der Wissenschaften; Voltaire ein galanter, Haller ein solider Philosoph;
jener ein Satyriker der heiligen Schrift; dieser
ein warmer Vertheidiger derselben. Beyde Poly-
historen, beyde Coloße der Litteratur, ersterer
von leichter, letztrer von stärkrer Komposition.
Bey Haller war es gleich schwer zu sagen, was
er wußte, als was er nicht wußte. Unsterblich
als Dichter, Anatomiker, Physiolog, als Bota-
niker und Litterator, war er zugleich Kenner der
Geschichte, der Sprachen, und fast in allen Fächern des menschlichen Wissens bewandert.

Albrecht Haller wurde am 16. Oktober
1708 zu Bern gebohren. Sein Vater Niclas
Emanuel Haller stammte aus einem angesehn-
nen patricischen Geschlechte, das schon seit Jahr-
hunderten die ersten Würden mit in der Republik bekleidet hatte. Er war Advokat bey dem
großen Rath zu Bern, und der erste protestan-
tische Landschreiber in der Grafschaft Baaden —

ein Mann von vielen juristischen Kenntnissen, ein
Freund der schönen Wissenschaften, und beson=
ders der Poesie, in der er selbst Versuche gemacht
hatte. Eine juristische Professur, die ihm zu
Utrecht angetragen worden war, hatte bey den
Würden, und dem Vermögen, das er besaß,
keinen Reiz für ihn gehabt. Seine Gemahlinn
war die reiche Tochter eines Mitglieds des gro=
ßen Raths zu Bern. Er hatte mit derselben vier
Söhne, unter denen unser Albrecht Haller der
jüngste war.

So reichlich ihn die Natur mit Geistesgaben
ausgestattet hatte, so wenig hatte sie seine Ju=
gend mit Körperkraft gesegnet. Als Knabe schien
Haller sein Leben nicht bis auf das Alter des
Mannes bringen zu werden. Er war immer
trübe und schwächlich, und mit der sogenannten
Englischen Krankheit behaftet. Aber eben dieser
unmuntre Zustand, der den Knaben zu Spielen
und jugendlichen Belustigungen unaufgelegt mach=
te, verstärkte, koncentrirte gleichsam seine See=
lenkräfte, führte ihn zu ernstern Beschäftigungen
und zur Laufbahn des großen Mannes. Wie
oft wohnte sonst selbst nicht ein großer schöner

Geift in einem häßlichen, ungeftalteten Körper. Pope trug einen Höcker, und die unfterblichen Sänger der Engländer und Portugiefen — Milton und Camoens — waren blind oder einäugig.

Schon fehr früh zeigte fich bey Haller viele Wißbegierde, die bald **durch** einen gelehrten Ehrgeitz, durch feine eingezogne Stille und Enthaltung von jugendlichen Gefellfchaften vermehrt wurde. Seine Brüder waren zu ungleich und erwachfen gegen ihn. Anftatt zu fpielen, zeichnete und fchrieb er, wozu er fehr früh einige Anweifung erhielt. Schon im 4ten Jahre agirte er den Prediger. Eine fchwarze Schürze war fein Mantel; der Ofen feine Kanzel, das Gefinde fein Auditorium. Sein Vater gab ihm einen alten abgefetzten Prediger, Namens Baillodz, — einen Mann von guten Sprachkenntniffen — zum erften Hauslehrer. Im 6ten Jahre fieng er das Lateinifche an. Das Vocabelnlernen war fein Stolz. Er fammelte forgfältig lateinifche Worte und Redensarten, ftapelte ganze Hefte davon auf, und freute fich, felbft ein kleines Lexicon verfertigen zu können.

Eben so machte er es mit den Wörtern der Grie=
chischen und Hebräischen Sprache, die er
schon im achten und neunten Jahre zu lernen an=
fieng. Alles, was er Merkwürdiges hörte und
las, schrieb er nieder, um sich selbst Bücher
zu machen. Seine Geduld, sein Ausharren
dabey, war bey einem Knaben eine seltne Er=
scheinung. Er bekam in der Bibliothek seines
Vaters das philosophische Dictionaire von Bay=
le zu sehen, und sogleich entstand auch bey ihm
der Gedanke, Lebensbeschreibungen großer Ge=
lehrten zu sammlen, und dieß blieb kein bloßer
Gedanke; er verfertigte über tausend kleine
Biographien.

Aber dieser außerordentliche Fleiß fand nicht
die Ermunterung und Belohnung, die er verdiente.
Seine Erziehung wurde überhaupt mit weniger
Sorgfalt geleitet. Man hielt seine gelehrten
Schreibereyen für kindische Poßen, und seine
Vielwisserey für einen Beweiß, daß der Knabe
zu keinem bestimmten Fache rechte Lust habe.
Sein unmuntres Wesen, seine wenige Liebe zur
Gesellschaft, und zu umgänglicher Auszeichnung
machten ihn unbeliebt und hintangesetzt. Und

auch sein Lehrer Baillod;, ein strenger Hofmeister,
wurde eben nicht der Trost seiner Einsamkeit.
Anstatt das junge Genie gehörig zu leiten, glaubte er es unterdrücken zu müssen. Denn Weisheit, war sein Principium, kommt nicht vor den
Jahren.

So erhielt denn der kleine Haller für seinen
Fleiß — das, was er im Fall der Trägheit
verdient hätte, — Vorwürfe und Unannehmlichkeiten. Allein das Gefühl derselben unterdrückte
den stärkern Trieb der Wißbegierde nicht. Im
zehnten Jahre kam er auf die Schule zu Bern;
ein erweiterter Kreis für seine Ehrliebe. Sein
Alter setzte ihn noch gegen erwachsene Schüler in
einigen Wissenschaften zurück; allein sein häuslicher Fleiß hob ihn bald nach. Auf der Schule
fielen ihm die Gedichte von Lohenstein in die
Hände. Bey seinem Hange, alles Neue nachzuah-
men, fieng er an, Verse zu machen. Lohenstein wurde sein hohes Muster, das er damals
zu erreichen, und bey nachmaligem mehrern
Geschmacke, nicht zu erreichen, sich bestrebte.
Wenn Lohenstein auch längst vergessen ist, so hatten seine Gedichte doch das zufällige glückliche

Verdienst, das poetische Genie eines Jünglings erweckt zu haben, der in der Deutschen Sprache einer der ersten Original-Dichter wurde.

Der erste poetische Versuch, den Haller machte, war eine lateinische Satyre auf den, der ihn das Lateinische gelehrt hatte, auf seinen Lehrer Baillodz. Die ungemäßigte Strenge desselben, verbunden mit einem pedantischen Wesen, veranlaßte diesen Ausbruch des jugendlichen Unwillens. Indeß hatte Haller bald Ursache, den Abgang desselben zu bedauern. Sein Vater starb, wie er im 13ten Jahre war. Mit ihm verlohr er auch Baillodz. Seine Anverwandten, denen sein fernerer häuslicher Unterricht überflüssig schien, wollten den alten Hofmeister nicht länger behalten.

Haller war nunmehr in Rücksicht seines Studirens sich ganz selbst überlassen. Er benutzte diese Freyheit nach Herzenslust. Ohne sich einen Plan und Gränzen für ein gewisses Fach festzusetzen, studirte und las er alles, was ihm vorkam. Er verglich sich nachmals selbst in diesem Zeitpunkte seines Lebens mit einer Pflanze,

die wild aufschoß und wucherte, ohne gewartet
und zu einem bestimmten Wuchse geleitet zu wer=
den. Aber eben diese schwelgende Ausbreitung
und regellose Thätigkeit hatte ihr Gutes. Sie
enthielt die Keime der vielfachen Größe, die
nachdem gebildet wurde.

In seinem 14ten Jahre kam er auf das Gym=
nasium zu Biel. Es wurden daselbst über die
Cartesianische Philosophie Vorlesungen gehalten.
Diese gefiel aber mit ihren Subtilitäten dem
Jünglinge nicht. Der rohe ermüdende Vortrag
des Lehrers verstärkte seine Abneigung. Er warf
diesem Fragen auf, bekam darüber Verweise,
besuchte die Lectionen nicht fleißig und überließ
sich wieder ganz dem häuslichen Studiren. Das
Chaos seiner Kenntnisse wurde vermehrt. Die
eigne Empfindung der Verworrenheit derselben
und der Ueberladung des Gedächtnisses brachten
ihn auf den Gedanken eines glücklichen, frucht=
baren Hülfsmittels. Er fieng an, aus allen
Büchern, die er las, Auszüge zu machen, und
über den Inhalt und die Abfassung derselben, kurze
schriftliche Urtheile zu entwerfen; eine Gewohnheit
und Uebung, die er nachdem weiter ausbildete,

die er in seinem ganzen Leben beybehielt, die seine Aufmerksamkeit bey der Lektüre verstärkte,
seine Urtheilskraft schärfte, und ihm zum Wunder des menschlichen Wissens erhob!

Seine Lieblingsbeschäftigung zu B i e l war
die D i c h t k u n s t. Die schöne romantische Gegend und das Lesen der ältern Dichter belebten
seine Einbildungskraft. Statt lateinischer Exer-
citia hatte er zu Bern öfters G r i e c h i s c h e gemacht. H o m e r war sein Lieblings = Autor,
sein Roman, wie er selbst sagt, schon im 12ten
Jahre. Er wollte ihn nachahmen, entwarf selbst
ein Heldengedicht in 4000 Versen, machte poetische Ueberseßungen aus Virgil, Horaz u. s. w.
In Ansehung des deutschen Ausdrucks und der
Versification waren dabey L o h e n s t e i n, und
auch B r o k e s, seine erhabnen Muster. Er gefiel sich selbst und schäßte natürlich die Arbeiten,
die ihm so viele Mühe machten. In einer Nacht
entstand in dem Hause des Nachbars Feuer. Es
näherte sich der Wohnung seines Wirths. Er
sprang auf, griff zuerst nach seinen G e d i c h t e n,
ließ alles übrige in Stich, eilte davon — unend-
lich froh, seine poetischen Schäße gerettet zu ha-

ben. Und acht Jahre darauf verbrannte er
sie selbst. Gewiß ein ausgezeichnetes Opfer,
ein besondrer Sieg über die Eigenliebe. Die ersten Früchte seiner Muse wurden von Haller selbst
dem Andenken entrissen.

Sein Vater hatte ihn zum Theologen,
oder falls er dies nicht wollte, zum Juristen
bestimmt. Zu beyden hatte er aber keine Lust.
Er bekam Neigung, Medicin zu studiren.
Seine Anfangs schwächliche Constitution und
sein Aufenthalt zu Biel bey einem Arzte beförderten und bestimmten seinen Entschluß.

In einem Alter von 15 Jahren reisete er um
Michaelis nach der deutschen Akademie, die am
nächsten war, nach Tübingen. Er kam daselbst am 27. Sept. 1723 an. Unter den Lehrern
der medicinischen Fakultät waren Elias Camera-
rius und du Vernoy die vorzüglichsten. Bey
letzterm, der nachmals nach St. Petersburg berufen wurde, zog Haller ins Haus. Er fieng
nun an, ordentlicher zu studiren. Die Anatomie und zum Theil Botanik zogen vorzüglich seinen Fleiß auf sich. Die Natur hatte ihn eigent-

lich nicht zu diesen Fächern bestimmt. Er war
kurzsichtig und mußte mit Mühe Kräuter be-
sehen. Desto schärfer war der Sinn des Geruchs
bey ihm; ein Vorzug, der bey den anatomischen
Zergliederungen grade sein abschreckendes hatte.
Diese waren aber für die Wißbegierde wenig
befriedigend. Man hatte keine menschliche
Cadaver. Es wurden Hunde secirt. Auch
die botanischen Anweisungen waren sehr eingeschränkt. Indeß erwarben die gelehrten Kenntnisse Haller die Achtung und Ergebenheit seiner
Lehrer, besonders des Professors du Vernoy.
Dieser hatte eine Abhandlung gegen die vorgebliche Entdeckung eines neuen Speichelgangs, welche der Professor Coschwiz zu Leipzig bekannt gemacht hatte, aufgesetzt. Haller vertheidigte sie
unter seinem Vorsitze am 25. März 1725; und
am Morgen dieses Tages verfertigte er in einer
Stunde das schöne Gedicht, welches unter dem
Titel Morgengedanken noch in der Sammlung seiner Poesien aufbewahrt ist.

Haller war in seinem Vaterlande wenig in
gesellschaftliche Cirkel gekommen. Die Studenten
zu Tübingen hielten ihn für einen Pedanten.

Den

Den jungen Schweizer ärgerten die Neckereyen und Spottreden, die man sich gegen ihn erlaubte. Lebhaft und unerfahren ließ er sich verleiten, lustig tollen Gesellschaften beyzuwohnen. Es kam zu Ausschweifungen — im Trunke und in der Liebe. Ein Student wurde durch Branntewein hingeopfert und die Aufwärterinn in dem Hause, wo Haller wohnte, von einem seiner Freunde in dem sinnlosen Taumel der Berauschung erschossen. Diese und andre tragische und unlöbliche Vorgänge machten auf Haller einen tiefen Eindruck, er gelobte, keinen Wein mehr zu trinken, und beschloß Tübingen zu verlassen, um sich dem Strudel einer wilden Lebensart zu entziehen, und anderwärts mehrere Schätze der Weisheit zu suchen.

Für die Jünger Aesculaps war damals in Europa kein Musensitz einladender und vortheilhafter, als die Universität zu Leyden in Holland. Nach einem 16monatlichen Aufenthalte zu Tübingen begab sich Haller um Ostern 1725 dahin. Ein glücklicher Entschluß. Leyden wurde die Schule seiner Größe. Seine beyden vornehmsten Lehrer daselbst wurden Herrmann Börhaave

und Albinus, dieser, damals noch in der Jugend seines männlichen Alters, ein vortreflicher
Anatomiker; jener der Hippocrates seines Jahrhunderts, das Orakel aller Aerzte. Haller gewann bald die Liebe und das besondre Vertrauen
desselben. Jede Stunde seines Unterrichts war
ihm heilig; und er wurde nachher der wohlthäti-
ge Erhalter und Beförderer der Verdienste und
Kenntnisse seines Lehrers, indem er als Professor
zu Göttingen vom Jahre 1740 bis 1744 die medicinischen Vorlesungen desselben, die er wörtlich
nachgeschrieben hatte, mit seinen Anmerkungen
herausgab; einen Schatz von Erfahrungen und
Einsichten, der vielfach benutzt und ein schönes
Denkmal von Hallers akademischem Fleiße geworden. Zu Leyden fand er überhaupt für seinen
Geist die Nahrung, die den Neigungen und der
Stärke desselben angemessen war. In den Herbst-
ferien reisete er nach Amsterdam, um den berühmten Anatomiker Ruysch zu besuchen. Der Greis
war auch so gefällig, ihm seine anatomischen Prä-
parate und die Experimente der Kunst zu zeigen,
die ihm eine so ausgezeichnete Celebrität erworben
hatte, die Körper namlich so einzuspritzen, daß

auch die kleinsten Theile derselben deutlich erkannt werden konnten.

Der Winter von 1725 war einer der beschäftigsten, die Haller noch verlebt hatte. Sein Durst nach Wissenschaft entzog ihn allen Vergnügungen. Er studirte bis tief in die Nacht. Seine Gesundheit litt darüber. Um diese wieder zu stärken, unternahm er im Sommer des folgenden Jahrs, in Gesellschaft zweyer edeln Schweitzer, eine Reise durchs Westphälische, nach Hannover, Braunschweig bis nach Halle. Der vorzüglichste Mann für ihn war daselbst der verdienstvolle Lehrer der Medicin, Fr. Hofmann. Seine Kenntnisse erworben ihm die Achtung desselben. Die Reisegesellschaft machte noch unterwegs verschiednen Fürstlichen Personen ihre Aufwartung und kehrte darauf über Hamburg und Bremen nach Leyden zurück.

Das folgende Jahr wurde darauf für Haller der Zeitpunkt seiner ersten öffentlichen Auszeichnung. Er ließ sich examiniren, disputirte am 23sten May 1727 über eine Abhandlung, worin er die Hypothese von dem Coschwitzianischen Speichelgange widerlegte, (die erste Schrift, die er herausgab) und wurde darauf in seinem 19ten Jahre zum Doctor der Medicin ernannt. Leibnitz promovirte in seinem 20sten, und Linne erst in seinem 28sten Jahre, und zwar ebenfalls auf einer Holländischen Universität.

Die Absicht des Aufenthalts zu Leyden war vollkommen erreicht. Um seine Kenntnisse zu erweitern, unternahm Haller im Sommer 1727 eine Reise nach England. Die Gegenstände der verschiednen Fächer der Arzneywissenschaft interessirten besonders seine Aufmerksamkeit. Er wurde zu London und Orford mit den vorzüglichsten Männern, dem Ritter Hans Sloane, dem nachmaligen Stifter des Brittischen Museums, mit dem berühmten Anatomiker Douglas ꝛc. bekannt, besuchte die Naturalien = Sammlungen, Hospitäler ꝛc. und begab sich am Ende Augusts nach Paris. Hier war Winslow, einer der größten Anatomiker des Jahrhunderts, ein Däne von Geburt, die Hauptquelle neuen Unterrichts für ihn. Haller behielt immer gegen ihn ein zärtliches, dankbares Andenken und eine Verehrung, die bis zum Enthusiasmus gieng. Er wollte noch nach Italien reisen; allein Kränklichkeit und Heim

weh bewogen ihn zur Rückkehr nach dem Vaterlande.

Seine Wißbegierde ließ ihn noch an kein Amt,
an keine bestimmte Niederlassung denken. Er kam
im Oktober 1727 zu Basel an. Der gelehrte
Stolz dieser Stadt war damals Joh. Bernouilli, einer der tiefsinnigsten Mathematiker
unsers Jahrhunderts. Haller war bisher ganz Me-
diciner gewesen, wurde nunmehr wieder Student,
und legte sich unter Anführung jenes großen Weg-
weisers so eifrig auf die höhere Mathematik,
als wenn ihre Erlernung seine Hauptbestimmung
gewesen wäre.

Sein Aufenthalt zu Basel und sein guter, er-
munternder Genius leiteten ihn noch in das Ge-
filde einer andern Wissenschaft. Er hatte die Botanik bis dahin als eine Nebensache getrieben,
und sich wenige Kenntnisse in derselben erworben.
Die Rückerinnerung an einen Caspar Bauhin,
der im vorigen Jahrhunderte zu Basel einer der
größten Kräuterkenner in Europa war, und der
Umgang mit verschiedenen dasigen Botanikern, ent-
flammten die Leidenschaft für die Göttinn Flora
in ihm. Er unternahm im Sommer 1729 mit

Gg 3

seinem Freunde, dem im Jahre 1790 zu Zürich verstorbnen Chorherrn und Prof. Joh. Geßner eine botanische Reise durch die Schweizer-Gebürge, von mehr als 200 Meilen. Man suchte Kräuter mit Gefahr des Lebens. Die Reise trug die schönsten Früchte, machte Haller auf immer zu einem eifrigen Freunde der Botanik, veranlaßte seine nachmalige Beschreibung der Schweizer-Pflanzen, und jenes Meisterstück der Poesie, die Alpen; ein Gedicht, das so erhaben und dauerhaft ist, als die Felsen-Massen, die darin besungen werden.

Nach einer mehrjährigen Entfernung kam endlich Haller im Jahre 1729 wieder in seiner Vaterstadt an. Er hatte in der Fremde Achtung und Beyfall gefunden, und hoffte nun die Früchte seiner Bemühungen zu erndten. Aber auch bey ihm traf die Wahrheit des Sprüchworts ein, daß ein Prophet nirgends weniger gilt, als in seinem Vaterlande. Er ließ sich als praktischer Arzt zu Bern nieder. Der Erfolg entsprach Anfangs seinen Wünschen. Er bekam Patienten und curirte glücklich. Aber eben dies Glück und andre Umstände erregten bald den Neid und die Verläum-

dung. Man verbreitete, daß er ein zu gelehrter,
daß er mehr ein theoretischer, als praktischer Arzt
sey, daß er sich mehr mit den Büchern und Ver=
semachen, als mit den Kranken beschäftigte, daß
er mit diesen zu wenig spreche u. s. w.: Nachre=
den und Darstellungen, die allmählig Credit fan=
den, und das öffentliche Zutrauen und den thäti=
gen Würkungskreis des jungen Mannes be=
schränkten.

In einem Alter von 23 Jahren verheyrathete
er sich im Sommer 1731 mit einem liebenswür=
digen Mädchen, Mariane Wyß, der Tochter
eines angesehenen, vermögenden Patriciers. Die
Ehe wurde ein Muster der Zärtlichkeit; allein das
Glück der Verbindung dauerte nicht lange.

Im Jahre 1732 gab Haller zuerst eine
Sammlung seiner Gedichte heraus. Ihre origi=
nelle, im Geiste der Brittischen Sänger ent=
worfene Abfassung machte Aufsehn; fand den Bey=
fall aller Kenner. Der Verfasser hatte sich nicht
genannt. Man stellte darüber viele Muthmaßun=
gen an. In der Schweiz wurde indeß das Ge=
heimniß bald verrathen; und Haller mußte für
seine Verdienste leiden. Man wollte in den Ge=

dichten einige naturalistische Aeußerungen bemerken; zu Zürich fehlte nicht viel, daß sie con-
fiscirt wurden. Besonders erregte das Gedicht,
die verdorbenen Sitten mit einigen andern
viele Sensation. Man legte die allgemeine Satyre darin für persönliche aus, und behielt Haß
und Widerwillen gegen den Verfasser.

Selbst das Botanisiren nahm man Haller
als einem Arzte übel. Da er den Gedanken gefaßt hatte, eine Flora der Schweiz, eine Beschreibung der vaterländischen Gewächse heraus-
zugeben, so unternahm er, so lange wie er zu
Bern blieb, jeden Sommer botanische Excursio-
nen. Die Freunde, die ihn dabey begleiteten,
sahen sich mehrentheils an glücklicher Scharfsicht
von ihm übertreffen. Er gebrauchte eine Bril-
le, und entdeckte damit mehr Kräuter als sie mit
ihren gesunden Augen. Das Volksgeschwätz war
dabey naiv. Man sah Haller oft des Abends
mit vielen Kräutern nach Hause gehen, und fragte, ob er etwa Kühe halte, um diese damit zu
füttern. Er hatte sich am spätesten auf die Botanik gelegt und zeigte sich am frühesten darin.
Es erschienen einige botanische Beobachtungen
und Beschreibungen von ihm in einem Nürnberg-

schen gelehrten Journale. Diese wurden sehr gut
aufgenommen. Einer der nördlichsten Musensitze
in Europa belohnte zuerst seine Verdienste. Er
wurde unterm 15. Decemb. 1733 zum Mitgliede
der jungen Königl. Gesellschaft der Wissenschaften
zu Upsala ernannt. In dem Diplom war mit
der Beyfallsbezeigung gegen seine bisherigen
gelehrten Bemühungen zugleich die Erwartung
ausgedrückt, die man von der weitern Wirksamkeit seines Genies hege. So erkannten, so ahndeten Schweden zuerst die Größe des Mannes.

Im Vaterlande gieng es indeß wenig nach
Wunsch. Er blieb fünf Jahre ohne eine öffentliche Bedienung. Es war die Stelle eines Hospi-
tal-Arztes vacant geworden; er bewarb sich darum, erhielt sie aber nicht. Es wurde nachdem
das Professorat der Geschichte und Beredtsamkeit
erledigt. Haller war auch mit unter den Concur-
renten, gab aber sein Bemühen auf, da er die
Vergeblichkeit desselben voraussah. Es fehlte ihm
nicht an Feinden. Indeß brachte er es dahin,
daß ein anatomisches Theater errichtet wurde.
Er hielt öffentliche Vorlesungen; jedoch ohne die
geringste Besoldung. Im Jahre 1735 wurde er

endlich Arzt bey einem Hospital und Bibliothekar. Diese letztere Stelle beförderte und unterhielt besonders bey ihm die Liebe zur Litteratur, zur Geschichte und Münzkunde.

Das Jahr 1736 wurde der Zeitpunkt, der die Merkwürdigkeit und die Hauptlaufbahn seines Lebens bestimmte. Er erhielt im Januar den Ruf als Professor der Medicin, Anatomie und Botanik nach der kurz vorher erst gestifteten Universität zu Göttingen; ein Ruf, der so ehrenvoll als vortheilhaft war. Die angenehmen Verbindungen, worin er stand und die Liebe, die er als Schweizer gegen sein Vaterland hegte, obgleich es ihm im Ganzen wenig lohnte und schätzte, machten es ihm noch schwierig und empfindlich, dasselbe zu verlassen. Die Aussichten der größern Wirksamkeit, welche ihm der Hannöversche Musensitz darbot, entschieden indeß seinen Entschluß, Göttingen wurde der Schauplatz seiner Größe, und er der Wohlthäter und großentheils mit der Schöpfer des Flors der dasigen jungen Akademie.

Er kam am 30sten September 1736 zu Göttingen an. Ein trauriger Anfang seines dasigen Lebens! Er verlohr die Gefährtinn desselben,

die er so zärtlich liebte, seine Gattinn. Sie bekam
das Friesel und starb am 31sten Oktober in der
Blüthe ihres Lebens, im 26sten Jahre. Eine
Tochter und zwey Söhne beweinten sie als Mutter. Ihr Verlust stürzte Haller in Gram und
Schwermuth. Das tiefe Gefühl derselben bezeugt die schöne, rührende Elegie, die er auf ihr
Absterben verfertigte. Er hatte seit 2 Jahren angefangen, ein moralisches Tagebuch zu halten.
Dieses enthält die sprechendsten und frappantesten
Beweise von seiner Religiosität, deren Empfindungen öfters an pietistische Aengstlichkeit, an
zweifelsüchtige Frömmigkeit gränzten *).

*) Er fieng dieß Tagebuch zu Göttingen mit fol-
genden Worten an: — „Durch den Tod meiner
geliebten Frau, Mariane, gebohrnen Wyß,
wurde ich in große Traurigkeit versetzt, und es
wachte insonderheit mein Gewissen auf, als ich
bedachte, wie man im Todeskampfe so sehnlich
seufzt über die Sünden, die man täglich ohne
Bedenken thut. Ich erschrecke über die fürchterlichen Folgen eines unheiligen Lebens und trachte
mich zu bessern.„ — Am 3ten Oktober 1737 schrieb
er unter andern folgendes darin: „Gieb mir, o
Gott, die Kraft, daß ich hinfort 1) den Anfang
und das Ende des Tages mit der Untersuchung

Die Gesellschaft der Musen blieb das vorzüg=
lichste Mittel, die traurigen Erinnerungen zu zer=
streuen.. Der Antritt seines Amts überhäufte ihn

meiner selbst mache. 2) Mit dem Gebet anfange
und schließe. 3) Alle unnöthige, unnütze Gesell=
schaften meide. 4) Alle meine Stunden entweder
mit Studien, oder mit dem Worte Gottes, oder
mit einsamen Betrachtungen anfülle, daß der
Müssiggang kein Weg zur Sünde werde. 5) Ge=
gen alle meine groben und feinern Sünden be=
ständig kämpfe, auch mich darum enthalte des
Geschwätzes, der Raillerie, unnöthigen Projecte ꝛc.,,
Zu andern Zeiten schrieb er: ,,Ich bin lauter
Untreue, Selbstgefälligkeit und Welt=
liebe; — ich kenne meinen Leichtsinn
und gloriam ingenii je länger, je besser;
O! wie giftig, gehässig, neidisch, un=
empfindlich und nachredig bin ich! —
Vater! schlage mir ab — alles, was nicht wahr=
haftig nützlich ist; denn es ist mir uner=
träglich, ohne Leiden zu seyn: — erbar=
mender Gott, versuche mich nicht über mein Ver=
mögen. Siehe, zu meiner vielen und
verhärteten Bosheit kommt noch die
Lectüre verfluchter Bücher, die dich
zum Lügner machen wollen. Aber nein,
deine Wahrheit ist stärker, als ihre thörichte Spitz=
findigkeit. Siehe, wie elend sie die Stel=
le im Jesaias auf den König Hiskias
verdrehen u. s. w.,,

mit Geschäften, und er widmete sich diesen mit
einstweiliger Ausschließung aller andern Lieb-
lingsstudien. Seine eifrige Thätigkeit und der
Reichthum seiner Kenntnisse machten ihn zum
Lieblinge des Hannöverschen Mäcens, des Cura-
tors der Akademie, Freyherrn von Münchhausen. Es wurde ein anatomisches Theater
und ein botanischer Garten angelegt. Die zu-
nehmenden ausgebreiteten Bekanntschaften mit
fremden Naturkündigern setzten Haller bald in
Stand, denselben mit Gewächsen zu versehen,
und zu einem schönen Tempel der Flora zu machen.

Seiner Schweizerischen Freunde, seiner Gattinn und eines seiner Söhne beraubt, war Haller, so sehr man seine Wünsche zu befriedigen
suchte, wenig vergnügt mit seiner Lage und dem
Orte seines Aufenthalts. „Ich werde nicht
lange mehr zu Göttingen bleiben,
schrieb er am Ende des Jahrs 1738 an Linne,
wie dieser noch unversorgt war, und werde
Sie zum Nachfolger in meinen Lehrstellen machen.„ Dieses Vorhaben des Un-
muths blieb aber noch unerfüllt. Der verwaisete
Zustand seiner Kinder und seine Neigungen bewo-

gen indeß Haller, sich nach einer neuen Gattinn
umzusehen. Er reisete im Frühlinge 1739 nach
seiner Vaterstadt, verheyrathete sich mit Elisa-
beth Bucher, der Tochter eines reichen Raths-
herrn zu Bern, besuchte verschiedene vaterländi-
sche Gebürggegenden, und kam am 22sten August
mit seiner neuen Gemahlinn unter einem freudigen Empfange der Studenten, wieder zu Göttingen an. Das Glück der neuen Verbindung
verwandelte sich aber auch bald in Trauer. Die
junge Geliebte wurde ihm durch den Tod entrissen,
und auch der Sohn, den sie gebohren hatte, folgte ihr bald im Grabe nach.

Solche Schläge des Schicksals beugten Haller, machten die ersten Jahre seines Aufenthalts
zu Göttingen traurig für ihn. Doch wurde die
Reihe der erwähnten Unglücksfälle nicht weiter
ausgedehnt. Immer unglücklich mit Schweize-
rinnen, verheyrathete er sich im Jahre 1741 zum
drittenmale mit einer Obersachsinn, mit
einer Mamsell Teichmeyer, der Tochter eines
Weymarschen Hofraths. Und das Band dieser
Ehe trennte kein früher, unzeitiger Tod. Die
neue Gattinn blieb Haller eine beständige Gefähr-

tinn seines Lebens, die zuletzt seinen Verlust be-
weinte.

Nach dem Jahre 1732 war kein Jahr seines
Lebens ohne öffentliche gelehrte Thätigkeit, ohne
schriftstellerische Producte. In den 17 Jahren,
die er sich zu Göttingen aufhielt, gab er mit
den kleinern Aufsätzen und Abhandlungen, zusammen 86, mehrentheils anatomische, medicinische
und botanische Schriften heraus. Die größten
unter diesen waren seine Flora der Schweiz, in 2
Folio Bänden, worin er überhaupt 1840 Pflan-
zenarten, die nachmals in der zweyten Ausgabe
bis auf 2486 vermehrt wurden, nach seinem eignen Systeme beschrieb, und die Boerhaavischen
Vorlesungen in 6 Theilen.

Einige Anmerkungen in diesen letztern verwickelten 1746 Haller in eine heftige litterarische
Fehde. Sie entstand über das Athemholen.
Der Hofrath Hamberger zu Jena hatte über
die Ursachen desselben eine ältre Meynung in Vertheidigung genommen. Haller bestritt diese.
Der Krieg war erklärt. Der Lehrer zu Jena zeigte sich als einen sehr rüstigen Streiter. Haller
glaubte nicht nachgeben zu dürfen. Es wurden

viele Schriften gewechselt, in denen es nicht an
Galle und Bitterkeit fehlte. Zugleich wurde viel
Blut vergossen. Eine beträchtliche Anzahl
Thiere, die zum Experimentiren dienen mußten,
wurden ein Opfer des Kriegs. Nachdem
derselbe gegen 10 Jahre gedauert hatte, wurde er
erst mit dem Tode Hambergers beendigt. Un-
ter den übrigen litterarischen Feinden Hallers wollen wir hier nur noch den bekannten Freygeist,
den Französischen Vorleser Friedrichs des Großen,
La Mettrie erwähnen. Dieser erwies 1747
Haller die boshafte Ehre, ihm das berüchtigte
Werk seiner Irreligiosität und philosophischen
Ausschweifung: L'homme Machine, zu widmen.
Haller sah sich dadurch sehr empfindlich gekränkt,
und lehnte öffentlich die Zuschrift von sich ab. La
Mettrie fieng darauf an zu schimpfen und hörte
nicht eher auf, seine Galle zu ergießen, als bis
1751 der Tod, den er sich durch eine Trüffeln-
Pastete zuzog, seinem Leben und seinen Läste-
rungen ein Ende machte.

Doch, wir gehen zu den angenehmern Merkwürdigkeiten Hallers über. Seine Verdienste
wur-

wurden nach Würdigkeit anerkannt. Im Jahre
1737 nahm ihn die Teutsche Gesellschaft zu Leipzig, 1740 die Königl. Societät zu Lendon, 1747
die Königl. Akademie der Wissenschaften zu Stockholm, 1751 die Kayserliche Akademie der Natur-
forscher, in eben dem Jahre die Akademie zu Bologna, 1752 die Chirurgische Akademie zu Paris,
1753 die botanische Gesellschaft zu Florenz und
1754 auch die Königl. Akademie der Wissenschaften zu Paris zu ihrem Mitgliede auf; eine ausgezeichnete Ehrenbezeugung von letzterer Akademie,
da die Anzahl ihrer auswärtigen Mitglieder sich
nie höher, als auf 8 beläuft. Schon im Jahre
1739 wurde Haller zum Großbritannischen Leib-
medicus und 1743 zum Hofrath ernannt.
Zwey Jahre darauf machte er eine Reise nach seiner Vaterstadt, und wurde zum Mitgliede des
großen Raths daselbst aufgenommen. Diese Ernennung war ihm um so erwünschter, da er sich
längst schon eine Retraite, einen ruhigen Sitz für
sein Alter wünschte. Im Jahre 1747 wurden
ihm die Lehrstellen der Botanik und Anatomie zu
Oxford und Utrecht angetragen. Er schlug
sie aus, so vortheilhaft die Bedingungen waren;

eben so auch einen sehr reizenden Ruf nach Ber=
lin. 1748 beehrte der König Georg II die Uni=
versität zu Göttingen mit seiner Gegenwart.
Haller ergriff damals zum letzten mal seine Leyer,
indem er für das Corps der akademischen Jüng=
linge eine Cantate und Serenate aufsetzte. Die
Königl. Gnade zeichnete ihn vor allen Lehrern aus.
Auf Verwenden des Geheimenraths von Münch=
hausen wurde er im Jahre 1749 von dem Kaiser
Franz mit seiner gesammten Nachkommenschaft
in den Reichs = Adelstand erhoben; eine Eh=
renbezeugung, von welcher er nachmals keinen Ge=
brauch machte, da der neuere Adel in der Schweiz
nicht anerkannt und benützt wird.

Um die Universität zu Göttingen machte er
sich indeß aufs vielfachste verdient. Was Boer=
haave für Leyden gewesen war, wurde er für
sein Fach großentheils für die dasige Akademie,
das Orakel, der Lehrer einer Menge von jungen
Aerzten. Im Jahre 1745 nahm er an der Ab=
fassung der Göttingschen gelehrten Zeitungen
Theil, wurde zwey Jahre darauf der Director
derselben, brachte nachdem die Anlegung einer
Hebammenschule und einer reformirten Kirche zu

Stande, und wurde 1751 nächst dem Cellischen Oberappellationsrath, Günther von Bünau, der Hauptstifter der dasigen Königl. Gesellschaft der Wissenschaften und zum beständigen Präsidenten derselben ernannt.

Bey allen Auszeichnungen, die er genoß, gefiel ihm aber der Aufenthalt zu Göttingen nicht länger. Er hatte mit vielen Cabalen und Feindschaften seiner Collegen zu kämpfen, zog sein Vaterland vor, wünschte sich da in Ruhe versetzt und seine Familie versorgt zu sehen. Dazu kam noch ein andrer Umstand. Biörnstähl giebt diesen in folgenden Worten an. Es ist schlechterdings falsch, daß Haller Göttingen aus Heimsucht, aus Schweizerkrankheit, oder wie mans nennen will, so plötzlich verlassen, wie man so zuversichtlich in einem guten Theile von Europa verbreitet hat; man hätte sagen sollen, man vermuthe es; denn die wahre Ursache war eine Heimlichkeit. Ein gewisser Graf T.....i verliebte sich sterblich in Hallers Tochter, die schon mit Herrn Jenner in Bern verlobt war. Die Leidenschaft wurde so heftig, daß Haller für die Folgen zu befürchten anfieng; denn der Liebhaber hatte im Sinn, die Tochter zu entführen. Haller hielt die Sache geheim; denn dieß war das einzige Mittel fortzukommen, und reisete um 10 Uhr Abends von Göttingen; schrieb nachdem an den Baron von Münchhausen, und meldete ihm die ganze Geschichte; denn er wollte den jungen Grafen nicht in Verhaft nehmen lassen, weil dieß der Universität würde Schaden gethan haben. Es ist dabey zu merken, daß Haller dem-obngeachtet nach Bern, wo er schon zum Mitglied des großen Raths erwählt war, zurückreisen wollte, auch schon des Königs und des Barons von Münchhausen Erlaubniß hatte; allein dieser Umstand beschleunigte seine Abreise, und machte, daß er, um sie zu verdecken, nicht eher als unterweges durch Briefe Abschied nahm.

Er kam am Ende des März 1753 zu Bern an, wurde zum Ammann, welches dem Range nach der vierte Staatsbediente der Republik ist, erwählt, behielt eine akademische Pension, seine Charaktere, die Präsidentur der Königl. Gesellschaft der Wissenschaften zu Göttingen, und fuhr fort an den dasigen gelehrten Zeitungen einen thätigen Antheil der Bearbeitung zu nehmen. Die

Recensionen, die über Bücher in allerley Wissen=
schaften von ihm darin eingerückt worden, belau=
fen sich über 12000. Seine Vaterstadt erkannte
und belohnte auch in der Folge seine Verdienste
immer mehr. Er wurde mit einem Gehalt von
5000 Gulden zum Director der Salzwerke zu Bex
und Aigle, zum Mitgliede des Sanitäts=Colle=
giums, der Vennerkammer, des Ehegerichts,
der ökonomischen Commission ꝛc. ernannt. 1755
erhielt er den Ruf zu der durch Wolfs Tod erle=
digten Kanzlerstelle auf der Universität Halle,
1767 eine sehr vortheilhafte Einladung nach St.
Petersburg und 1770 den Antrag zu der Würde
eines Kanzlers zu Göttingen. Allein seine ruhige,
glückliche Lage im Vaterlande, bewog ihn, alle
diese schönen Anerbietungen von sich abzulehnen.

Das Wohl des Vaterlandes und die Gesell=
schaft der Musen theilten nunmehr seine Zeit und
Beschäftigungen. Er verbesserte die Einrichtung
der Salzwerke, die Anstalten der Akademie zu
Lausanne, die medicinische Policey=Verfassung,
beschäftigte sich mit der Beförderung des Acker=
baues, brachte den Plan zur Anlegung eines
Waysenhauses zu Stande und vermittelte endlich,

Hh 3

um nur dieß einzige von seinen Beschäftigungen als
Staatsmann zu erwähnen, die Gränzstreitigkeiten
zwischen dem Canton Bern und Wallis.

Sein Alter brachte noch für die Wissenschaften
die schönsten Früchte hervor. Er theilte unter andern der Welt die Schätze von Litteratur-Kennt-
nissen mit, die er so reichlich und mit so vieler Erfahrung und Beurtheilung gesammelt hatte. Es
erschienen seine botanische, chirurgische, anatomische und der Anfang seiner medicinisch-prakti-
schen Bibliothek. Und bey diesen großen gelehrten
Werken, die allein der gelehrten Thätigkeit eines
ganzen Lebens würden Ehre gemacht und den Namen ihres Verfassers erhalten haben, war sein
Geist noch munter und aufgeweckt genug, über
die despotische, monarchische und republikanische
Regierungsform, die drey schönen politischen Ro-
mane, Usong, Alfred und Fabius und Cato zu entwerfen, in welchen mit der Reife und Gründlich-
keit der Darstellungen eine Lebhaftigkeit des Vor-
trags verbunden ist, welche man nur von der Jugend des Genies erwarten sollte.

Unter allen Gelehrten des Jahrhunderts führte
keiner einen stärkern oder wenigstens keinen ausge-

breitetern Briefwechsel als Haller. Er erstreckte
sich in alle cultivirte Länder von Europa, nach dem
Norden so gut als nach dem Süden, nach Portu-
gall und Spanien. Im Fache, besonders der Arzneywissenschaft und Naturgeschichte, war fast kein
Mann von Ruhm und Auszeichnung, der nicht mit
Haller in Verbindung stand. Er correspondirte
in Teutscher, Lateinischer, Englischer,
Französischer und Italienischer Sprache;
und beschloß im Alter, die Briefe an sich heraus-
zugeben. Es sind aber nur die Lateinischen und
ein Theil der Teutschen gedruckt erschienen. Erstere
bestehen aus 6 Theilen und enthalten zusammen
1004 Briefe. Unter diesen befinden sich Briefe
von Linné, Ludwig, Scheuchzer, Iselin, Bod-
mer, Boerhaave, Dillenius, Kästner, Morgag-
ni, Caldani, Gmelin, von Gorter, Meckel, Zinn,
Wargentin, Fontana, de Saußure ꝛc. Die ver-
trautesten Correspondenten Hallers waren Johann Geßner zu Zürich, und Bonnet zu
Genf. Mit erstercm correspondirte er lateinisch —
es sind 156 seiner Briefe gedruckt — mit letzte-
rem Französisch.

Diese Briefe meines Freundes, sagt Bonnet selbst, beweisen sein Genie und seine Herzensgüte mehr als irgend eine seiner Schriften. Sein gedrängter, kraftvoller und mahlerischer Styl entspricht der Stärke und Originalität seiner Gedanken. Er redet nicht weniger erhaben, als voll Ueberzeugung von den großen Wahrheiten der natürlichen und geoffenbarten Religion. Es ist, als ob er bey allen Streitfragen über letztere persönlich interessirt gewesen wäre; er führt die Sache der Offenbarung, wie seine eigene. Seine Philosophie war ganz praktisch, weil sie ganz christlich war und nichts könnte seinen Beyfall erhalten, als was nicht auf die Vervollkommnung des Verstandes oder auf die Besserung des Himmels abzweckte.

Er war ein eifriger Verehrer der Religion und ihr öffentlicher Vertheidiger noch im Alter. Unter den Gegenständen des Glaubens machte ihm besonders der Zustand nach dem Tode Besorgnisse und Unruhen. „Gieb Gott,„ schrieb er in sein Tagebuch, „daß ich doch nicht ewig verlohren gehe! Wecke dieß böse, harte Herz, daß es mehr an seine künftige Bestimmung denkt ꝛc.,„ Er bewies auf das redendste, wie groß und wie klein, wie stark

und wie schwach der menschliche Geist ist. Bey
einer äußerst lebhaften Einbildungskraft überließ
er sich der Zweifelsucht, zog die Gerechtigkeit der
Gottheit mehr als ihre Güte in Betrachtung und
verirrte sich so, besonders im Alter, in dem end=
losen Labyrinth von Prädestination und Gnade.
In der Ungewißheit über seine Errettung, verglich
er sich selbst mit einem Manne, der ohne Stütze
an dem Rande eines Abgrunds steht, und jeden
Augenblick seinen Fall erwartet. Ein ander mal
brach er, von seiner feurigen Liebe für die Wissen=
schaften begeistert, in einem Briefe an seinen Freund
Bonnet, in folgenden Worten aus: „O! mein
armes Gehirn, das in Staub verwan=
delt werden muß! O! aller der Kennt=
niß und Wissenschaft, die ich mit so un=
nachlässiger Bemühung gesammelt ha=
be, und die nun bald gleich dem Traum
eines Kindes verschwinden wird!„

Am 17ten Julius 1777 hatte Haller die Eh=
re, von dem Kayser Joseph, bey dessen Reise
durch die Schweiz einen Besuch zu erhalten. Der
erhabne Fürst unterhielt sich längere Zeit auf das
herablassendste und in hochschätzenden Ausdrücken

mit ihm. Er selbst schrieb wegen dieses Besuchs folgendes in sein Tagebuch: „Meiner Eitelkeit und Eigenliebe ist etwas schmeichelhaftes wiederfahren. Aber laß mich nicht vergessen, o mein Gott, daß mein Glück nicht von Menschen abhängt, von deren Gunst oder Ungunst ich in wenigen Minuten nichts mehr werde weder zu fürchten noch zu hoffen haben." Ein Prediger zu Bern, der sein Freund war, gratulirte ihm zu der Ehre, die er genossen hätte; und Haller antwortete bloß darauf mit dem Spruche aus der Bibel: „Freuet euch, wenn eure Namen im Himmel angeschrieben stehen *)."

---

*) Haller verfiel, sagt der Hr. Ritter von Zimmermann, in religiöse Melancholie, als er sich in seinen 4 letzten Jahren der Republik entzog. Einer Krankheit wegen nahm er in diesen 4 letzten Jahren eine unbändige Menge Opium, täglich bis 8 Gran. Dieß hub abwechselnd seine Seele und machte sie auch wieder schlaff. Ich sah 2 Jahre vor seinem Tode diesen großen Mann. Außer seiner noch brennenden, noch immer cholerischen Ruhmbegier, die bey ihm niemals die Melancholie um den zehntausendsten Theil eines Fliegenhauchs schwächte, lag ihm jetzt nichts in der Welt so sehr am Herzen, als immer Prediger um sich zu haben. Er

Eine längre Kränklichkeit, Brustübel und
Harndrang, hatten auf diese traurige Stimmung
seines Geistes den entscheidendsten Einfluß. Um
sich Linderung und Vergessenheit seiner Schmerzen
zu verschaffen, brauchte er eben so wie Voltaire, übermäßig Opium. Sein Zustand ver-
schlimmerte sich indeß. Am 4ten Dec. 1777 schrieb
er unter andern folgendes in sein Tagebuch:
„Nachdem man meine Krankheit gering geschätzt
und die Beschwerde auf der Brust niemals für etwas wichtiges hat ansehen wollen, so entdeckt man
mir jetzt plötzlich die nahe Gefahr, aber unter einem andern Titel, obschon das, was ich fühle,
das vorige ist. So werden meiner Tage hier auf
Erden nur noch wenige seyn, und wahrscheinlich
ist es das letzte mal, daß ich die Feder führe. (Es
waren auch die letzten Zeilen in seinem Tagebuche.)
Ich kann es nicht verhehlen, der Anblick des mir
so nahen Richters ist mir furchtbar; wie will ich

ließ so viele kommen, als zu haben waren; bald die besten und bald jeden, ohne alle
Wahl in Absicht auf System und Kopf. Diese Art
von Theologie gefiel ihm, weil sie hart und unbiegsam ist, wie er war. Ueber die Einsamkeit,
Th. 2. S. 216 ff.

vor ihm bestehen, da ich noch nicht auf die Ewig=
keit so vorbereitet bin, wie mich dünkt, daß jeder
Christ es seyn sollte. — O mein Heyland, sey
du in diesem für mich so fürchterlich feyerlichen Au=
genblicke mein Fürsprecher, mein Mittler; —
schenke mir den Beystand deines Geistes, der mich
durch das grauenvolle Thal des Todes führe, daß
ich, wie du, mein Erlöser, mit meinen sterben=
den Lippen triumphirend und glaubensvoll ausru=
fe: Es ist vollbracht! Vater, in deine Hände be=
fehle ich meinen Geist.

Acht Tage, nachdem er dieß geschrieben, er=
folgte auch bey völliger Erhaltung seiner Sinne,
das sanfte Ende, das er wünschte und verdiente.
„Mein Freund, sagte er zu dem Arzte, der bey
ihm war, ich sterbe, mein Puls fängt an
still zu stehen; — und kaum hatte er dieß gesagt,
so gab er seinen Geist auf. Er starb am 12ten
December 1777, des Abends um 8 Uhr, im 70sten
Jahre seines Lebens, das so verdienstvoll und
unsterblich war.

Seinem großen Geiste entsprach seine körper=
liche Bildung. Groß und schön gewachsen, hatte
er ein edles, majestätisches Ansehn, ein scharfes,

lebhaftes Auge, ein äußerst sanguinisches Tempe-
rament, einen feinen, reizbaren Nervenbau und
dabey eine schwache Constitution; war oft kränklich, nicht selten hypochondrisch, empfindlich, heftig, den Schwächen unterworfen, wozu sein Tem-
perament neigte, rastlos, thätig ohne Unterlaß,
ausharrend, ein vorsichtiger, redlicher Freund,
ein zärtlicher Gatte und Vater, ein eifriger Beob-
achter seiner Amtspflichten, ein enthusiastischer
Freund des Ruhms und der Ehre, so philosophisch
schön er auch ihre Nichtigkeit besang, scharfsinnig,
gründlich in seinen Studien, originell in seinem
Ausdrucke und Ideengange, ordnungsvoll in seinen Geschäften, ein Wunder der Gedächtnißkraft,
der Aristoteles und Plinius seines Jahrhunderts, ein zweyter Leibnitz, ein Universal-Ge-
nie, das auf mehrern Wegen zur Unsterblichkeit
gelangte. Die Britten würden ihm sein Grabmahl neben Newton angewiesen haben. Seine
Bibliothek, ungefähr 4000 Bände stark, wurde
von dem Kayser für 2000 Louisdor gekauft, und
der Bibliothek zu Mayland einverleibt. Seine
Schriften, alle ihre Ausgaben und einzelnen
Aufsätze mit gerechnet, belaufen sich jetzt über

zwey hundert. Im Jahre 1775 betrug ihre Anzahl 181.

Lobrede auf Hrn. Abr. v. Haller, vom Hrn. von Balthasar, Basel 1788. — Lobrede auf eben denselben, von V. B. Tscharner. — Eloge historique d'Albert de Haller &c. Geneve, 1778. (par Mr. Sennebier) — Leben des Hrn. von Haller von D. J. G. Zimmermann — geht nur bis zum Jahre 1754 — Zürich, 1755. — A. v. Haller Tagebuch seiner Beobachtungen über Schriftsteller und über sich selbst, (herausg. von J. G. Heinzmann) 2ter Th. Bern, 1787. S. 221. fl. — Memoirs of Alb. Haller, by Th. Henry, Lond. 1782. — Baldingeri Orat. in laudem meritorum Halleri, Goett. 1778. 4. Ferner die Lobreden, vom Hrn Hofr. Heyne in den Nov. Commentar. Goettingenf. Vol. VIII. — von dem Marquis von Condorcet in der Hist. de l'Acad. des Sciences de Paris, J. 1777, — von Linguet, Targioni ꝛc. — Björnstähls Briefe, 3. Th. S. 143. ff. — Coxe's Briefe über die Schweiz, 2ter Bd., S. 341 ff. — de Saussure's und andrer Reisen durch die Schweiz. S. weiter G. Em. v. Hallers Bibliothek der Schweizer-Geschichte, 2. Th. Bern 1785; und des Hrn. Justizraths Lawetz Handbuch) für Bücherfreunde und Bibliothecare, des 1sten Th. 4ter Band. Halle, 1790.

Ende des zweyten Theils.